Dietmar und Renate Aichele
Heinz-Werner und
Anneliese Schwegler

Welcher Baum ist das?

Bäume, Sträucher, Ziergehölze

Mit
522 Farbfotos und
263 Zeichnungen

Franckh-Kosmos

Mit 522 Farbfotos von D. Aichele (124), J. Apel (1), A. Bärtels (22), F. Bretzendorfer (8), flora-bild A. Felbinger (5), M. Haberer (15), H. Haeupler (1), H. Hamann (1), P. Kohlhaupt (54), F. H. Meyer (7), E. Müller (104), G. Quedens (1), G. Rein (5), W. Schacht (50), P. Schönfelder (9), H. Schrempp (90), F. Siedel (6), J. Zech (19) sowie 263 Zeichnungen von M. Golte-Bechtle (5), G. Gossner (210), R. Kliefoth (7) und G. Zauner (41, Baumdarstellungen).

Umschlaggestaltung von Kaselow Design, München, unter Verwendung eines Dias von W. Ostgathe.

Holländische Ausgabe Thieme, Zutphen, Niederlande
Italienische Ausgabe Muzzio, Padua, Italien
Französische Ausgabe Nathan, Paris, Frankreich

Dieses Buch ist in 15 Auflagen (1.–142. Tausend) mit einfarbig schwarzen Illustrationen unter nachfolgenden Angaben erschienen:
Dr. Alois Kosch
Welcher Baum ist das?
Tabellen zum Bestimmen der heimischen und eingeführten Holzgewächse Mitteleuropas
durchgesehen von Forstmeister Dr. O. Feucht (63.–72. Tausend) und von Dr. D. Aichele (ab 73. Tausend)
ab der 16. Auflage vollständig neu entwickelt in der vorliegenden Form

Die Deutsche Bibliothek – CIP-Einheitsaufnahme

Welcher Baum ist das? : Bäume, Sträucher, Ziergehölze / von Dietmar u. Renate Aichele ... – 24. Aufl. Stuttgart : Franckh-Kosmos, 1992
(Kosmos-Naturführer)
ISBN 3-440-06570-7
NE: Aichele, Dietmar [Mitverf.]

24. Auflage / 1992

ISBN 3-440-06570-7
Printed in Italy / Imprimé en Italie
Satz: Konrad Triltsch, Würzburg
Herstellung: Printers s.r.l., Trento

Welcher Baum ist das?

Symbole und Abkürzungen

SK: Sicheres Kennzeichen
B: Beschreibung
SV: Standort und Verbreitung
A: Allgemeines

einfach
gekerbt
gegenständig
wechselständig
ganzrandig
gelappt
gesägt
zusammengesetzt
gezähnt

Vorwort

„Tag des Baumes", „Pflanz' einen Baum" – Schlagworte? Gewiß sind sie das. Doch haben sie viele Menschen so getroffen, daß ihnen bewußt wurde: Bäume und Gehölze sind erhaltenswert. Einige Arten sind natürlicher Bestandteil der Umwelt, in der wir leben. Sie bilden Wälder, Hecken, Gebüsche. Andere wurden vom Menschen aus fernen Ländern, aus fremden Erdteilen geholt, nicht zuletzt, weil sie schön sind. Sie zieren öffentliche Anlagen und Parks. Aus Vor- und Hausgärten sind sie nicht wegzudenken. Als „lebende Zäune" grenzen sie Grundstücke oft gefälliger ab, als handwerkliche Kunst dies vermöchte. So ist die Gehölzflora in Mitteleuropa recht vielfältig geworden, ja durch zahllose Zuchtsorten und „Modepflanzen" fast unübersehbar reichhaltig.
Dieses Buch will ein erster Führer durch diese Vielfalt sein. Vollständigkeit erstrebt es nicht. Dafür soll es dem Liebhaber helfen, kennenzulernen, was er üblicherweise in Gärten, Parks und in der freien Natur an Gehölzen antrifft. Was seine Aufmerksamkeit erregt, weckt seine Wißbegier. Wie heißt der Baum, der Strauch? Woher kommt er?
Die Deutsche Dendrologische Gesellschaft hat uns geholfen, von manch selten fotografiertem Gehölz Aufnahmen zu bekommen. Wir danken ihr herzlich für ihr Entgegenkommen. Auch der Deutschen Rhododendrongesellschaft gilt unser Dank für ihre Hilfe.

Warnung

Wir haben die einschlägige Literatur über eine mögliche Giftigkeit der in diesem Buch beschriebenen Pflanzen ausgewertet und gegebenenfalls auf die Giftigkeit verwiesen. Bei Zierpflanzen werden indes immer neue Züchtungen angeboten, bei denen auch der Stoffwechsel verändert ist. So gibt es bei der Vogelbeere (*Sorbus aucuparia*) Rassen, deren Beeren vermehrt Bitterstoffe enthalten. Diese werden von Amseln als Futter verschmäht, und so bleibt – als durchaus erwünschter Effekt – der Baum viel länger in seiner spätsommerlichen Beerenpracht erhalten. Von Gehölzen, deren Blätter besonders unter Insektenfraß leiden, werden Mutanten weitervermehrt, die Fraßgifte enthalten. Solche Inhaltsstoffe können möglicherweise auch für den Menschen unangenehm werden. Besonders gefährdet sind Kinder, die Früchte verzehren oder Blätter kauen. Eltern sollten darauf hinwirken, daß Kinder nichts in den Mund nehmen, was ihnen nicht ausdrücklich als eßbar gezeigt wird. Auch wollen wir deutlich sagen, daß viele Menschen auf Stoffe, die an sich harmlos sind, allergisch reagieren. Wer sich als Allergiker kennt, sollte Kontakt mit unbekannten Pflanzen meiden. Manche Zierpflanzen sind noch nicht in wünschenswertem Grade auf Giftigkeit untersucht. Deshalb raten wir dringend ab, irgend etwas von Pflanzen zu genießen, es sei denn, die Unschädlichkeit sei erfahrungsgemäß erwiesen. Ein fehlender Hinweis auf einen Giftstoffgehalt bei einer hier beschriebenen Art ist keinesfalls ein Freibrief für ihre Eßbarkeit! Umgekehrt sollte möglichen Vergiftungen dadurch vorgebeugt werden, daß bekannte Giftpflanzen nicht als Bepflanzung von Kinderspielplätzen verwendet werden, vor allem nicht, wenn leuchtende oder saftige Früchte Kinder zum Probieren verlocken.

Hinweise zum Bestimmen

Der Schlüssel ist für die Bestimmung blühender Holzgewächse angelegt.
Der Bestimmer muß sich meist zwischen mehr als zwei Alternativen entscheiden. Zusammengehörige Alternativen innerhalb einer Bestimmungsgruppe (Römische Ziffern I–VI) sind durch gleiche Schriftdicke und durch gleichen Zeilenanfang gekennzeichnet.
Im Übersichtsschlüssel (I, S. 9) werden einige kleinere, aber gut gekennzeichnete Gruppen gegen die Hauptmasse der typischen Laubgehölze (III–V) ausgegliedert:
Alle, deren Blüten vor den Laubblättern erscheinen,
die Kletterpflanzen (ohne eigene Stütze),
die allbekannten Rosen,
Laubhölzer mit schuppen- oder nadelartigen Blättern,
die eigentlichen Nadelhölzer, die im Gegensatz zu den vorausgehenden unscheinbare, nicht bunte Blüten tragen.
Im Übersichtsschlüssel (I) sind die Bestimmungsgruppen II bis IV durch Farben unterschieden, die bei den einzelnen Gruppen wieder-

holt werden. Im Bestimmungsteil sind die Seiten, auf die die Bestimmungshilfen verweisen, am Rand durch die gleiche Farbe gekennzeichnet und damit leicht aufzufinden.
Bei den typischen Laubhölzern unterscheiden wir dann nach der Wuchsform: Baum oder Strauch. Es gibt eine Reihe von Gehölzen, die sich nicht leicht in dieses Kästchenschema einpressen lassen: Große Sträucher mit sehr dicken, stammartigen Zweigen oder auch kleinere, mehrstämmige Bäumchen. Für sie ist die Gruppe „Baum oder Strauch" gedacht.
Innerhalb der Gruppen der typischen Laubhölzer wird dann nach dem Blattbau, der Blattstellung und dem Blattrand weiter unterschieden.
So kommt man schon auf Serien von nur noch 12–52 infrage kommenden Arten, die sich dann auf den 3–13 angegebenen Seiten suchen lassen.
Wer noch mehr eingrenzen möchte, benütze die Feineinteilung der Bestimmungshilfe (S. 10–13), auf die er, neben der Seitenzahl, bei der Bestimmungsübersicht (I) hingewiesen wird.
Hier wird die Auswahl auf 1–3 Seiten des Bildteiles eingegrenzt.
Ein Abbildungsvergleich und ein Vergleich mit den im Text zusätzlich erwähnten Daten ermöglichen die sichere Identifikation.
Selbstverständlich sind Schlüssel und Bildteil so eingerichtet, daß in Zweifelsfällen auch ein Zugang über die andere Alternative möglich ist.

Bestimmungsbeispiel:
Am Rande eines Steinbruchs findet man Mitte April einen Strauch mit wechselständigen, eiförmigen Blättern, die sich gerade erst richtig entfalten, und langen, grünlichen „Blütenständen" (in Wirklichkeit schon Fruchtstände). Man beginnt nun auf S. 9 seine Bestimmung und entscheidet sich, da weder eine Rose, eine Kletterpflanze noch ein Nadelgehölz vorliegt, für *„Laubhölzer, Sträucher"*. Nun kann man hier über *„Blätter einfach"* und *„wechselständig"* weitermachen, oder gleich nach S. 10 zu Gruppe III überwechseln – die Probleme stellen sich erst jetzt ein: der Blattrand ist kaum oder nur ganz schwach sägekerbig. Wo weitermachen? Nach einigem Zögern entschließt man sich für *„ganzrandig"* und dort wird man über die *„unscheinbaren oder Kätzchenblüten"* zu S. 98 + 102/104 geführt. Bei einem Vergleich der Abbildungen stellt sich heraus, daß nur auf S. 104 entsprechende Blüten und Blattformen vorhanden sind. Man wird sehr bald auf die **Sal-Weide** kommen, vor allem weil die anderen Weiden auf dieser Seite viel schmälere Blätter aufweisen.
Neugierig geworden kann man prüfen, was geschehen wäre, hätte man sich für *„Blätter gesägt, etc."* entschlossen. Da man keine männlichen Kätzchen vorgefunden hat, stockt die Bestimmung bei „Kätzchenblüten", man ist also gezwungen, sich nicht nur die S. 132–138, sondern auch S. 130 anzusehen. Sie kann aber nach dem ersten Augenschein wegen der ganz anderen Blatt- und Blütenstandtypen ausgesondert werden. Vielversprechend sind dagegen die Seiten 134 und 136. Nach einigen kurzen Textvergleichen wird man auch hier auf die Sal-Weide, S. 136, gelenkt.
Hätte man gar erkannt, daß die Früchte ja aus Blüten stammen müssen, die vor den Blättern erschienen sind und wäre man folglich bei der Bestimmung nach Schlüssel II gegangen, wäre man auf S. 26 – allerdings diesmal nach einem genauen Textvergleich, da Blütenstand und Fruchtstand verschieden aussehen – wieder fündig geworden.

Einteilung und Bestimmungshilfe

II Bestimmungshilfe – (Feineinteilung)

III Laubhölzer, Sträucher, Blätter einfach, gegenständig, ganzrandig

Blüten mit freien Kronblättern, weiß oder bunt
Blätter handnervig (3 – 5 etwa gleichstarke Adern vom Blattgrund ausgehend) 76
Blätter fiedernervig (Adern fischgrätenartig)
Zweige hohl 74
Zweige markerfüllt oder fest 70/72
Blätter gelappt 78

Laubhölzer, Sträucher; Blätter einfach, wechselständig, ganzrandig

Blüten unscheinbar oder Kätzchenblüten . . . . . 98 + 102/104
Schmetterlingsblüten oder ähnliche Blüten (zweiseitig) . 106/108
Blüten 4zipflig
Blätter beidseits etwa gleich grün 100/102
Blätter unterseits weißblau bereift (zartes Kriechsträuchlein) 94
Blätter unterseits weißfilzig (aufrechter Strauch) 88
Blüten 5zipflig, ausgebreitet oder glockig
Blüten glockig verwachsen . . . . . 88 + 94
Blüten trichterförmig verwachsen 90/92/94
Blüten freikronblättrig oder fast bis zum Grund geteilt
Sträucher dornig 96/98
Sträucher unbewehrt
Blüten in großen endständigen Büscheln (weiß/rosa) . 88
Blüten in vielblütigen Trauben (weiß/violett) . . . 94 + 98
Blüten in höchstens 20blütigen Doldentrauben, oder einzeln oder zu wenigen in den Blattachseln (Zwergmispeln) (weiß/rosa) . . . . . 80 – 86

Laubhölzer, Sträucher; Blätter einfach, wechselständig, gesägt, gezähnt, gekerbt oder gelappt

Blätter gelappt . . . . . 140 – 144
Blätter gesägt, gezähnt, gekerbt
Blätter in den Achseln von 1- bis mehrspitzigen Dornen 110/112
Keine Dornen direkt unterhalb der Blätter
Kätzchenblüten
zumindest männl. Kätzchen locker schlaff hängend 130/132
alle Kätzchen ± steif, oft aufrecht
Zweige mit gelben Harztröpfchen 130
ohne gelbe Harztröpfchen . . . . . 132 – 138
Blüten gelb oder unscheinbar grünlich . . . 114/116 + 122
Blüten weiß bis rot, zu Glöckchen verwachsen . . . 116
Blüten weiß bis rot, ± freikronblättrig
in hängenden Rispen oder Trauben . . . 118/120 + 126
einzeln oder zu wenigen . . . . . 118/120 + 124
in aufrechten, doldigen Büscheln
Frucht beerenartig (Steinfrucht) 122/124
Frucht kapselartig, trocken 126/128/130

Laubhölzer, Sträucher; Blätter zusammengesetzt

Blätter gegenständig 146
Blätter wechselständig
zweiseitig symmetrische Schmetterlingsblüten . . . 148/150
unscheinbare oder strahlig-symmetrische Blüten . . 152/154

IV

V

Häufig vorkommende Spielarten der Zierhölzer

Durch planmäßige Weiterzüchtung spontan auftretender Erbänderungen (Mutationen) entstehen aus jeder Kulturpflanze im Laufe der Zeit eine Reihe mehr oder weniger weit verbreiteter Sorten. Bei unseren Holzgewächsen treffen wir eigenartigerweise neben sehr vielen speziellen Seltenheiten einige Formen, die nicht nur innerhalb einer einzigen Art eine beherrschende Rolle einnehmen, sondern in fast allen (und auch unter sehr entfernten) Arten mit gleicher Merkmalsbildung auftreten. Vor allem Blattfarbe, Blattbau und Wuchsform gehören zu den allgemein variierenden Merkmalen.
Zu den häufigsten und verbreitetsten Formen gehören:

Blattfarbe
1. Blutformen (oft f. *rubra, purpurea* oder *atropurpurea*): Die Blätter sind mehr oder minder tief dunkelrot gefärbt.
2. Goldformen (oft f. *aurea*): Blätter (zuweilen auch Zweige) gelbgrün bis goldgelb gefärbt
3. Panaschierte Formen (oft f. *variegata* oder *marmorata*): Blätter zeigen regelmäßige oder unregelmäßige, gelbgrüne oder grünweiße Scheckung, Streifung oder Musterung.

Blattbau
Die häufigsten Sonderformen betreffen die Teilung des Blattes, und zwar gibt es bei Arten mit ungeteilten Blättern meist eine Schlitzblattform (oft f. *laciniata* oder *dissecta*), bei Arten mit geteilten Blättern als Gegensatz eine Ganzblattform (meist f. *integrifolia*).

Wuchs
1. Trauer- oder Hängeform (meist f. *pendula*): Zumindest die jüngeren Zweige hängen schlaff nach unten.
2. Säulen- oder Pyramidenform (oft f. *pyramidalis* oder *fastigiata*): Alle Zweige sind straff nach oben gerichtet.
3. Korkenzieherform (oft f. *tortuosa* oder *contorta*): Die Zweige sind mehr oder weniger stark gewunden oder korkenzieherartig verdreht. Zuweilen ist auch (bei Bäumen) der Stamm knorrig verdrillt.
4. Kugelform (oft f. *globosa* oder *umbraculifera*): Die Krone des Baumes oder der Busch ist von kugeliger Gestalt.
5. Zwergform (oft f. *nana* oder *minima*): Der Gesamtwuchs ist zwergenhaft klein.
6. Kriechform (oft f. *horizontalis*): Alle Zweige eines Strauches liegen dem Boden auf. (Bei Bäumen bedeutet f. *horizontalis* sehr oft nur den waagrechten Wuchs der Seitenzweige!).

Blütenfarbe
Farbspielarten sind überaus häufig. Je nach dem Grundton der Stammart sind die abweichenden Formen *alba* (weiß), *nivea* (schneeweiß), *sulphurea* (hellgelb), *lutea* oder *flava* (gelb), *rosea* (rötlich), *rubra* (dunkelrot), *brunescens* (bräunlich), *nigrescens* (schwärzlich), *viridis* (grün) und *caerulea* (himmelblau) – um hier nur einige der wichtigsten anzuführen. Selbstverständlich kann der Erstbeschreiber grundsätzlich einer neuen Form jeden beliebigen Namen zuordnen. In den meisten Fällen wird aber mit der neuen Bezeichnung auf die hervorstechende Eigenschaft hingewiesen, so daß ähnliche Formen verschiedener Arten sehr oft denselben Namen besitzen.

Erklärung der wichtigsten Blattformen

Arten der Blätter

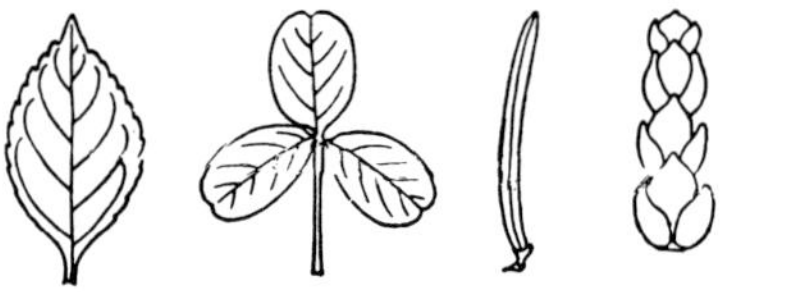

Blattgrund

Spitze des Blattes

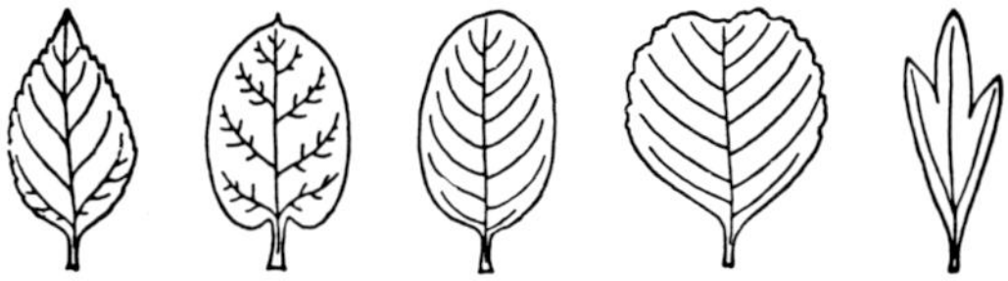

Blattrand

Teilung des Blattes

Blattstellung

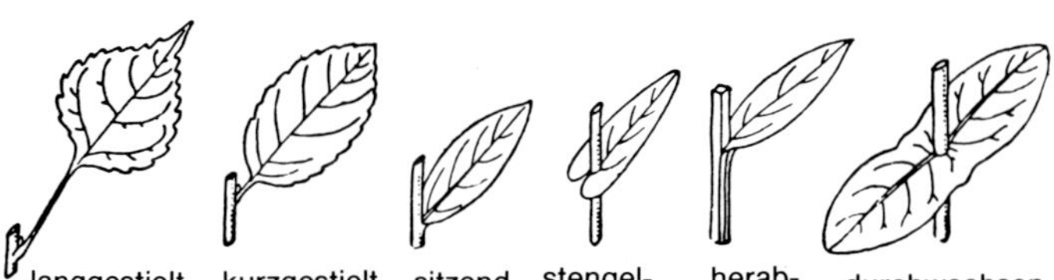

Blüten erscheinen vor den Blättern

Blüten gelb, groß

Nacktblütiger Jasmin

Nacktblütiger Jasmin *Jasminum nudiflorum* Ölbaumgewächse *Oleaceae*
1 – 1,5 m; Dezember – April
SK: Blüten an den vorjährigen Zweigen mit tellerförmig ausgebreiteter, 6zipfliger Krone auf schmaler, 1 – 2 cm langer Kronröhre; gegenständig.
B: Gegenständige, dreizählige Blätter an rutenförmig übergebogenen, grünen, vierkantigen Zweigen.
SV: Heimat: Nordchina, Japan. Bevorzugt nährstoffreichen, lehmigen Boden in sonnenwarmer, höchstens halbschattiger Lage. Relativ winterfest.
A: Der Strauch vermehrt sich in niederen Lagen sehr stark vegetativ. An Mauerkronen gepflanzt, hängen seine Zweige dicht an dicht oft viele Meter weit herunter.

Bastard-Forsythie, Goldflieder *Forsythia × intermedia* Ölbaumgewächse *Oleaceae*
2 – 3 m; März, April
SK: Dunkelgelbe, tief 4zipflig geteilte, kurztrichterige Blüten, zu 1 – 3 an Kurztrieben, Durchmesser um 3 cm.
B: Blätter gegenständig, kurzgestielt, kahl, einfach, breitlanzettlich und gegen die Spitze zu grob gesägt.
SV: Aus ostasiatischen Wildformen gezüchtete Zierrasse, die sehr anspruchslos ist und durch Blühtreue und Blütenfülle besticht. Sie gedeiht auf fast jedem Boden, vom Halbschatten bis zum vollen Sonnenlicht.
A: Die Zweige eignen sich gut zum Treiben auf Weihnachten (vor allem nach den ersten Herbstfrösten). Bei starkem Beschnitt wächst aber der Strauch recht struppig weiter.

Gelbe Alpenrose

Gelbe Alpenrose, Pontische Azalee *Rhododendron flavum* (*Azalea pontica*) Heidekrautgewächse *Ericaceae*
1 – 2 m; Mai
SK: Blüten kurzgestielt in dichten, endständigen Dolden, glockig-trichterförmig, 5zipfelig, drüsig behaart; reingelb oder rötlich überhaucht, um 5 cm lang, von den 5 Staubblättern weit überragt.
B: Blätter wechselständig, eiförmig-lanzettlich, um 10 cm lang.
SV: Heimat: Kaukasus und Kleinasiatische Gebirge, wild auch an einem Standort in den Ostalpen. Braucht kalkfreien, sauren Boden und sonnige, höchstens halbschattige Lagen.
A: Unter Azaleen versteht man die sommergrünen Rhododendren. Unsere Pflanze ist die Hauptstammform der „Genter Hybriden", die sich durch besondere Frosthärte und Blühwilligkeit auszeichnen. Rein kommt sie nur selten in Gärten vor. Ihr Pollen ist nicht für Bienen, doch für Menschen giftig und kann deshalb den Honig verderben.

Japanische Zaubernuß *Hamamelis japonica* Zaubernußgewächse *Hamamelidaceae*
50 – 150 cm; November – Februar
SK: Blüten kurzgestielt, meist in Knäueln, mit braunsamtigen Kelchblättern und 4 riemenförmigen, hellgelben, oft etwas zerknittert aussehenden Blütenblättern von 1,5 – 2 cm Länge.
B: Blätter 5 – 8 cm lang, fast rundlich oder doch breitelliptisch, wechselständig, am Rand grob gekerbt, unten meist etwas heller grün.
SV: Heimat: Japan; dort bis zu 3 m hoch. Stellt an Boden und Klima keine besonderen Ansprüche. Selbst die Blüten erfrieren bei mäßigen Frösten (bis etwa – 5° C) noch nicht.
A: Die Japanische Zaubernuß wird als extremer Frühblüher und wegen ihres bunten Herbstlaubes derzeit sehr häufig angepflanzt.

Blüten erscheinen vor den Blättern

Blüten grüngelb bis braunrot, klein

Berg-Ulme

Berg-Ulme *Ulmus glabra* (*U. montana*) Ulmengewächse *Ulmaceae*
20 – 40 m; März, April
SK: Blüten dichtgebüschelt, fast sitzend; winzige, grünrötliche Glöckchen mit rotbraunem Wimpersaum.
B: Blätter wechselständig, breiteiförmig, 8 – 16 cm lang, doppelt gesägt, ungleichseitig und oberseits auffallend rauh.
SV: Braucht nährstoffreichen, lockeren Lehm- oder Tonboden, der sickerfeucht sein sollte. Bevorzugt Lagen mit hoher Luftfeuchtigkeit. Frosthart. Wild in schattigen Schluchtwäldern; in Westeuropa noch seltener als in Mitteleuropa. Gelegentlich als Alleebaum gepflanzt.
A: Die Feld-Ulme (*Ulmus minor,* S. 200) läßt sich blühend nur schwer von der Berg-Ulme unterscheiden: ihre Blütenglöckchen tragen einen weißen Wimpersaum. Wenn die Blütchen an langen Stielen hängen, haben wir die seltene Flatter-Ulme (*Ulmus laevis*) vor uns.

Kornelkirsche, Gelber Hartriegel, Herlitze, Dirlitze *Cornus mas*
Hartriegelgewächse *Cornaceae*
2 – 8 m; Februar – April
SK: 4zipfelige Blüten in seitenständigen, einfachen Dolden, von 4 gelblichgrünen Hüllblättern umgeben. Blütendurchmesser ca. ½ cm.
B: Blätter gegenständig, eiförmig-elliptisch, spitz, 5 – 8 cm lang, ganzrandig, kurz gestielt, bogennervig.
SV: Strauch oder kleiner Baum der Kalkgebiete Mittel- und Süd(ost)europas, häufig angepflanzt oder halbwild in sonnigen Hainen und Gebüschen auf mäßig feuchten Böden.
A: Die eiförmigen, bis 2 cm langen, rotglänzenden Früchte sind eßbar und wurden früher zu Kompott und Marmeladen verwertet.

Gewöhnliche Esche *Fraxinus excelsior* Ölbaumgewächse *Oleaceae*
15 – 35 m; April, Mai
SK: Blüten ohne Hülle in überhängender Rispe. Knospen gegenständig, schwarz. Rinde hellolivgrau, glatt.
B: Blätter gegenständig, gefiedert. Fiederblättchen 9 – 13 cm, kurz zugespitzt und deutlich klein gesägt.
SV: Braucht nährstoffreichen, lockeren Boden, der feucht sein sollte. Wild in oft fast reinen Beständen in den mittel- und westeuropäischen Au- und Schluchtwäldern. Leidet unter Spätfrösten im Frühjahr, durch die nicht selten alle schon ausgetriebenen Blätter erfrieren.
A: Von der Esche gibt es mehrere Formen, die in Parks als Zierbäume anzutreffen sind. Am bekanntesten sind die „Hänge-Esche" und eine Form, die wenigstens teilweise ungeteilte Blätter trägt.

Spitz-Ahorn

Spitz-Ahorn *Acer platanoides* Ahorngewächse *Aceraceae*
10 – 20 m; April, Mai
SK: Blüten in aufrechten (Trug-)Dolden, 5zählig, um oder unter 1 cm im Durchmesser.
B: Blätter einfach, gegenständig, handförmig, 5lappig, jeder Lappen mit 5 – 7 kräftigen, meist deutlich zugespitzen Zähnen.
SV: Braucht feuchten, nährstoffreichen, lockeren Boden. In Mittel- und Westeuropa selten in Schlucht- und Auwäldern. Häufig als Alleebaum gepflanzt.
A: Dieser Ahorn steht hier für mehrere Arten, deren Blüten vor den Blättern erscheinen. Rötliche 5strahlige Blütchen hat der Rote Ahorn (*Acer rubrum,* S. 162), gelbgrüne Blütchen in hängenden Dolden der Schneeballblättrige Ahorn (*Acer opalus,* S. 188), während sie beim Eschen-Ahorn (*Acer negundo,* S. 218) in langen Büscheln herabhängen. Beim Silber-Ahorn (*Acer saccharinum,* S. 190) sind nur grünliche Kelchblätter, keine Blütenblätter vorhanden.

Blüten erscheinen vor den Blättern

Blüten rot bis weiß, groß

Nacktblütige Alpenrose

Nacktblütige Alpenrose *Rhododendron nudiflorum* Heidekrautgewächse *Ericaceae*
1 – 2 m; April, Mai
SK: Blüten in endständigen Büscheln, 3 – 5 cm lang, Krone trichterig-glockig, tief 5zipflig, weit ausgebreitet, weiß oder rosa. Ohne Drüsenhaare.
B: Blätter wechselständig, elliptisch bis eilänglich, 3 – 6 cm lang, am Rand gewimpert.
SV: Heimat: Nordamerika. Braucht kalkfreien oder zumindest extrem kalkarmen, gut durchfeuchteten, sauren Mullboden und darf auch nur mit kalkfreiem (Regen-)Wasser gegossen werden. Sehr frosthart.
A: Die sommergrünen „Azaleen" werden heute kaum mehr in reinen Arten gepflanzt. Man kennt Hunderte von Hybriden, von denen aber immer noch einige die besonderen Eigenschaften der Nacktblütigen Alpenrose konserviert haben.

Echte Mandel

Echte Mandel *Prunus amygdalus* Rosengewächse *Rosaceae*
3 – 10 m; März, April
SK: Blüten zu 2, seltener einzeln, fast sitzend. Kronblätter 5, hellrosa bis weiß, breit verkehrteiförmig, bis 2 cm lang.
B: Blätter wechselständig, drüsig gesägt. Blattstiele um 2 cm lang. Filzig behaarte, trockene Steinfrucht.
SV: Heimat: Westasien; im Mittelmeergebiet angebaut; in den mildesten Lagen Mitteleuropas, häufiger in Westeuropa Zier- und Nutzpflanze, obwohl die Samen hier selten wirklich reifen.
A: Von der Echten Mandel gibt es mehrere Sorten (z. B. Bittermandel) und auch Kreuzungen mit Pfirsichen, die teils Mandeln, teils Pfirsichen mehr ähneln, doch immer saftloses Fleisch haben. Sie sind frostunempfindlicher und nicht selten die „Echte" Mandel mitteleuropäischer Gärten. Bittermandelkerne enthalten giftige Zyanverbindungen.

Lilien-Magnolie *Magnolia denudata* Magnoliengewächse *Magnoliaceae*
6 – 12 m; April
SK: Blüten 10 – 15 cm im Durchmesser, weiß oder elfenbeinfarben; 9 Blütenblätter.
B: Blätter wechselständig, eiförmig ganzrandig, 10 – 15 cm lang.
SV: Heimat: China und Japan. Braucht nährstoffreichen Boden und ist gegen starke Fröste empfindlich.
A: Die Lilien-Magnolie ist weniger bekannt als ihre Bastarde. Dies mag an ihren weißen Blüten liegen. Doch gerade sie verleihen der Pflanze ein eher duftiges Aussehen. Die Widerstandsfähigkeit der Lilien-Magnolie gegen Luftverunreinigung ist erstaunlich groß.

Gemeiner Seidelbast, Kellerhals *Daphne mezereum* Seidelbastgewächse *Thymelaeaceae*
50 – 150 cm; Februar – April
SK: Blüten röhrig, 4zipfelig, um 1 cm lang, duftend, zu 2 – 3 seitenständig gebüschelt, am Haupttrieb eine endständige, unterbrochene Ähre bildend.
B: Blätter wechselständig, an den Zweigenden gehäuft, lanzettlich, ganzrandig. Früchte erbsengroß, saftig, erst grün, dann rot. Wie andere Teile giftig!
SV: Braucht nährstoffreiche, kalkführende, gut durchfeuchtete, eher lockere Ton- oder Lehmböden in Halbschattenlage. Besiedelt zerstreut die Laub- und Laubmischwälder Europas und Asiens.
A: Die Pflanze ist vollkommen geschützt. Ausgegrabene Exemplare wachsen im Garten kaum an. Baumschulen bieten Zierrassen mit unversehrten Ballen, die auf gut vorbereiteter Erde weitergedeihen. Sie zeichnen sich durch besondere Blütenfülle aus. Neben roten gibt es auch weiße Sorten. Giftig.

Blüten erscheinen vor den Blättern

Blüten rot bis weiß, groß

Schwarzdorn

Schwarzdorn, Schlehe *Prunus spinosa* Rosengewächse *Rosaceae*
1 – 3 m; März, April
SK: Blüten gestielt, meist einzeln. Kronblätter 5, weiß, länglich-eiförmig, ½ – 1 cm lang.
B: Blätter wechselständig, elliptisch-eiförmig, klein drüsig gesägt, kurzgestielt, etwa 4 – 5 cm lang; jung eingerollt und flaumhaarig, später kahl. Zweige mit Dornspitzen. Frucht eine kugelige, schwarzblaue, hellbereifte Steinfrucht von herb-zusammenziehendem Geschmack.
SV: Braucht trockenwarme, lockere, nährstoff- und humusreiche, tiefgründige Böden in Licht- oder Halbschattenlagen. Besiedelt die ganze gemäßigte Zone Eurasiens und ist auch in Nordamerika in entsprechenden Breiten verwildert.
A: Die Schlehe ist als Vogelschutzgehölz und als Bienenweide wertvoll. Durch Kriechwurzeln und Schößlinge breitet sie sich aber stark aus. Die Früchte werden nach dem ersten Frost einigermaßen genießbar, man verwendet sie heute gelegentlich zur Herstellung von alkoholischen Getränken.

Pfirsich *Prunus persica* Rosengewächse *Rosaceae*
2 – 10 m; April
SK: Blüten sitzend, meist einzeln oder zu zweien. Kronblätter 5, rosa oder rotviolett, eiförmig bis verkehrteiförmig, 1 – 2 cm lang.
B: Blätter wechselständig, breitlanzettlich, am Rand scharfspitzig gesägt, 8 – 15 cm lang, je nach Sorte heller oder dunkler grün.
SV: Liebt nährstoffreichen, lockeren Lehmboden an geschütztem Standort. Friert im Frühherbst und späten Frühjahr in rauhen Lagen auch bei widerstandsfähigen Sorten meist zurück. Wahrscheinlich seit der Römerzeit in Süddeutschland und Westeuropa kultiviert. Heimat: China.
A: Vom Pfirsich werden zahlreiche Sorten auch in Mitteleuropa angebaut. Vielerorts neigen sie bei uns aber zu Gummifluß und Kräuselkrankheit und erfordern Pflege und vorbeugende Spritzungen.

Zwerg-Mandel *Prunus tenella* (*P. nana*) Rosengewächse *Rosaceae*
30 – 150 cm; April, Mai
SK: Blüten einzeln, seltener zu 2, fast sitzend. Kronblätter 5, rosa, länglich verkehrteiförmig, 1 – 1,5 cm lang.
B: Blätter wechselständig, lanzettlich, drüsenlos gesägt, in den sehr kurzen Blattstiel verschmälert. Gelbgraue, zottig behaarte, eirundliche Steinfrucht mit netzig-runzligem Steinkern.
SV: Heimat: Orient und Mittelasien, westwärts bis zur unteren Donau. Bei uns nur als Zierstrauch und in sommerheißen Lagen gelegentlich verwildert. Braucht kalkreiche, eher trockene Böden und zur Vegetationszeit viel Wärme, ist aber sehr winterhart.
A: Die Zwerg-Mandel ist in ihren Stammlanden ein charakteristisches Element der Feldgebüsche und Trockenwaldsäume, wo sie ihren Platz mit großer Zähigkeit behauptet. In Südsibirien sollen die Früchte gegessen werden.

Mandelbäumchen, Mandelröschen *Prunus triloba* Rosengewächse *Rosaceae*
1 – 2 m; März – Mai
SK: Blüten gestielt, einzeln oder zu 2. Kronblätter 5 bis viele, rosa, rundlich verkehrteiförmig, 1 – 2 cm lang.
B: Blätter wechselständig, breitelliptisch, langspitzig, zuweilen vorne dreilappig, am Rand scharf doppelt gesägt, unterseits heller und behaart; 5 – 10 cm lang und 2 – 4 cm breit.
SV: Heimat: China. Spätfrostempfindlich. Gedeiht auf lehmigen, nährstoffreichen Böden besonders gut.
A: Bei den – fast durchweg – angepflanzten Formen handelt es sich um die Varietät *„multiplex"* mit gefüllten Blüten. Beim Kauf sollte man auf Wurzelechtheit achten. Wird das Mandelbäumchen einer Unterlage aufgepfropft, schlägt diese meist aus und überwächst die „echten" Triebe. Dann hilft nur gründliches, regelmäßiges Ausschneiden. Auch Spitzendürre kann so bekämpft werden. Vielfach muß man zusätzlich spritzen.

Mandelbäumchen

Blüten erscheinen vor den Blättern

Kätzchenblüten (aufrecht)

Gagelstrauch

Gagelstrauch *Myrica gale* (*Gale palustris*) Gagelgewächse *Myricaceae*
50 – 150 cm; April, Mai
SK: Dunkelbraune Zweige mit gelbglänzenden, duftenden Harzkügelchen besetzt. Staubbeutelkätzchen kurzwalzlich, weibliche Kätzchen klein, fast kugelig, beide auf getrennten Individuen.
B: Blätter wechselständig, eiförmig bis lanzettlich, 3 – 6 cm lang, dunkelgrün, unterseits flaumhaarig, gegen die Spitze zu gesägt.
SV: Braucht nährstoff- und kalkarme, saure, feuchte bis nasse Sand- und Torfböden in luftfeuchter, regenreicher Klimalage und findet sich deshalb zerstreut im weiteren Küstengebiet des atlantischen Raumes in Heidemooren und Kiefernwäldern.
A: Wie viele Moorgewächse lebt der Gagelstrauch mit einem Pilz in Symbiose. Er wird nur wenig in Gärten gehalten, da er nur in Moorbeeten gedeiht. Nach Naturschutzgesetz steht er unter Sammelverbot.

Zwerg-Birke *Betula nana* Birkengewächse *Betulaceae*
30 – 80 cm; April – Juni
SK: Graubraune, samthaarige, knorrige Zweigchen. Kätzchen sitzend, männliche kurzwalzlich, grün-braun; weibliche dickwalzlich, hellbraun – beide auf derselben Pflanze.
B: Blätter wechselständig, fast kreisrund, um 1 cm breit, stumpf gekerbt.
SV: Braucht nasse, saure, kalkarme Moorböden. Hauptvorkommen im kaltgemäßigten (arktischen) Bereich. Als Relikt der Eiszeit an wenigen Stellen im Alpenraum, den Mittelgebirgen und in Norddeutschland.
A: Zahlreiche Funde aus Eiszeitablagerungen lassen erkennen, daß die Zwerg-Birke früher in Mitteleuropa weit verbreitet war. Ihre derzeitigen Vorkommen sind zum größten Teil als Schutzgebiete ausgewiesen.

Kriech-Weide *Salix repens* Weidengewächse *Salicaceae*
20 – 100 cm; April, Mai
SK: Braune bis gelbliche Zweige, aus unterirdischem Erdstamm entspringend, jung seidig behaart. Knospen seidig behaart. Kätzchen eiförmig – kurzwalzlich, männliche und weibliche auf getrennten Pflanzen.
B: Blätter wechselständig, lanzettlich, bis 6,5 cm lang, ganzrandig oder fein gezähnt, unten seidenhaarig.
SV: Braucht zumindest feuchte, nährstoffarme, doch kalkhaltige Böden. Besiedelt Moore und Naßwiesen in fast ganz Europa.
A: Der Strauch wächst oft sehr ausgedehnt. Unter dem Namen Kriech-Weide werden zuweilen spalierartig kriechende Arten für Steingärten in Katalogen angeboten. Sie sind nicht unsere Pflanze, die sich kaum für Gartenzwecke eignet.

Schwarzwerdende Weide

Schwarzwerdende Weide *Salix nigricans* (*S. myrsinifolia*)
Weidengewächse *Salicaceae*
1 – 4 m; April, Mai
SK: Strauch mit dünnen, kurz und oft etwas sparrig verästelten Zweigen. Kätzchen eiförmig bis kurzwalzlich, 1 – 3 cm lang, 0,5 bis über 1,5 cm breit, ihre Schuppen grün-dunkelbraun.
B: Blätter wechselständig, eiförmig bis lanzettlich, bis 10 cm lang, fein gezähnt bis ganzrandig, oberseits dunkelgrün mit hellerer Spitze, unterseits blaugrün.
SV: Liebt nährstoff- und kalkreiche, nasse, lockere Böden in regenreicher Klimalage. Ursprünglich wohl nur in den kühleren Gebieten Europas verbreitet.
A: Die Schwarzwerdende Weide ist sehr veränderlich. Man hat schon weit mehr als 100 Formen unterschieden, die zumindest zum Teil auch unterschiedliche ökologische Ansprüche stellen.

Blüten erscheinen vor den Blättern

Kätzchenblüten (aufrecht)

Ufer-Weide, Graue oder Lavendel-Weide *Salix eleagnos* (*S. incana*)
Weidengewächse *Salicaceae*
1 – 15 m; April, Mai
SK: Kätzchen langwalzlich, schmal; kaum 1 cm dick, 3 – 6 cm lang, ihre Schuppen gelblich, bei den Fruchtkätzchen vorn dunkler. Zweige brüchig.
B: Blätter wechselständig, lineallanzettlich, bis 12 cm lang, um 1 cm breit, am Rand umgerollt, ungleich drüsig gesägt oder nur wellig geschweift.
SV: Braucht zumindest periodisch nasse, steinige bis sandige Rohböden. Wild in den Alpentälern und im Voralpengebiet an kiesigen Flußufern und sickernassen Hängen. Sonst meist angepflanzt und dann oft nur in Strauchform ausgebildet.
A: Die Ufer-Weide wird weniger als Ziergartenpflanze denn als Bodenfestiger und Rohbodenpionier bei der Begrünung von Kanälen, Wasserläufen und nassen Straßenböschungen verwendet.

Purpur-Weide

Purpur-Weide *Salix purpurea* Weidengewächse *Salicaceae*
1 – 6 m; März, April
SK: Strauch oder Baum mit schlanken, zähen, besenförmig ausgebreiteten Zweigen. Kätzchen langwalzlich, 1,5 – 5 cm lang, knapp 1 cm dick, ihre Schuppen schwärzlich-rot.
B: Blätter wechselständig, lanzettlich, bis 11 cm lang, ganzrandig oder an der Spitze gesägt, kahl.
SV: Liebt nährstoff- und kalkreiche, nasse und schwere, kiesige oder sandige Schwemmböden und wächst in ganz Europa an Flußufern, in Mooren und am Rand nasser Wiesen.
A: Die Purpur-Weide bastardiert sehr häufig mit anderen Weidenarten und kommt selten ganz rein vor. Da sie früher zur Korbflechterei verwendet wurde, sind vor allem ihre Hybriden mit anderen Flechtweiden durch den Menschen in der Ausbreitung gefördert worden.

Sal-Weide

Sal-Weide, Palm-Weide *Salix caprea* Weidengewächse *Salicaceae*
2 – 10 m; März, April
SK: Hochwüchsiger Strauch mit kurzen, dicken Ästen. Kätzchen dickwalzlich, um 2 cm breit, männliche 2 – 3 cm, weibliche 5 – 10 cm lang, vor der Blüte dicht silbrig-pelzig.
B: Blätter wechselständig, eiförmig oder fast rund, 3 – 10 cm im Durchmesser, ganzrandig oder wenig und unregelmäßig gesägt.
SV: Braucht nährstoffreichen, lockeren Lehmboden, der feucht sein sollte. Besiedelt vor allem Kahlschläge, Waldränder, aufgelassene Steinbrüche und Kiesgruben. In Mittel- und Westeuropa zerstreut.
A: Die Sal-Weide ist der Lieferant von „Palmkätzchen". Gelegentlich wird sie deswegen auch in Gärten angepflanzt.

Kaspische Weide, Spitzblättrige Weide *Salix acutifolia* Weidengewächse *Salicaceae*
4 – 8 m; Januar – April
SK: Zweige lang, dünn, rotbraun, mit deutlichem, abwischbarem, bläulichem Reif. Kätzchen gelb, langwalzlich; männliche und weibliche auf getrennten Pflanzen.
B: Blätter wechselständig, lanzettlich, 6 – 12 cm lang, gesägt, lederig, auffallend hängend, nur beim Ausschlagen – siehe Abbildung – aufrecht.
SV: Heimat: Südsibirien und China. Seit Anfang des Jahrhunderts in Europa und als Zierweide bewährt. Gedeiht auf lockeren, jedoch nicht nassen Böden besonders gut.
A: Gelegentlich wird die Art als „forma *pendulina*" (der Blätter wegen) angeboten. Dies ist irreführend, weil „Trauerformen" (Zweige hängend) so bezeichnet werden.

Blüten erscheinen vor den Blättern

Kätzchenblüten (hängend)

Haselnuß *Corylus avellana* Birkengewächse *Betulaceae*
2 – 6 m; Februar – April
SK: Nur die männlichen Blüten in gelbbraunen, hängenden Kätzchen, die schon im Herbst angelegt sind. Weibliche Blüten knospenartig, unscheinbar; Narben rot.
B: Blätter wechselständig, rundlich-herzförmig, deutlich zugespitzt, 10 cm und mehr im Durchmesser, am Rand scharf doppelt gesägt. Zweige grau oder braun, jung drüsig behaart. Fruchtumhüllung mit breiten Zipfeln.
SV: Braucht nährstoffreichen Boden und wenigstens Halbschatten. Stellt sonst kaum Ansprüche. Besiedelt daher Waldränder, lichte Laubwälder, Lichtungen und Feldgebüsche. Häufig.
A: Die Hasel ist industriefest. Als straßenbegleitendes Gebüsch spielt sie eine größere Rolle denn als „Haselnußlieferant". Sie ist selbststeril, deshalb sind nur Anlagen aus mehreren Büschen einigermaßen ertragssicher. Die „Korkenzieherhasel" ist eine besondere Zierform, mit verdrehten, bzw. die Wuchsrichtung ändernden Zweigen.

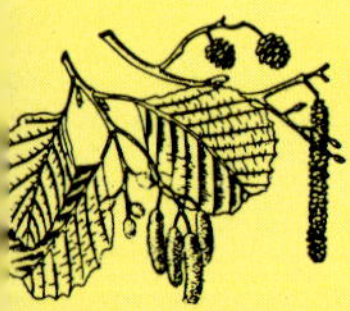

Schwarz-Erle

Schwarz-Erle, Rot-Erle *Alnus glutinosa* Birkengewächse *Betulaceae*
10 – 25 m; März, April
SK: Männliche Fruchtkätzchen zur Blüte hängend, langgestreckt, weibliche klein, eikugelig, zu mehreren; daneben noch die etwa erbsengroßen vorjährigen Zapfen.
B: Die Knospen sind klebrig wie die höchstens ganz zerstreut behaarten jungen Zweige. Die seitenständigen weiblichen Kätzchen und die Fruchtzapfen sind deutlich gestielt. Weiteres s. S. 132.
A: Sehr ähnlich blüht die Grau-Erle, *Alnus incana* (s. S. 194), ihre Knospen sind jedoch nie klebrig und meist, wie die jungen Zweige, flaumig-zottig behaart. Alle weiblichen Kätzchen, auch die seitenständigen, sind ungestielt.

Silber-Pappel

Silber-Pappel *Populus alba* Weidengewächse *Salicaceae*
15 – 30 m; März, April
SK: Männliche und weibliche Kätzchen gleichgestaltet, doch auf verschiedenen Bäumen. Kätzchenschuppen gezähnt bis ganzrandig und stark bewimpert.
B: Junge Zweige wie die Knospen weißfilzig behaart, nie klebrig. Narben und Staubbeutel anfangs hellrot. Weiteres s. S. 214.
A: Die Pappeln lassen sich durch ihre Kätzchenschuppen auch schon im blühenden Zustand und ohne Blätter gut unterscheiden. Schwierigkeiten bereitet nur der Bastard zwischen der Silber-Pappel und der Zitter-Pappel, die vor allem in Tieflagen auftretende Grau-Pappel, *Populus × canescens.* Sie ähnelt mehr der Silber-Pappel und trägt nur schwach ausgekerbte Schuppen. Am ehesten verrät sie sich durch die dünne, mehr graufarbene Behaarung der Knospen und Jungtriebe.

Zitter-Pappel, Espe *Populus tremula* Weidengewächse *Salicaceae*
5 – 20 m; März, April
SK: Männliche und weibliche Kätzchen gleichgestaltet, doch auf verschiedenen Bäumen, Kätzchenschuppen zerschlitzt und stark bewimpert.
B: Junge Zweige etwas behaart, Knospen oft klebrig, fast kahl; Narben und Staubbeutel anfangs tiefrot. Weiteres s. S. 204.
A: Sehr ähnlich blühen die Schwarz-Pappel und ihre Bastarde (s. S. 204). Ihre frühzeitig abfallenden Kätzchenschuppen sind aber vollkommen kahl und die Narben der weiblichen Blüten anfangs gelb gefärbt.

Kletterpflanzen

Blätter einfach ♠

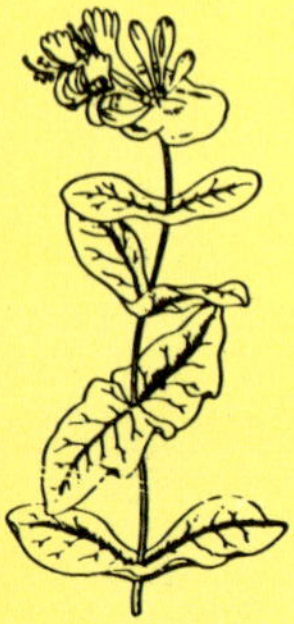

Garten-Geißblatt

Garten-Geißblatt, Jelängerjelieber *Lonicera caprifolium* Geißblattgewächse *Caprifoliaceae*
3 – 6 m; Mai – Juli
SK: Oberstes Blattpaar scheibenartig verwachsen. Blüten in Quirlen, die sämtliche je einem Tragblattpaar aufsitzen, kahl, mit tief zweispaltiger Krone.
B: Blätter gegenständig elliptisch, stumpflich, ganzrandig. Blüten meist zu 6, gelblichweiß, außen rötlich angehaucht, in der Dämmerung stark duftend.
SV: Ursprünglich in Südeuropa, in Mitteleuropa vielleicht nur verwildert. Besiedelt hier Hecken und Waldrandgebüsche sowie Feldgehölze in sonnenwarmen Lagen. Braucht mineralreiche, nicht allzu trockene Böden. Alte Laubenpflanze.
A: Das Garten-Geißblatt ist wie alle seine Verwandten eine Schlingpflanze, deren Stengel spiralig in Rechtsdrehung winden. Vor allem die Beeren sind giftig.

Henrys Geißblatt *Lonicera henryi* Geißblattgewächse *Caprifoliaceae*
4 – 6 m; Juni – August
SK: Blätter frei, kurzgestielt, immergrün. Blüten paarweise, an den Stengelenden ährig zusammengezogen, zweispaltig. Junge Zweige dicht kurzborstig behaart.
B: Blätter gegenständig, eilanzettlich, ganzrandig, ledrig, dunkelgrün. Blüten gelblichrot bis purpurn, mit etwas bauchig aufgetriebener Kronröhre; jedes Paar am Grund mit zwei größeren, laubblattartigen Tragblättern.
SV: Heimat: Westchina. Sehr frostharter Gartenstrauch, der weder an den Boden noch an den Lichtgenuß größere Ansprüche stellt.
A: Alle Geißblattarten dienen der Kirschfruchtfliege als Wirt. Sie sollten deshalb nicht neben Kirschbaumpflanzungen gezogen werden. Giftig.

Wald-Geißblatt

Wald-Geißblatt *Lonicera periclymenum* Geißblattgewächse *Caprifoliaceae*
4 – 6 m; Mai – Juli
SK: Blätter frei, kurzgestielt, sommergrün. Blüten in kurzgestielten, blattlosen Köpfchen, tief zweispaltig, innen kahl, außen wie die Stiele drüsenhaarig.
B: Blätter gegenständig, elliptisch, ganzrandig. Blüten weiß bis schmutziggelb, oft rötlich angehaucht, tagsüber schwach, abends intensiv duftend.
SV: In lichten Wäldern in warmer, regenreicher Klimalage. In Westeuropa häufig, gegen Osten seltener werdend.
A: Das Wald-Geißblatt ist ein rechtswindender Schlingstrauch. Seine Blüten werden von Nachtschmetterlingen bestäubt. Seine rundlichen, kirschroten Beeren sind giftverdächtig. Die Pflanze wird in verschiedenen Formen auch in Gärten gezogen, als „forma *quercina*" mit eichenblattähnlich gebuchteten Blättern, die erst im Herbst blühende „forma *serotina*" mit dunkelroter Blüte.

Heckrotts Geißblatt *Lonicera × heckrottii* Geißblattgewächse *Caprifoliaceae*
1 – 3 m; Juni – September
SK: Oberstes Blattpaar scheibenartig verwachsen. Blüten in gedrängten, blattlosen Quirlen, schwach behaart mit tief zweispaltiger Krone.
B: Blätter gegenständig, elliptisch, ganzrandig, kaum behaart, unterseits bläulich. Blüten sehr groß, bis 5 cm lang, innen gelb, außen purpurrot, stark duftend.
SV: Erstaunlich anspruchslose Pflanze, die fast auf jedem Boden gedeiht, frosthart ist, Schnitt verträgt und in Licht und Schatten gleich gut wächst. Die Eltern dieses Tripel-Bastardes sind neben dem amerikanischen Trompeten-Geißblatt das mitteleuropäische Garten- und das mediterrane Etrurische Geißblatt.
A: Heckrotts Geißblatt ist eine der erfolgreichsten *Lonicera*-Züchtungen. Da sie nur mittelstark windet, eignet sie sich auch als Bodendecker. Giftig.

Kletterpflanzen

Blätter einfach ♦

Dreispitzige Jungfernrebe

Dreispitzige Jungfernrebe, Kletterwein *Parthenocissus tricuspidata (Ampelopsis veitchii)* Rebengewächse *Vitaceae*
5 – 25 m; Juli, August
SK: Klettert mittels Ranken, diese blattgegenständig, kurz verzweigt, an den Enden z. T. mit Haftscheibchen. Blütenstand doldig. Rinde sich nicht in Längsstreifen lösend.
B: Blätter wechselständig, breiteiförmig mit herzförmigem Grund, langgestielt, teils ungelappt, teils 3lappig bis tief 3schnittig, fein- oder grobgezähnt, bis 15 cm lang. Blüten gelbgrün, Beeren dunkelblau, bereift.
SV: Heimat: China, Japan. Stellt nur geringe Ansprüche an den Boden und ist sehr industriefest und einigermaßen frosthart, braucht aber zum guten Gedeihen sommerwarme, sonnige und windgeschützte Stellen.
A: Der Kletterwein ist durch seine rote Herbstverfärbung sehr dekorativ. Er eignet sich vor allem zur Begrünung von Mauern. Wo er auf Hauswände übergeht, lassen sich seine Haftscheiben nur unter Zerstörung des Putzes wieder entfernen.

Tabakspfeifenwinde, Großblättrige Osterluzei *Aristolochia durior* (*A. sipho*) Osterluzeigewächse *Aristolochiaceae*
4 – 10 m; Juli, August
SK: Schlingstrauch mit windenden Stengeln und Zweigen. Blätter wechselständig, ganzrandig, herz-nierenförmig, 10 – 30 cm lang und fast ebenso breit. Blüten groß, einzeln, pfeifenkopfartig aufwärts gekrümmt mit 3lappigem Saum.
B: Blüten gelbgrün, am Saum rotbraun, unangenehm riechend.
SV: Heimat: Östliches Nordamerika. Ohne besondere Bodenansprüche, gedeiht aber nur in sonnigen, windgeschützten Lagen gut.
A: Die Tabakspfeifenwinde wird ihrer dekorativen Blätter wegen angepflanzt. Die Blüten sind als Kesselfallen ausgebildet, die mit ihrem Geruch kleine Aasfliegen anlocken.

Efeu

Efeu *Hedera helix* Efeugewächse *Araliaceae*
0,5 – 20 m; August – Oktober
SK: Klettert mit Haftwurzeln, Blätter wechselständig, immergrün. Blüten unscheinbar, grünlichgelb, in Dolden. Blühende Pflanzen haben neben den gelappten auch ganzrandige Blätter.
B: Lappige Blätter mit 3 – 5 Lappen. Früchte blauschwarze Beeren.
SV: Liebt nährstoffreichen, lehmigen Boden und luftfeuchtes Klima. Bevorzugt Halbschatten und Schatten. Frostempfindlich. Wild vor allem in west- und mitteleuropäischen Laubwäldern. Dort zerstreut.
A: Enthält den Giftstoff Hederacosid. Nach dem Genuß von Beeren sollen sogar Todesfälle vorgekommen sein. Eignet sich als lose Bodendeckpflanze im Schatten. Vielfach auch Formen mit weißfleckigen Blättern.

Weinstock, Kultur-Rebe *Vitis vinifera* Rebengewächse *Vitaceae*
5 – 20 m; Juni, Juli
SK: Klettert mittels Ranken, diese blattgegenständig, langgabelig verzweigt, ohne Haftscheiben. Blütenstand rispig; Rinde älterer Zweige schält sich in Längsstreifen ab.
B: Blätter wechselständig, fast rundlich, tief 3- bis 5lappig, grob stachelspitzig gezähnt, Blüten gelblichgrün. Beeren grünlich, gelblich, kupferrot oder dunkelblau.
SV: Die Kulturform, von südeuropäischen und einheimischen Wildarten abstammend, wird bei uns in vielen Sorten gebaut. Sie gedeiht bis zur Ahr und mittleren Oder und bis 600 m ü. M. An wenigen Stellen der Rheinauen findet sich eine Wildform mit kleinen, blauen Beeren als Liane oder im Waldsaumgebüsch.
A: Die meisten der heutigen Zuchtreben sind auf der reblausfesten Amerikanischen Rebe als Edelreis aufgepfropft.

Kletterpflanzen

Blätter einfach ♦

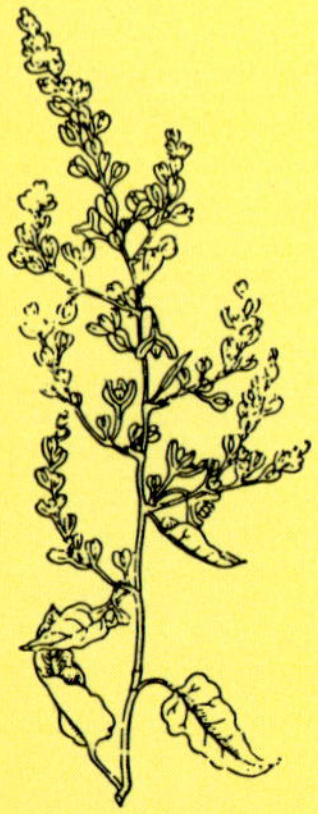

Bucharischer Schlingknöterich

Schartzähniger Strahlengriffel

Bucharischer Schlingknöterich *Bilderdykia baldschuanicum* (*Polygonum b.*)
Knöterichgewächse *Polygonaceae*
6 – 20 m; Juli – Oktober
SK: Schlingstrauch mit windenden Stengeln und Zweigen. Blätter wechselständig, undeutlich gezähnt bis gekerbt, herz- bis herzpfeilförmig, 6 – 9 cm lang, 4 – 5 cm breit. Blüten in Rispen, reinweiß, später rötlich; Rispenstiele praktisch kahl.
B: Blätter langgestielt, am Rand öfters gewellt. Jungtriebe grünlich-hellbraun.
SV: Heimat: W-Asien (Bucharei). Liebt nährstoffreiche, feuchte Lehmböden in Halbschatten- oder Lichtlage. Nicht ganz frosthart.
A: Der Halbstrauch gibt eine gute Bienenweide, lockt aber auch sonst viel Insekten an. Deshalb nur bedingt für Hauswände geeignet!

Chinesischer Schlingknöterich *Bilderdykia aubertii* (*Polygonum a.*)
Knöterichgewächse *Polygonaceae*
5 – 15 m; Juli – Oktober
SK: Schlingstrauch mit windenden Stengeln und Zweigen. Blätter wechselständig, am Rand undeutlich gekerbt, gewellt, schmaleiförmig mit spießförmigem Grund, 4 – 9 cm lang, 3 – 4 cm breit. Blüten in Rispen, grünlichweiß, Rispenstiele fein rauh behaart.
B: Blätter langgestielt, jung rot überlaufen. Jungtriebe rot oder rotstreifig.
SV: Heimat: W-China. Liebt nährstoffreiche, gut bewässerte Lehmböden in Halbschatten oder Lichtlage. Nicht ganz frosthart.
A: Der Schlingknöterich ist äußerst raschwüchsig und eignet sich hervorragend als Laubenpflanze und zur schnellen Sichtbegrünung.

Scharfzähniger Strahlengriffel *Actinidia arguata* Strahlengriffelgewächse *Actinidiaceae*
5 – 8 m; Mai, Juni
SK: Schlingstrauch mit windenden Stengeln und Zweigen, Blätter wechselständig, am Rand scharf gesägt, breit herzeiförmig, 8 – 12 cm lang, 5 – 8 cm breit, mit rotem Stiel. Blüten groß, in kleinen achselständigen Scheindolden, weiß.
B: Die Blüten sind bis 2 cm breit und duften. Die gelblichgrüne Frucht ist eßbar.
SV: Heimat: Mandschurei, Korea, Japan. Der frostharte Strauch ist sehr genügsam in bezug auf den Boden, doch wächst er gerne im vollen Licht.
A: Männliche und weibliche Blüten wachsen auf getrennten Pflanzen, so daß man zur Fruchtbildung zumindest zwei verschiedene Exemplare benötigt. Die Früchte sind sehr vitaminreich.

Kletter-Hortensie *Hydrangea anomala* ssp. *petiolaris*
Steinbrechgewächse *Saxifragaceae*
6 – 10 m; Juni, Juli
SK: Blätter gegenständig, 2 – 10 cm lang gestielt. Blüten in endständigen (schein)doldigen um 20 cm breiten Trauben mit strahligen, weißen, bis 3 cm breiten sterilen Randblüten.
B: Blätter rundlich, zugespitzt, am Grund oft herzförmig, 5 – 10 cm im Durchmesser, kahl, am Rand gesägt. Die sterilen Blüten bilden einen „Schauapparat" zum Anlocken der Insekten.
SV: Heimat: Japan, Korea, Taiwan. Braucht feuchte, sonnenwarme, nährstoffreiche Böden in windgeschützter Lage. Absolut frosthart.
A: Die Kletter-Hortensie klimmt mit Hilfe von Haftwurzeln an Stämmen, Gerüsten und Mauern hoch. In vollkommen freiem Stand bildet sie einen kugeligen, 1 – 2 m hohen Busch aus.

Kletterpflanzen

Blätter zusammengesetzt gegenständig

Rispige Waldrebe

Rispige Waldrebe *Clematis paniculata* Hahnenfußgewächse *Ranunculaceae*
6 – 10 m; September, Oktober
SK: Blattstielkletterer, Blüten ausgebreitet, 4zählig, um 3 cm breit, weiß, in achselständigen Rispen. Blatt 3 – 5zählig, Teilblättchen langgestielt, ganzrandig.
B: Blüten duftend, ohne Blütenblätter, die Kelchblätter blumenblattartig gefärbt, am Rand filzig. Die langschwänzigen Früchte bilden einen dekorativen „Haarschopf".
SV: Heimat: Japan. Wildsorte, die in voller Sonne am besten gedeiht. Der Boden darf nicht austrocknen und sollte mit Bodendeckern bepflanzt werden.
A: Obwohl sich diese Art leicht halten und vermehren läßt, werden ihr seit einiger Zeit die „edleren" Hybriden vorgezogen. Laub schwach giftig.

Jackman-Waldrebe *Clematis × jackmani* Hahnenfußgewächse *Ranunculaceae*
2 – 4 m; Juli – September
SK: Blattstielkletterer; Blüten ausgebreitet, 10 – 14 cm breit, meist zu dritt und langgestielt am Triebende, purpurviolett. Blätter 3 – 5zählig, die obersten zuweilen ungeteilt; Teilblättchen ganzrandig.
B: Blüten 4- oder 6zählig, ohne Blütenblätter. Die Kelchblätter blütenblattartig gefärbt. Die Früchte bilden einen dekorativen Haarschopf.
SV: Gilt als Kreuzungsprodukt der japanischen *Clematis paniculata* (s. o.) mit der chinesischen Woll-Waldrebe (*C. lanuginosa*). Verlangt nährstoffreichen, gut durchfeuchteten Boden.
A: Die Jackman-Hybriden ergeben sehr dekorative, in Blüte und Frucht auffallende Lianenwände. Sie brauchen aber gute Pflege und günstige Standorte. Auch dann können sie plötzlich an der immer noch unerforschten Clematiskrankheit eingehen. Wie bei fast allen Waldreben kann der Saft (vor allem der frischen Blätter) die Haut reizen.

Blaue Waldrebe, Italienische Waldrebe *Clematis viticella* Hahnenfußgewächse *Ranunculaceae*
3 – 6 m; Juni – August
SK: Blattstielkletterer, Blüten ausgebreitet, 4zählig, 4 – 8 cm breit, blauviolett bis tiefrot, selten auch weiß, zu 1 – 3 blattachselständig, oft leicht geneigt. Blätter 3- bis 7zählig, Teilblättchen ganzrandig, selten etwas gelappt.
B: Ohne Blütenblätter, Kelchblätter blumenblattartig, außen filzig. Früchte langgeschwänzt, doch unbehaart.
SV: Heimat: Südeuropa, östliches Mittelmeergebiet. Dort in lichten Wäldern, daher nicht ganz so sonnenbedürftig.
A: Schon lange in Zucht. Verwildert aber sehr selten und hält sich auch nur in wärmeren Lagen. Die weinrot blühende „var. *karmesina*" ist gegen die Clematiskrankheit resistent. (Schwach) giftverdächtig.
Die Abbildung zeigt einen Bastard, der in Kelchblattzahl und Kelchblattform mehr zum anderen Elter, der Offenblütigen Waldrebe tendiert.

Echte Waldrebe

Echte Waldrebe, Gemeine Waldrebe *Clematis vitalba* Hahnenfußgewächse *Ranunculaceae*
5 – 15 m; Juni – September
SK: Blattstielkletterer; Blüten ausgebreitet, 4zählig, um 2 cm breit, innen weiß, außen grünlich, in end- und blattachselständigen Rispen, Blätter 5zählig, Teilblättchen ganzrandig bis grob gezähnt.
B: Ohne Blütenblätter; Kelchblätter blumenblattartig, beidseits behaart. Früchte mit weißzottig behaarten Schwänzen.
SV: An Waldrändern, in Gebüschen und Auwäldern auf nährstoffreichen, warmen Böden verbreitet.
A: Die Pflanze ist giftig. Sie klettert auch mit ihrem linkswindenden, kantigen Stengel, der an älteren Exemplaren armdick werden kann. Sie ist eine der wenigen Lianen in unseren Wäldern.

Kletterpflanzen

Blätter zusammengesetzt gegenständig

Berg-Waldrebe

Alpen-Waldrebe

Berg-Waldrebe *Clematis montana* Hahnenfußgewächse *Ranunculaceae*
4 – 10 m; Mai
SK: Blattstielkletterer, Blüten ausgebreitet, 4zählig, (je nach Sorte) 3 – 8 cm breit, reinweiß bis rosa, langgestielt und einzeln oder bis zu 5 gebüschelt in den Blattachseln. Blätter 3zählig, Teilblättchen grob gesägt.
B: Blütenblätter fehlen, Kelchblätter blumenblattartig, kahl. Früchte durch den behaarten und sich nach der Bestäubung verlängernden Griffel geschwänzt.
SV: Heimat: Mittel- und Westchina, Himalaja, dort bis 3000 m Höhe vorkommend. Relativ anspruchslos und sehr frosthart.
A: Die Berg-Waldrebe ist überaus raschwüchsig und sehr blühfreudig, dazu eine der frühestblühenden ihrer Gattung. Schwach giftig.

Alpen-Waldrebe *Clematis alpina (Atragene alpina)* Hahnenfußgewächse *Ranunculaceae*
2 – 3 m; Mai – August
SK: Blattstielkletterer, Blüten glockig, langgestielt, nickend, um 4 cm lang (!), tief blauviolett, einzeln blattachselständig. Blätter einfach bis doppelt dreizählig, Teilblättchen scharf gesägt.
B: Die 4 blumenblattartig gefärbten Kelchblätter bedecken 10 – 12 spatelförmige, gelbliche Blütenblätter. Früchte geschwänzt und zottig behaart.
SV: Auf sauren, kalkfreien Böden der Nadelwälder und Zwergstrauchheiden im Alpengebiet mit östlicher Ausbreitungstendenz sehr zerstreut; selten im Alpenvorland. Hier und da auch angepflanzt.
A: Im felsigen Gelände überspinnt der Strauch gerne Blöcke und Schroffen nach Art eines Bodenkriechers. Schwach giftig.

Mongolische Waldrebe *Clematis tangutica* Hahnenfußgewächse *Ranunculaceae*
2 – 3 m; Juni – Oktober
SK: Blattstielkletterer, Blüten einzeln, langgestielt, blattachselständig, gelb, nickend, erst glockig, später weit gespreizt, um 3 cm lang (6 – 8 cm breit). Blätter einfach bis doppelt gefiedert, Teilblättchen gesägt.
B: Blütenblätter fehlen, Kelchblätter blumenblattartig gefärbt, kahl. Früchte geschwänzt und langseidig behaart.
SV: Heimat: Mongolei und Nordchina. Braucht nährstoffreiche, tiefgründige Böden in sommerwarmen Lagen, ist aber relativ frosthart. Gegen Austrocknung des Bodens empfindlich.
A: Die Mongolische Waldrebe eignet sich auch als Bodendecker, vor allem aber zur Begrünung von Zäunen. Schwach giftig.

Wurzelnde Trompetenblume *Campsis radicans* (*Tecoma radicans*)
Trompetenbaumgewächse ***Bignoniaceae***
7 – 10 m; Juli – September
SK: Haftwurzelkletterer. Blütenkrone trichterig verwachsen. Blatt gefiedert, mit 9 – 11 kurzgestielten Teilblättchen.
B: Blätter unpaarig gefiedert, Teilblättchen am Rand sägezähnig. Blüten in Büscheln, scharlachrot, innen gelb.
SV: Heimat: Nordamerika. Braucht nährstoffreiche, gut bewässerte Lehmböden in sonnenwarmer Lage. Schnittfest, aber nicht ganz frosthart und industriefest.
A: Die Wurzelnde Trompetenblume kommt im mitteleuropäischen Klima selten zur Fruchtreife. Sie wird als raschwüchsiger Mauerkletterer geschätzt, doch wird gerade an steilen Wänden die Zuwachsmasse für die Haftwurzeln oft zu schwer, vor allem, wenn sie noch zusätzlichem Winddruck ausgesetzt ist.

Kletterpflanzen

Blätter zusammengesetzt   wechselständig

Chinesischer Blauregen, Glyzine *Wisteria sinensis (Wistaria sinensis)*
Schmetterlingsblütengewächse *Fabaceae (Leguminosae)*
6 – 12 m; Mai, Juni
SK: Stengel unbestachelt, windend. Blaue oder weiße Schmetterlingsblüten in dichten, hängenden Trauben. Frucht eine schwarzbraune Hülse.
B: Blätter unpaarig gefiedert. Blüten duftend.
SV: Heimat China. Braucht lockere, nährstoffreiche, gut bewässerte, doch nicht nasse Böden in warmer Sonnenlage. Frosthart.
A: Der Chinesische Blauregen produziert während einer Vegetationsperiode sehr viel Pflanzenmasse. Fachmännischer Schnitt im Frühherbst regt vermehrte Blütenbildung an.

Selbstkletternde Jungfernrebe

Selbstkletternde Jungfernrebe, Wilder Wein *Parthenocissus quinquefolia*
Weinrebengewächse *Vitaceae*
6 – 12 m; Juli, August
SK: Stengel unbestachelt, klettert mit verzweigten Ranken, die am Ende z. T. Haftscheiben tragen. Blüten unscheinbar, grünlich, in blattgegenständigen Trugdolden. Frucht eine kugelige, erbsengroße, blauschwarze Beere.
B: Blätter 3- bis 7zählig gefingert, Frühjahrstriebe zunächst hellrot, ausgewachsene Blätter dann oberseits glänzend dunkelgrün, unterseits bläulich, im Herbst wiederum tiefrot verfärbend.
SV: Heimat: Nordamerika. Raschwüchsig und doch relativ anspruchslos, was Bodennährstoffe und Besonnung anbelangt. Im Schatten zeigt die Herbstfärbung nicht die vollen kräftigen Farben. Oft verwildert.
A: Die baumkletternde Stammart der nordamerikanischen Wälder kann sich eher an Gerüsten und Zäunen, weniger an Mauern halten. Für steile Wände gibt es aber Spezialsorten mit mehr oder kräftigeren Haftscheiben.

Brombeere

Brombeere, Kroatzbeere *Rubus fruticosus* Rosengewächse *Rosaceae*
50 – 200 cm; Mai – August
SK: Stengel meist bestachelt, aufliegend-hängend kletternd. Blüten weiß oder nur schwach rosa, 5zählig, in lockeren Trauben. Reife Sammelfrucht tiefschwarz glänzend (bläulich bereift, Kratzbeere, *Rubus caesius*).
B: Blätter 5- bis 7zählig gefingert, Teilblättchen ungleich scharf gesägt bis gelappt, das Endblättchen langgestielt.
SV: Bevorzugt nährstoffreichen Boden in nicht zu lufttrockenem, kühlem Klima. Geht eher in Schatten und Halbschatten und besiedelt daher vor allem Wälder, Gebüsche, Schläge, Lichtungen und Waldränder. In Mittel- und Westeuropa häufig.
A: Die Früchte vieler Wildsorten – aber nicht aller! – und der Kultursorten schmecken gut und enthalten meist reichlich Vitamin C. Kultursorten werden neuerdings auch unbestachelt gezogen.

Rosen

Kletter- und Kriechrosen

Wichura-Rose *Rosa wichuriana* Rosengewächse *Rosaceae*
1 – 3 m; Juli, August
SK: Stämmchen kriechend, Blätter ledrig derb, wintergrün, mit 9 Teilblättchen. Blüten weiß, duftend, 4 – 5 cm breit.
B: Stacheln dick, bogig gekrümmt. Blüten in kleinen, pyramidalen Doldentrauben. Hagebutte eiförmig, etwa 1,5 cm lang, rotbraun.
SV: Heimat: Ostasien. Nicht sehr anspruchsvoll, wächst auch auf wenig nahrhaften Böden, braucht aber Sonne. Frosthart.
A: Die Wichura-Rose ist Stammform für zahlreiche neuere Kletterrosenhybriden.

Rosen

Kletter-, Kriech- und Strauchrosen

Vielblütige Rose

Vielblütige Rose, Büschelrose *Rosa multiflora* Rosengewächse *Rosaceae*
50 – 400 cm; Juni, Juli
SK: Stämmchen aufrecht, dann überliegend-hängend und kletternd (Spreizklimmer). Blätter mit 9 Teilblättchen und fransig zerschlitzten Nebenblättchen. Blüten weiß, duftlos, um 2 cm breit.
B: Stacheln sichelig gekrümmt. Blüten in vielzähligen, pyramidalen Doldenrispen. Hagebutte klein, rundlich, schwarzrot.
SV: Heimat: Japan, Korea, NO-China. Gedeiht auf fast allen Böden und kommt sommers auch ohne zusätzliches Gießen aus; erträgt Schattenlagen gut.
A: Die Stammform findet man nur noch selten in halbwilden Hecken. Kulturformen weisen oft gefüllte oder auch rosafarbene Blüten auf.

China-Rose, Bengal-Rose *Rosa chinensis* Rosengewächse *Rosaceae*
50 – 150 cm; Juni – Oktber
SK: Aufrechter Strauch. Blätter sommergrün mit 3 – 7 Teilblättchen. Blüten meist gefüllt, rosa, gelblich oder rot, kaum duftend, um 5 cm breit.
B: Stacheln stark gekrümmt. Blüten zu 1 – 3. Hagebutte lange grün bleibend, zuletzt schmutzigbraun.
SV: Heimat: Ostasien, dort schon lange in Kultur, Herkunft unklar. Braucht nährstoffreiche Böden in sonniger Lage. Nicht winterhart.
A: Die China-Rose kam erst im 18. Jahrhundert nach Europa und gehört zu den Stammformen unserer heutigen Zuchtrosen. Sie ist eingekreuzt in die Tee-, Floribunda- und Polyanthahybriden und kommt rein wohl nirgends mehr in Europa vor.

Rotblättrige Rose

Rotblättrige Rose, Hecht-Rose *Rosa glauca* (*R. rubrifolia*) Rosengewächse *Rosaceae*
1 – 2 m; Juni, Juli
SK: Aufrechter Strauch, Blätter und Zweige auffallend rot und hechtblau überlaufen. 5 – 9 Teilblättchen. Blüten 3 – 4 cm breit, rot, schwach duftend.
B: Meist mehrblütiger Blütenstand; Kelchblätter länger als die Blütenblätter. Stacheln gerade oder gekrümmt. Hagebutte kugelig, kirschrot.
SV: Wild an Kalkfelsen an sonnenwarmen, trockenen Standorten. Wurzelt in den bodenarmen Felsspalten. Sehr selten in den Mittelgebirgen und den Kalkalpen; gelegentlich angepflanzt.
A: Die durch ihre Zweig- und Blattfärbung auffällige Rose ist von anderen Arten der Gattung verwandtschaftlich isoliert. Vermutlich handelt es sich bei ihr um eine sehr altertümliche Rasse, die durch die Spezialisation auf den Standort genetischen Kontakt zu den anderen verloren hat.

Feld-Rose, Kriechende Rose *Rosa arvensis* Rosengewächse *Rosaceae*
50 – 200 cm; Juni, Juli
SK: Niedergestreckter, zuweilen auch kletternder Strauch. Blätter sommergrün mit meist 7 Teilblättchen. Blüten weiß, 5blättrig, 3 –5 cm breit, duftlos.
B: Stacheln sichelig gekrümmt. Blüten einzeln, Hagebutte klein.
SV: Bevorzugt tiefgründige, nährstoffreiche, kalkarme oder kalkreiche Lehmböden in sommerwarmer Licht- oder Halbschattenlage. In West- und Mitteleuropa an Waldsäumen, in lichten Laub- oder Mischwäldern, auch an Wegrandgebüschen häufig. Nach Osten zu seltener werdend.
A: Die Feld-Rose gilt als Lehmzeiger. Massenhaftes Auftreten in Wäldern deutet auf irgendeine Störung im natürlichen Gleichgewicht der Lebensgemeinschaft hin.

Rosen

Strauchrosen mit (fast) ganzrandigen Kelchblättern

Glanz-Rose *Rosa nitida* Rosengewächse *Rosaceae*
50 – 100 cm; Juni
SK: Blüten rosa, 4 – 5 cm breit, am Grund der Blütenstiele mit schuppenartigen Hochblättern. Zweige mit dünnen Stacheln und Stachelborsten besetzt, ohne Haarfilz
B: Teilblättchen kahl und auffällig glänzend. Blüten oft einzeln, auf drüsigen Stielen. Hagebutte leuchtend rot.
SV: Heimat: Nordamerika. Braucht lockeren Boden mit viel organischem Dünger und einen freien Stand. Nur für Sonnenlagen geeignet.
A: Die Glanz-Rose bleibt zwar niedrig, doch dehnt sie sich durch Wurzelschößlinge rasch großflächig aus.

Alpen-Rose

Alpen-Rose *Rosa pendulina* (*R. alpina*) Rosengewächse *Rosaceae*
50 – 250 cm; Mai, Juni
SK: Blüten leuchtend rot, 4 – 5 cm breit, am Grund der Blütenstiele mit schuppenartigen Hochblättern. Blütenzweige nur mit vereinzelten geraden Stacheln besetzt.
B: Teilblättchen meist doppelt-drüsig gesägt, oberseits dunkelgrün, unten bläßlich, schwach behaart. Hagebutte hellrot, kugelig bis flaschenförmig, oft nickend.
SV: Auf lockeren, humusreichen Lehmböden in trockenwarmer Licht- oder Halbschattenlage zwischen den Nadelmischwäldern und den alpinen Grasmatten in den Gebirgen Mittel- und Südeuropas zerstreut; Hauptverbreitung an der Waldgrenze.
A: Die Alpen-Rose ist unter den heimischen Arten die am höchsten ins Gebirge steigende. Man findet sie noch in Höhen von über 2000 m. Nicht zu verwechseln mit der häufigen und bekannteren Alpenrose (Almrausch, *Rhododendron*), einem Heidekrautgewächs (S. 90).

Omei-Rose, Stacheldraht-Rose *Rosa omeiensis* Rosengewächse *Rosaceae*
3 – 4 m; Juni
SK: Blüten weiß, nur 4blättrig, um 3 cm breit. Stacheln am Grund auffallend verbreitert, oft ineinanderlaufend, anfangs durchscheinend, rot.
B: Teilblättchen feingesägt, beidseits kahl. Hagebutte krug- bis flaschenförmig, rot.
SV: Heimat: W-China. Braucht lockeren, nährstoffreichen Lehmboden, genügend Feuchtigkeit und einen freien, sonnigen Stand.
A: Der sehr sparrig wachsende hohe Strauch ist vor allem in der Form *„pteracantha"* in Parkanlagen oder größeren Gärten verbreitet. Bei ihr sind die purpurroten Stacheln am Grund oft dreimal so breit, wie sie an Höhe messen.

Runzel-Rose, Kartoffel-Rose *Rosa rugosa* Rosengewächse *Rosaceae*
1 – 2 m; Mai – Juli
SK: Blüten tief rosa bis purpurn, seltener weiß, 6 – 8 cm breit, am Grund der Blütenstiele mit schuppenartigen Hochblättern. Zweige dicht mit Haarfilz, behaarten Stacheln und Stachelborsten besetzt.
B: Teilblättchen groß und derb, grob gesägt, oberseits kahl, dunkelgrün glänzend, runzlig, unterseits graugrün, behaart, erhaben netzadrig. Blüten zuweilen halbgefüllt. Hagebutte groß, flachkugelig, bis zu 2,5 cm dick, scharlachrot.
SV: Heimat: Japan, Korea, NO-China. Relativ anspruchslos, doch wärmebedürftig. In Mitteleuropa viel gepflanzt und oft verwildert oder halbwild in Weggebüschen, an alten Siedlungsstellen und auf Ödland.
A: Die großen Früchte erlauben ergiebige Ernten zur Herstellung von Hagebuttenmus (Hägenmark, Hüfenmark) oder Wein. Mancherorts werden auch die ganzen (Schein-)Früchte eingelegt. Sie sind sehr reich an Vitamin C.

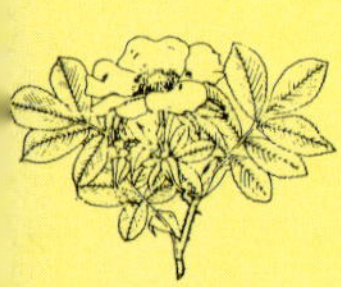
Runzel-Rose

Rosen

Strauchrosen mit (fast) ganzrandigen Kelchblättern

Father Hugos Rose *Rosa hugonis* Rosengewächse *Rosaceae*
2 – 3 m; Mai, Juni
SK: Blüten hellgelb, um 5 cm breit, meist einzelstehend, ohne Hochblätter am Grund des Blütenstiels. Zweige armstachelig, nur am Grund dichter mit Stacheln und Stachelborsten besetzt.
B: Hagebutte flachkugelig, über 1 cm dick, sehr dunkel rot gefärbt.
SV: Heimat: Mittelchina. Braucht lockeren, humus- und nährstoffreichen, gut durchfeuchteten Boden in sonniger, freier Lage.
A: Father Hugos Rose zählt zu unseren schönsten frühen Wildrosen. Sie besticht durch ihre Blühfreudigkeit. Neben der Stammart mit den durch ihre Schlichtheit gefallenden einfachen Blüten gibt es schon Formen mit gefüllten und halbgefüllten Blüten.

Blutrote Rose *Rosa moyesii* Rosengewächse *Rosaceae*
3 m; Juni
SK: Blüten blut- bis weinrot, 5 – 6 cm breit, einzeln oder zu zweit stehend, ohne Hochblätter am Grund der Blütenstiele. Wenigstachelig, Stacheln gerade, oft zu zweit nebeneinander stehend.
B: Hagebutte krug- bis schmalhalsig flaschenförmig, satt orangerot bis dunkelrot.
SV: Heimat: W-China. Braucht lockeren, humus- und nährstoffreichen, am besten auch kalkhaltigen, gut durchfeuchteten Boden in sonniger, freier Lage.
A: Diese Rose stellt das rotblühende Gegenstück zu der vorausgehenden dar, blüht allerdings etwas später im Jahr. Ihre (Schein-)Früchte wirken sehr dekorativ.

Bibernell-Rose

Bibernell-Rose *Rosa pimpinellifolia* (*R. spinosissima*) Rosengewächse *Rosaceae*
1 (– 2) m; Mai, Juni
SK: Blüten weiß, um 5 cm breit (in Kultur auch gelblich oder rosa überhaucht und 6 – 10 cm breit, auch gefüllt), ohne Hochblätter am Grund der Blütenstiele. Zweige stark mit Stacheln und Stachelborsten besetzt.
B: Blüten einzeln aber dicht gestellt. Hagebutte rundlich, schwarz (braun)!
SV: Selten in West-, Mittel- und Südeuropa auf trockenwarmen, kalkhaltigen Lehm-, Stein- und Sandböden (Dünen). Auf der Alpennordseite bis 1800 m hoch vorkommend.
A: Die Bibernell-Rose eignet sich für trockene und stark sandige Böden (Kalkgaben!), sie breitet sich aber durch unterirdische Ausläufer stark flächig aus. Dies wiederum macht sie als Bodenfestigerin geeignet.

Gelbe Rose

Gelbe Rose, Wachs-Rose *Rosa foetida* (*R. lutea*) Rosengewächse *Rosaceae*
1 – 2 m; Juni
SK: Blüten dottergelb, um 6 cm breit, mit strengem Geruch (nach Blattwanzen), ohne Hochblätter am Grund der Blütenstiele. Zweige mit zahlreichen, etwa gleichgroßen, geraden Stacheln besetzt.
B: Hagebutte kugelig, ziegelrot.
SV: Heimat: Orient. Nur noch selten angepflanzt und verwildernd. Braucht nährstoffreiche, sommerwarme Böden.
A: Die Gelbe Rose kommt auch als „Kapuzinerrose" mit außen gelben, innen scharlachroten Blütenblättern vor.

Rosen

Strauchrosen mit fiederzipfligen Kelchblättern

Hunds-Rose, Hecken-Rose *Rosa canina* Rosengewächse *Rosaceae*
1,5 – 3 m; Juni
SK: Blüten blaßrot bis hellrosa, 5 – 6 cm breit, Kelchblätter nach dem Verblühen zurückgeschlagen, Blütenstiele nicht stieldrüsig; Stacheln hakig gebogen.
B: Blüten meist einzeln in den Blattachseln. Duft schwach oder nicht wahrnehmbar.
SV: Braucht nährstoffreichen, tiefgründigen Boden, da sie ihre Wurzeln weit über einen Meter in die Tiefe treibt. Erträgt daher Trockenheit. Besiedelt Hekken, Wegraine, Waldränder. Etwas wärmeliebend. In Mittel- und Westeuropa häufig. Bildet örtlich abweichende Formen.
A: Hagebutten der Hecken-Rose enthalten bis 1700 mg Vitamin C auf 100 g frische Früchte, außerdem Provitamin A, Vitamine der B-Gruppe, Vitamin K und Vitamin P. In Marmeladen kann man diese Vitamine nutzen, durch Trocknen werden sie teilweise oder ganz zerstört.

Filz-Rose

Acker-Rose

Filz-Rose *Rosa tomentosa* Rosengewächse *Rosaceae*
1 – 2 m; Juni
SK: Blüten blaßrot, 5 cm breit, Blütenstiele mit Stieldrüsen besetzt; Stacheln (fast) gerade.
B: Blüten meist einzeln in den Blattachseln; mit schwachem Duft.
SV: Braucht nährstoff- und kalkreiche, tiefgründige Böden und erträgt auch Trockenheit.Besiedelt Wälder, Gebüsche und Wegränder in sommerwarmen Lagen, steigt in den Alpen daher nur selten über 1200 m. In Mitteleuropa zerstreut, in Westeuropa seltener, in Südeuropa häufig.
A: Die Hagebutten sind vor allem unten mit köpfchentragenden Drüsenborsten besetzt.

Acker-Rose *Rosa agrestis* Rosengewächse *Rosaceae*
1 – 2 m; Juni
SK: Blüten weiß bis blaßrosa, 3 – 4 cm breit, Blütenstiele nicht stieldrüsig. Blätter unterseits stark drüsig, mit Apfelduft. Stacheln hakig gebogen.
B: Blüten einzeln oder bis zu 10 trugdoldig in den Blattachseln, nicht oder nur schwach duftend.
SV: Braucht nährstoff- und kalkreiche, gut durchfeuchtete, tiefgründige Böden in sommerwarmer Halbschattenlage. Besiedelt Waldränder, Weidengebüsche, Ackerraine und lichte Auwälder in tieferen Lagen. In Mitteleuropa selten, vielleicht nur von West- oder Südeuropa eingeschleppt.
A: Der Strauch fällt mit seinen rutenförmig verlängerten Zweigen durch seinen charakteristischen, etwas zerzausten Eindruck schon von weitem auf. In Blattbau, Behaarung (selten) und Drüsigkeit gibt es zahllose lokale Formen.

Essig-Rose *Rosa gallica* Rosengewächse *Rosaceae*
30 – 150 cm; Juni
SK: Blüten hellrot bis dunkelpurpurn, 6 – 7 cm breit, Blütenstiele mit Stieldrüsen besetzt; Blätter nur am Rand drüsig, mit äußerst schwachem Essigduft. Stacheln ungleich groß, stark und gekrümmt bis gerade und borstendünn; gemischt durcheinanderstehend.
B: Teilblättchen am Rand mit Duftdrüsen. Blüten meist einzeln, selten 2 – 3, in den Blattachseln; wohlriechend.
SV: Braucht nährstoffreiche, aber kalkarme, schwere Lehm- und Tonböden mit Frühjahrsnässe und Sommertrockenheit in Licht- bis Halbschattenlage. Besiedelt Waldränder und Wegraine im Hügel- und Bergland Mittel- und Süddeutschlands. Zerstreut in Mittel- und Süd(ost)europa.
A: Die Essig-Rose gilt als Stammform der frühesten (aus dem Orient stammenden) europäischen Gartenrosen. Gelegentlich findet man sie noch in Gärten mit gefüllter Blüte. Vor allem in Südfrankreich dienten die Blütenblätter dieser Art zur Gewinnung des kostbaren Rosenöls.

Rosen

Strauchrosen mit fiederzipfligen Kelchblättern

Lederblättrige Rose

Lederblättrige Rose *Rosa coriifolia* Rosengewächse *Rosaceae*
1 – 2 m; Juni, Juli
SK: Blüten leuchtend rosa, 4 – 5 cm breit, Blütenstiele nicht stieldrüsig. Stacheln alle etwa gleichgroß, hakig gekrümmt.
B: Blüten einzeln oder in wenigblütigen Trugdolden in den Achseln großer, schuppenartiger Hochblätter, die die Blütenstiele überragen.
SV: Braucht kalkreiche, lockere Steinböden in sonnenwarmer Südexposition und in vollem Licht. Besiedelt etwa zwischen 500 und 1000 m Meereshöhe buschreiche Felsenhalden, Steinschuttwälder, Waldsäume und steinige Wegränder, sonst sehr selten.
A: Formenreiche und systematisch schwer zu wertende Sippe, die möglicherweise noch in mehrere Arten zerlegt werden muß.

Kohl-Rose, Moos-Rose, Zentifolie *Rosa centifolia* Rosengewächse *Rosaceae*
1 – 2 m; Juni, Juli
SK: Blüten meist rosa, stets gefüllt, stark duftend; Blütenstiele mit Stieldrüsen besetzt, meist übergebogen. Kräftige Stacheln mit Stachelborsten untermischt. Blattspindel ohne Stacheln.
B: Blüten einzeln oder zu wenigen in den Blattachseln, langgestielt.
SV: Heimat: Nördlicher Orient. Braucht lockere, nährstoffreiche Böden mit ausreichender Feuchte und freien, sonnigen Stand.
A: Die Zentifolie mit ihrer Unterart Moos-Rose (Blütenstiele, Blütenboden und Kelchblätter dicht – moosähnlich – mit Stieldrüsenfilz überzogen) ist seit dem Altertum in Kultur und seit den Kreuzzügen auch in Mitteleuropa bekannt. Heute findet man sie nur noch selten in Gärten.

Damaszener Rose *Rosa damascena* Rosengewächse *Rosaceae*
1 – 2 m; Juni, Juli
SK: Blüten rot, rosa oder weißstreifig, stets gefüllt, stark duftend, aufrecht; Blütenstiele mit Stieldrüsen besetzt. Die großen, oft roten, hakigen Stacheln sind meist mit dünneren Stachelborsten untermischt. Blattspindel bestachelt.
B: Blüten meist zu 5 bis 10 gehäuft, langgestielt.
SV: Heimat: Unbekannt; vermutlich Orient. Alte Kulturpflanze. Braucht nährstoffreiche Böden und sommerwarme Lagen in voller Sonne.
A: Wie die vorige aus dem Orient schon als Kulturart durch die Kreuzfahrer nach Europa gebracht und heute nur noch äußerst selten anzutreffen. Eine Abart wird als Ölrose im unteren Donaugebiet und in Vorderasien noch auf weiten Flächen angebaut. 1 ha ergibt 3 Millionen Blüten mit 4 t Blütenblättern, aus denen 1 l Öl destilliert werden kann.

Wein-Rose

Wein-Rose, Marienrose *Rosa rubiginosa* (*R. eglanteria*) Rosengewächse *Rosaceae*
2 – 3 m; Juni, Juli
SK: Blüten tief rosa, selten bläßlich, 3 – 4 cm breit, Blütenstiele dicht mit Stieldrüsen besetzt; Blätter unterseits dicht drüsig, mit feinem Weinduft. Stacheln groß, hakig gekrümmt, oft mit feinen Stachelborsten untermischt.
B: Blüten meist in Trugdolden, kurzgestielt.
SV: Braucht mäßig trockene, sandige oder steinige, doch stets kalkreiche und tiefgründige Böden in warmen, lichten Lagen. Besiedelt Magerrasen, Waldsäume, Weiden und steinige Hänge. Zerstreut in fast ganz Europa, doch den Kieselgebieten und Kältezonen fehlend.
A: Die Wein-Rose gilt als (Weide-)Kulturbegleiter, sie ist heute in allen warmgemäßigten Gebieten der Erde anzutreffen. Obwohl sie reichlich blüht und so auch eine gute Bienenweide darstellt, wurde sie nicht in Kultur genommen.

Laubhölzer, Sträucher

Blätter einfach gegenständig ganzrandig

Schwarze Heckenkirsche

Schwarze Heckenkirsche *Lonicera nigra* Geißblattgewächse *Caprifoliaceae*
50 – 150 cm; Mai, Juni
SK: Blüten paarweise auf gemeinsamem, 2 – 4 cm langem Stiel, trübrot, selten weißlich, zweilippig, etwa 1 cm lang. Blätter 4 – 8 cm lang, eilänglich stumpf oder kurz zugespitzt. Frucht blauschwarze Beere.
B: Fruchtknoten eines Blütenpaares nur am Grund verwachsen.
SV: Strauch der höheren Berg- und Mittelgebirgslagen. In Strauchheiden, Bergwäldern und Schluchtwäldern. Selten. Gelegentlich auch angepflanzt. Braucht feuchte, eher etwas saure und kalkarme, nicht zu magere Böden in Schattenlage.
A: Die Beeren sind giftverdächtig, sie erregen zumindest bei empfindlichen Menschen heftiges Erbrechen. Von Vögeln werden sie ohne Schaden gefressen und so weiterverbreitet.

Alpen-Heckenkirsche *Lonicera alpigena* Geißblattgewächse *Caprifoliaceae*
1 – 2 m; April – Juni
SK: Blüten paarweise auf gemeinsamem, 3 – 4 cm langem Stiel, trüb braunrot, zweilippig, um 1,5 cm lang. Blätter 5 – 10 cm lang, eilänglich, lang zugespitzt. Frucht rote Beere.
B: Fruchtknoten eines Blütenpaares fast vollkommen miteinander verwachsen.
SV: In Hecken, Laub- und Mischwäldern der Alpen und ihres weiteren Vorlandes. Selten. Gelegentlich gepflanzt. Braucht feuchte, nährstoff- und kalkreiche Böden in Schattenlage.
A: Beeren giftverdächtig. Die Alpen-Heckenkirsche ist viel kalkbedürftiger als die vorangegangene Art, doch kommt sie an manchen Standorten (vor allem im montanen Buchenwald) zusammen mit ihr vor.

Blaue Heckenkirsche *Lonicera caerulea* Geißblattgewächse *Caprifoliaceae*
1 – 1,5 m; April – Juni
SK: Blüten paarweise auf gemeinsamem, kaum 1 cm langem Stiel, blaßgelblich bis grünlich, trichterig, fast gleichmäßig 5zipflig, 1,5 – 2 cm lang. Blätter 2 – 8 cm lang, eirund bis länglich. Frucht bläulich bereifte, schwarze Beere.
B: Fruchtknoten eines Blütenpaares vollkommen miteinander verwachsen.
SV: Strauch der Mittelgebirgslagen. In moorigen Nadelwäldern und Hochmoorheiden sowie im Latschengürtel der Alpen und Voralpenzone. Sehr selten. Braucht feuchte bis nasse, saure und magere Humusböden in Halbschattenlage.
A: Beeren giftverdächtig. Obwohl auf saurem Rohhumus auch in den Kalkalpen vokommend, findet man die Art nie zusammen mit der vorigen.
Die beiden Fruchtknoten einer Doppelblüte wachsen zu einer Beere zusammen. Deren Ursprung erkennt man nur noch an dem doppelten Nabel, den Griffelnarben (s. Abb.).

Schöne Tatarische Heckenkirsche

Schöne Tatarische Heckenkirsche *Lonicera tatarica* var. *pulcherrima* Geißblattgewächse *Caprifoliaceae*
2 – 3 m; Mai, Juni
SK: Blüten paarweise auf gemeinsamem, 1 – 2 cm langem Stiel, leuchtend hellrot, zweilippig, um 2 cm lang. Blätter herzförmig, 3 – 6 cm lang. Frucht dunkelrote Beere.
B: Fruchtknoten eines Blütenpaares nur am Grunde miteinander verwachsen.
SV: Heimat: SO-Rußland bis Sibirien. Braucht tiefgründigen Boden in Halbschattenlage, sonst sehr anspruchslos. Absolut industriefest und winterhart.
A: Beeren giftverdächtig. Die Tataren-Heckenkirsche wird in vielen Formen kultiviert.

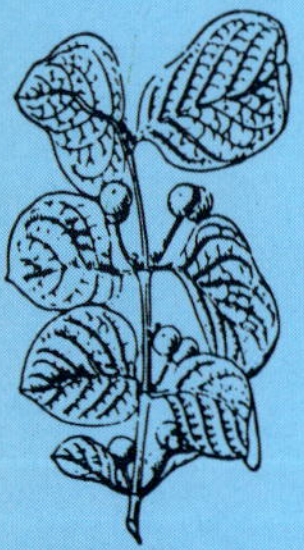
Gemeine Heckenkirsche

Ruprechts Heckenkirsche *Lonicera ruprechtiana* Geißblattgewächse *Caprifoliaceae*
2 – 3 m; Mai, Juni
SK: Blüten paarweise auf gemeinsamem, 1,5 – 2,5 cm langem Stiel, weiß, gelblich verblühend, zweilippig, 1,5 – 2 cm lang. Blätter lanzettlich, lang zugespitzt, 4 – 10 cm lang. Frucht hellrote Beere.
B: Fruchtknotenpaar nur am Grund miteinander verwachsen. Blütenkrone außen kahl.
SV: Heimat: Nordchina. Bei uns völlig winterhart. Bevorzugt kalkhaltigen, humus- und nährstoffreichen, tiefgründigen Lehmboden.
A: Die Beeren sind wie bei allen anderen Arten der Gattung zumindest giftverdächtig, wiewohl eindeutige Giftstoffe nicht nachgewiesen werden konnten.

Gemeine Heckenkirsche, Rote Heckenkirsche *Lonicera xylosteum* Geißblattgewächse *Caprifoliaceae*
2 – 3 m; Mai, Juni
SK: Blüten paarweise auf gemeinsamem, 1 – 2 cm langem Stiel, schmutzigweiß, gelb verblühend, zweilippig, 1 cm lang. Blätter breitelliptisch, stumpflich, 3 – 6 cm lang. Frucht dunkelrote Beere.
B: Fruchtknoten eines jeden Blütenpaares nur am Grund miteinander verwachsen. Die Blütenkrone ist dicht mit kurzen, weichen Härchen besetzt.
SV: Liebt lockere, humusreiche, nährstoffhaltige Böden. In Europa verbreitet (Kalkgebiete). Besiedelt Hecken und Waldsäume.
A: Beeren giftverdächtig. Das Holz ist äußerst hart; da das Mark der Zweige bald schwindet, wurden die hohlen Äste früher zu Pfeifenrohren verwendet.

Niederliegende Immergrüne Strauch-Heckenkirsche
Lonicera nitida var. *yunnanensis* Geißblattgewächse *Caprifoliaceae*
20 – 50 cm; Mai, Juni
SK: Blüten paarweise auf gemeinsamem, kaum 1 cm langem Stiel, cremefarben, zweilippig, knapp 1 cm lang. Blätter derb lederig, breit eiförmig, um 1 cm lang. Frucht purpurschwarze Beere.
B: Zwergstrauch, mit niederliegenden Ästen, bei uns nur selten blühend. Blätter wintergrün.
SV: Heimat: W-China. Braucht lockere, nährstoffreiche Böden in Licht- oder Halbschattenlage. Friert zwar in kalten Wintern oft bis auf die Hauptäste zurück, zeigt aber ein erstaunliches Regenerationsvermögen und rasches, üppiges Wachstum.
A: In obiger Varietät ausgezeichneter Bodendecker.

Ledebours Heckenkirsche *Lonicera ledebouri* Geißblattgewächse *Caprifoliaceae*
1,5 – 3 m; Juni, Juli
SK: Blüten paarweise auf gemeinsamem, 2 – 4 cm langem Stiel, innen gelb, außen rot, regelmäßig glockig-trichterig, 1,5 – 2 cm lang. Blätter eiförmig, spitz, 4 – 8 cm lang. Frucht große, purpurschwarze Beere.
B: Fruchtknoten nicht miteinander verwachsen. Sie werden von 2 größeren, breiteiförmigen Deckblättern und 4 viertelkreisförmigen Vorblättern halskrausenartig umgeben, die sich zur Fruchtreife wie der Blütenstiel tiefrot färben.
SV: Heimat: Nordamerika. Braucht nährstoffreiche, sommerwarme Böden; aber äußerst industriefest.
A: Beeren giftverdächtig. Der dunkelgrüne Strauch entwickelt seinen besonderen Reiz erst nach der Blüte mit den auffälligen Fruchtständen.

Laubhölzer, Sträucher

Blätter gegenständig einfach ganzrandig

Echter Rosmarin *Rosmarinus officinalis* Lippenblütengewächse *Lamiaceae* (*Labiatae*)
50 – 150 cm; März – Juli
SK: Etwa 1 cm lange, blaßblaue (selten weiße) Lippenblüten in Scheinquirlen auf seitlichen Kurztrieben. Laubblätter fast nadelartig lineal, 2 – 4 cm lang, 2 – 4 mm breit.
B: Blätter unterseits graufilzig. Pflanze aromatisch riechend.
SV: Heimat: Mittelmeergebiet. Bestandteil der Macchia. Auf dürren, heißen Böden in voller Sonne. Nicht frosthart, daher in Mitteleuropa nirgends wild.
A: Alte Gewürz- und Heilpflanze der Mittelmeervölker. Rosmarinöl findet in der Parfümerie (z. B. Kölnisch Wasser) Verwendung.

Echter Salbei *Salvia officinalis* Lippenblütengewächse *Lamiaceae* (*Labiatae*)
20 – 70 cm; Juni, Juli
SK: Etwa 2 – 3 cm lange, hellviolette (selten weiße) Lippenblüten in Scheinquirlen zu endständigem, ährenartigem Blütenstand vereinigt. Blätter gestielt, eiförmig, 3 – 9 cm lang, 0,6 – 5 cm breit.
B: Blätter derb. z. T. überwinternd, Blattfläche runzelig, am Rand zuweilen fein gekerbt. Ganze Pflanze herb aromatisch duftend.
SV: Heimat: Südeuropa. Braucht sommerwarmen, kalkreichen Boden in Sonnenlage. Nicht ganz frosthart, daher nur in Wärmegebieten verwildert, sonst in Mitteleuropa nur angepflanzt und hier und da vorübergehend in Trockenrasen erscheinend und bald wieder eingehend.
A: Alte Heil- und Bienenfutterpflanze (*Salvia,* Salbei, von salvare, lat. = heilen). Salbeiöl dient vor allem als Zusatz für Gurgelwasser und Zahnkreme. Die getrockneten Blätter werden als Gewürz zu verschiedenen Fleischspeisen verwendet.

Echter Lavendel *Lavandula angustifolia* (*L. officinalis*)
Lippenblütengewächse *Lamiaceae* (*Labiatae*)
20 – 60 cm; Juli, August
SK: Etwa 1 cm lange, tief blauviolette (selten weiße) Lippenblüten in Scheinquirlen zu langgestieltem, endständigem, ährenartigem Blütenstand vereinigt. Blätter schmallanzettlich, nach beiden Enden zugespitzt, 2 – 4 cm lang, 3 – 5 mm breit.
B: Blätter beidseits weißfilzig.
SV: Heimat: Mittelmeergebiet. Auf trockenen, sommerheißen Hängen, an Felsen und Weinbergsmauern. In Mitteleuropa aus alten Kulturen verwildert in Wärmegebieten, früher z. B. im Rhein-Main-Neckarraum zerstreut, heute ganz ausgerottet.
A: Alte Heil- und Duftpflanze. Lavendelöl wird heute nur noch in der Parfümerie verwendet.

Kornelkirsche, Gelber Hartriegel, Herlitze, Dirlitze *Cornus mas*
Hartriegelgewächse *Cornaceae*
2 – 8 m; Februar – April
SK: Blüten vor den Blättern erscheinend, gelb, 4zipflig, in einfachen Dolden, von 4 gelblichgrünen kleinen Hüllblättern umgeben. Blätter eiförmig-elliptisch, 5 – 8 cm lang. Frucht eine eiförmige, bis 2 cm lange, rotglänzende Steinfrucht.
B: Äste aufrecht, jung angedrückt behaart, dann kahl. Frucht hängend.
SV: Strauch oder kleiner Baum der Kalkgebiete Mittel- und Süd-(ost)europas. In sonnigen lichten Hainen und Gebüschen auf mäßig feuchten, lockeren bis lehmigen Böden. Wegen Schnittfestigkeit auch öfters zu Hecken gepflanzt.
A: Die Pflanze kann als Bodenfestiger Nutzen bringen. Die Früchte sind eßbar, werden aber heute nur noch selten gesammelt.

Kornelkirsche

Laubhölzer, Sträucher

Blätter einfach   gegenständig   ganzrandig

Weißer Hartriegel

Roter Hartriegel

Weißer Hartriegel *Cornus alba* Hartriegelgewächse *Cornaceae*
1 – 3 m; Mai – Juli
SK: Blüten weiß, 4zipflig, in Trugdolden ohne Hüllblätter. Blätter eiförmig-lanzettlich, 5 – 20 cm lang, unterseits auffällig graugrün. Frucht eine kugelige, hellblaue oder weiße Steinfrucht.
B: Zweige leuchtend korallen- bis purpurrot, aufrecht abstehend oder überhängend.
SV: Heimat: Nordamerika und nördliches Asien. Winterhart, industriefest und auch für schattige, bodenfeuchte Lagen geeignet.
A: Der Weiße Hartriegel ist als Bodenfestiger durch seine Ausläufer gut geeignet. Er ist in vielen Varietäten und Formen auf dem Markt.

Blumen-Hartriegel *Cornus florida* Hartriegelgewächse *Cornaceae*
3 – 5 m; Mai
SK: Blüten gelblichgrün, 4zipflig, in kopfigen Trugdolden, die von 4 großen weißen (seltener rosafarbenen) Hüllblättern umstellt sind (Scheinblüte). Blätter ei-elliptisch, 6 – 14 cm lang, mit 6 – 7 Seitennervenpaaren. Frucht eine eiförmige, ca. 1 cm lange, scharlachrote Steinfrucht.
B: Junge Zweige grün, abwischbar bereift.
SV: Heimat: Mittleres und östliches Nordamerika. Braucht nährstoffreichen, schwach feuchten, lockeren Mullboden in Halbschattenlage. Empfindlich gegen pralle Sonne und Bodentrockenheit.
A: Die Früchte der blühfreudigen Art reifen bei uns nur selten.

Roter Hartriegel *Cornus sanguinea* Hartriegelgewächse *Cornaceae*
2 – 4 m; Mai, Juni
SK: Blüten weiß, vierzipflig, in Trugdolden ohne Hüllblätter. Blätter länglich-eiförmig, 4 – 8 cm lang, auf beiden Seiten etwa gleich grün. Frucht eine kugelige, blauschwarze Steinfrucht mit unscheinbaren weißen Pünktchen.
B: Zweige purpurrot, aufrecht.
SV: Braucht lehmigen, nährstoffreichen Boden. Etwas wärmeliebend. An Waldrändern, in Feldhecken, in lichten Laubwäldern. Auf Böden über Kalkgestein in Mittel- und Westeuropa häufig, sonst zerstreut, ausgesprochen saurem Boden fehlend.
A: Der Rote Hartriegel bildet Wurzelausläufer. Wo Boden auf steilem Gartengelände festgehalten werden muß, eignet er sich daher als Bodenfestiger und Glied einer Wildwuchshecke.

Chinesischer Blumen-Hartriegel *Cornus kousa* var. *chinensis*
Hartriegelgewächse *Cornaceae*
4 – 6 m; Juni
SK: Blüten gelblichgrün, 4zipflig, in kopfigen Trugdolden, die von 4 großen, weißen Hüllblättern umstellt sind (Scheinblüte). Blätter eiförmig, 6 – 14 cm lang, mit 4 – 5 Seitennervenpaaren. Frucht eine kugelige, aus Steinfrüchten verwachsene, hellrote Sammelfrucht von ca. 3 cm Durchmesser.
B: Junge Zweige kaum bereift, früh braun werdend.
SV: Heimat: Korea, Nordchina. Braucht nährstoffreichen, lockeren Boden in Licht- bis Halbschattenlage.
A: Die japanische Stammart ist etwas zierlicher als die chinesische Varietät. Obwohl die Art etwas später blüht als der echte Blumen-Hartriegel, reift sie ihre Früchte eher aus. In Ostasien werden die Früchte roh oder gekocht verzehrt.

Laubhölzer, Sträucher

Blätter einfach gegenständig ganzrandig

Mistel *Viscum album* Mistelgewächse *Loranthaceae*
20 – 80 cm; April, Mai
SK: Gabelästige Überpflanze (Epiphyt), auf anderen Bäumen wachsend. Blüten unscheinbar grün, vierzählig. Frucht eine weiße Beere.
B: Zweige gelblichgrün, am Ende je 1 Blattpaar (oder Blattquirl) tragend. Beeren kugelig, mit schleimigem Inhalt.
SV: Immergrüner Halbschmarotzer, der Senkwurzeln in bestimmte Wirtsbäume treibt. Nach Wirtsart unterscheiden wir Kiefern-, Weißtannen- und Laubholz-Mistel (vorzugsweise auf Apfelbaum und Pappeln). Zerstreut in West- und Mitteleuropa.
A: Die für den Menschen giftigen Beeren werden von Vögeln gefressen, die ihren schleimverklebten Schnabel dann an Zweigen wetzen und so einige Samen auf die Rinde bringen. Vor allem die Weißtannen-Mistel ist ein gewaltiger Forstschädling, der Bäume auch zum Absterben bringen kann.

Erdbeer-Gewürzstrauch

Erdbeer-Gewürzstrauch *Calycanthus floridus* Gewürzstrauchgewächse *Calycanthaceae*
1 – 3 m; Mai – Juli
SK: Blätter breitoval, zugespitzt, 5 – 12 cm lang, unterseits hellgraugrün, weichfilzig. Blüte 4 – 5 cm breit, mit zahlreichen, schmallinealen, rotbraunen Blütenblättern. Frucht eine Nuß.
B: Äußere Blütenblätter zurückgeschlagen, innere aufrecht.
SV: Heimat: Südliches Nordamerika. Stellt an die Bodenqualität keine Ansprüche. In strengen Wintern sollte der Boden allerdings geschützt werden. Der Strauch gedeiht im Licht besser als in Schattenlagen.
A: Bei warmer Witterung verströmen Rinde, Blätter und Blüten den intensiven, würzigen Duft nach Erdbeeren oder Ananas.

Bastard-Korallenbeere *Symphoricarpos × chenaultii* Geißblattgewächse *Caprifoliaceae*
50 – 150 cm; Juni – August
SK: Blätter eiförmig, 2 – 5 cm lang, an waagrechten Zweigen gescheitelt, spärlich behaart. Blüten kaum ½ cm lang, glockig, rosa, in endständigen Ähren. Frucht eine kleine, rundliche, zumindest auf der Lichtseite korallenrote Beere.
B: Starkverzweigter Strauch mit dünnen Ästchen. Beeren auf der Schattenseite meist weiß mit kleinen roten Pünktchen.
SV: Bastard aus nordamerikanischen Elternarten. Ohne große Ansprüche an Düngung, Bewässerung und Bodenart. Entwickelt sich auch in Schattenlagen gut (nur der rote Früchteschmuck bringt hier trübe Farben). Unempfindlich gegen Auspuff- und Industrieabgabe.
A: Idealer Bodendecker, der rasch große Flächen begrünt. Allerdings nur von geringem Schmuckwert. Wird aber seit wenigen Jahrzehnten ungemein häufig angepflanzt. Beeren, wenn nicht giftig, so doch unbekömmlich.

Schneebeere

Schneebeere *Symphoricarpos rivularis* Geißblattgewächse *Caprifoliaceae*
1 – 2 m; Juni – September
SK: Blätter rundlich-elliptisch (an Langtrieben gelegentlich gelappt), 4 – 8 cm lang, dunkelbläulichgrün. Blüten um 0,5 cm lang, glockig, rosa, in endständigen (Ähren-)Trauben. Frucht eine bis erbsengroße schneeweiße Beere.
B: Ganze Pflanze kahl oder fast kahl, Zweige dünn, 4kantig.
SV: Heimat: Nordamerika. Anspruchsloser, frostharter, industriefester Strauch, der seit längerer Zeit in Mitteleuropa in Kultur ist und vielerorts halbwild oder wild in Bachgehölzen, Auwäldern aber auch an sonnigen Gebüschrainen anzutreffen ist.
A: Die ungenießbaren Beeren bleiben oft bis in den tiefen Winter an den kahlen Sträuchern. Sie enthalten wabig-schaumiges Fruchtfleisch.

Laubhölzer, Sträucher

Blätter einfach gegenständig ganzrandig

Buchsbaum

Buchsbaum *Buxus sempervirens* Buchsbaumgewächse *Buxaceae*
15 cm – 7 m; März – Mai
SK: Blätter lederartig, bis 2 cm lang, immergrün, Blüten unscheinbar, gelblichweiß; blattachselständige Knäuel.
B: Junge Zweige mehr oder minder deutlich vierkantig.
SV: Braucht nährstoffreichen, tiefgründigen Boden. Erträgt Trockenheit und Winterfrost erstaunlich gut, wenn die Wurzeln in größerer Tiefe noch Luft, Feuchtigkeit und Nährstoffe vorfinden. Erreicht in Südwestdeutschland die Nordostgrenze seines Verbreitungsgebiets. Verbreitungsschwerpunkt: Westeuropa und westliches Südeuropa.
A: Wo es klimatisch irgend geht, ist der Buchsbaum ein wertvoller, wenngleich langsam wachsender Zierstrauch. Da er Rückschnitt verträgt, kann er zu Hecken gepflanzt oder als einzelstehender Strauch oder Baum in beliebige Form geschnitten werden. Überdies erträgt er insbesondere Staub- und Rußbedeckung. Wegen seiner dichtstehenden Zweige und Blätter vermag er verstaubte Luft hervorragend zu filtern. Blätter und Wurzelrinde enthalten mehrere Giftstoffe. Das Holz gibt wertvolle Drechslerware.

Alpenheide, Niederliegende Alpenazalee *Loiseleuria procumbens*
Heidekrautgewächse *Ericaceae*
10 – 45 cm; Juni – August
SK: Blätter lederartig, 4 – 8 mm lang, immergrün. Blüten klein, rosarot, selten weiß, zu 1 – 4 doldig-endständig.
B: Rasenbildender Zwergstrauch mit an den Enden bogig aufstrebenden Ästen.
SV: Nur im Alpenbereich über 1500 m. Hauptverbreitung um 2000 m; auf sauren, steinigen, nährstoffarmen Felspartien mit dünner Rohhumusdecke. Vor allem in den Zentralalpen.
A: Die Alpenazalee gehört mit ihrem dem Boden angedrückten Wuchs zu den Spaliersträuchern. Mit ihrem dichten Teppich aus Seitenzweigen und Blättern vermag sie Humus festzuhalten und die Wasserverdunstung des Untergrunds einzudämmen.

Schmalblättrige Lorbeerrose

Schmalblättrige Lorbeerrose *Kalmia angustifolia* Heidekrautgewächse *Ericaceae*
50 – 100 cm; Mai – Juli
SK: Blätter lederartig, 2 – 6 cm lang, immergrün. Blüten mittelgroß (um 1 cm breit), hellrot bis purpurn, in blattachselständigen, scheinwirteligen Trauben.
B: Blütenkrone 5lappig, schüsselförmig.
SV: Heimat: Nordamerika. Braucht kalkfreien, sauren, vernäßten Torfboden. Wächst seit 1807 auch im Norddeutschen Tiefland an einigen wenigen Standorten.
A: Die Pflanze ist giftig und wird nur selten als Gartenpflanze in Moorbeeten kultiviert.

Gemeiner Liguster, Rainweide *Ligustrum vulgare* Ölbaumgewächse *Oleaceae*
50 cm – 5 m; Juni, Juli
SK: Blätter lederartig, 5 – 8 cm lang, teilweise wintergrün. Blüten klein, weiß, in endständigen Rispen.
B: Frucht eine schwarze, rundliche, ungenießbare Beere, für Menschen mit empfindlichem Magen-Darmtrakt auch giftig.
SV: Bevorzugt kalkhaltigen Untergrund in sommerwarmer Lage. In fast ganz Europa häufig. Besiedelt lichte Wälder, Waldsäume, Gebüsche und Weidegehölze. Wird viel zu Schnitthecken, in Parks auch als freistehender Busch gepflanzt. Halbschattenertragend und relativ frosthart.
A: Tödliche Vergiftungen durch Beeren sind mehrfach beschrieben worden. Durch welchen Inhaltsstoff sie verursacht werden, ist unbekannt. Die Rainweide ist durch Ausläufer und starke Bewurzelung als guter Bodenfestiger und Erstbesiedler für mäßig trockene Kalkböden geeignet.

Laubhölzer, Sträucher

Blätter einfach gegenständig ganzrandig

Persischer Flieder

Persischer Flieder *Syringa persica* Ölbaumgewächse *Oleaceae*
1 – 2 m; Mai
SK: Die Blüten stehen in einer zusammengesetzten Rispe von 5 – 8 (selten und höchstens 10) cm Länge. Sie sind purpurlila gefärbt (selten weiß) und duften.
B: Blätter lanzettlich. Die kantigen Zweige hängen aus aufrechtem Grund bogig über.
SV: Heimat angeblich Persien, heute jedoch nirgends wild, auch in Vorderasien nur verwildert. Liebt nährstoffreichen, tiefgründigen, lockeren Lehmboden und bevorzugt Lichtlagen.
A: Wird in der zart lilafarbenen und einer reinweißen Sorte angeboten. Als Besonderheit gilt noch eine schlitzblättrige Rasse, doch ist die ganze Art wegen neuerer und auch schönerer Bastarde heute sehr in Vergessenheit geraten.

Sweginzows Flieder *Syringa sweginzowii* Ölbaumgewächse *Oleaceae*
1,5 – 3 m; Mai, Juni
SK: Blüten stehen in einer zusammengesetzten Rispe, in deren unterem Teil sich in der Regel ein Paar kleinerer grüner Blätter befindet. Blüten hellrosa, an den Zipfeln fast weiß, im Schlund rötlich, von intensivemDuft. Blütenrispe mindestens 12 cm lang, meist länger.
B: Blätter länglich-eiförmig.
SV: Heimat: China. Bevorzugt nährstoffreiche, kalkhaltige Böden; relativ frosthart.
A: Sweginzows Flieder wird vor allem seines intensiven Duftes wegen immer wieder als Zierstrauch angebaut

Bastard-Bartblume *Caryopteris × clandonensis* Eisenkrautgewächse *Verbenaceae*
50 – 100 cm; September
SK: Blüten in schmalen, blattachselständigen Trugdolden, leuchtend blau, zweiseitig symmetrisch.
B: Blätter lanzettlich, zuweilen mit einigen groben Zähnen.
SV: Bastard ostasiatischer Wildarten, kommt nur in Kultur vor. Braucht nährstoffreichen Boden in sonniger Lage. Nicht frosthart, doch sehr regenerationsfähig.
A: Der Bastard wurde erst vor etwa 50 Jahren gezüchtet. Er besticht durch seine späte Blüte und die seltene blaue Blütenfarbe, doch ist er nur für Hobbygärten geeignet, da seine Erhaltung großen Aufwand bereitet.

Runzel-Schneeball *Viburnum rhytidiophyllum* Geißblattgewächse *Caprifoliaceae*
1 – 4 m; Mai, Juni
SK: Blütenstände doldig, bereits im Spätherbst fürs nächste Jahr angelegt und im Winter ohne Knospenschuppen, stattdessen mit schmutzig gelblichweißen Haaren bedeckt. Blätter immergrün, mehr oder minder deutlich runzelig.
B: Blüten verhältnismäßig unscheinbar. Blätter selten schwach und undeutlich gezähnt.
SV: Heimat: China. Braucht zumindest mäßig nährstoffreichen Boden. Erträgt Schatten, leidet aber unter scharfen Frösten.
A: Der Runzel-Schneeball hat sich in den letzten 8 Jahrzehnten selbst den kleinsten Ziergarten erobert. Ihm kommt neben dem Winterschmuck seiner Blätter die nicht unbeträchtliche Industriefestigkeit zugute. Unter den immergrünen Ziersträuchern gehört er zu denen, die Staubüberzug noch am ehesten ertragen.

Laubhölzer, Sträucher

Blätter einfach gegenständig gesägt gezähnt gekerbt

Wolliger Schneeball *Viburnum lantana* Geißblattgewächse *Caprifoliaceae*
2 – 4 m; Mai
SK: Blüten um 5 mm im Durchmesser, weiß bis schmutzigweiß, in ebenem, trugdoldigen Blütenstand, der von meist 7 Hauptästen getragen wird; von herbem Geruch. Blätter eiförmig, am Grund herzförmig, ringsum fein gezähnt, 5 – 12 cm lang.
B: Die Winterknospen sind ohne Schuppen und gelbfilzig behaart.
SV: Kalkliebend; auf nährstoffreichen, sommerwarmen, nicht zu trockenen Böden in Licht- oder Halbschattenlagen, in Kalkgebieten oft häufig. Besiedelt lichte Wälder und sonnige Gebüsche.
A: Die langen, biegsamen Zweige wurden früher als Bindematerial geschnitten.

Filziger Schneeball

Filziger Schneeball, Japanischer Schneeball *Viburnum plicatum* (*V. tomentosum*) Geißblattgewächse *Caprifoliaceae*
2 – 3 m; Mai, Juni
SK: Blüten entweder in ebenem, trugdoldigem, meist aus 7 Hauptästen bestehendem Blütenstand und dann die Randblüten steril, 3 – 4 cm breit, reinweiß – oder alle Blüten steril und vergrößert und der Blütenstand kugelig.
B: Die Winterknospen sind von einem Schuppenpaar bedeckt.
SV: Heimat: China, Japan. Bevorzugt nährstoffreichen, kalkarmen, lockeren Boden. Lichtbedürftig.
A: Der Filzige Schneeball ist eine ausgezeichnete ostasiatische Gartenform, die nicht nur mit ihrer Blütenpracht, sondern später im Jahr auch mit leuchtend weinroter bis fast violetter Herbstverfärbung auffällt.

Burkwoods Schneeball, Duftender Schneeball *Viburnum × burkwoodii* Geißblattgewächse *Caprifoliaceae*
1 – 2 m; April, Mai
SK: Blüten um 5 mm im Durchmesser, weiß, rahmweiß oder leicht rötlich, in doldenähnlichem Blütenstand, der von meist 5 Hauptästen getragen wird. Auffallend starker Duft! Blätter oft nur an der Spitze schwach gezähnt, am Grunde in der Regel ganzrandig, 3 – 7 cm lang und gut halb so breit, am Grunde mehr oder minder deutlich herzförmig.
B: Burkwoods Schneeball wächst verhältnismäßig stark in die Breite.
SV: Kommt wild nicht vor; Bastard, dessen Eltern der Nützliche Schneeball und der Koreanische Schneeball sind. Stellt an Bodengüte keine besonderen Ansprüche.
A: Burkwoods Schneeball wird vor allem wegen seiner stark duftenden Blüten geschätzt.

Veränderliche Buddleia

Veränderliche Buddleia, Sommerflieder, Fliederspeer *Buddleja davidii* Brechnußgewächse *Loganiaceae*
3 – 5 m; Juli – September
SK: Blüten in 10 – 30 cm langen, zugespitzten, endständigen, aufrechten bis übergebogenen Rispen, trichterig, um 1 cm lang, lila, rosa, blau oder dunkelpurpurn, selten auch weiß.
B: Blätter unterseits weißfilzig.
SV: Heimat: China. Braucht nährstoffreichen, durchlässigen Boden in warmer Lage. Friert winters oft sehr stark zurück.
A: Der Fliederspeer gehört zu den beliebtesten Ziersträuchern. Dazu mag beigetragen haben, daß der Duft seiner Blüten – für uns Menschen eher etwas unangenehm – wie kaum ein anderer Schmetterlinge anlockt.

Laubhölzer, Sträucher

Blätter einfach gegenständig gesägt gezähnt
gekerbt

Flügel-Spindelstrauch *Euonymus alata* Spindelbaumgewächse *Celastraceae*
2 – 3 m; Mai, Juni
SK: Blüten unscheinbar, gelblich, meist zu dritt. Äste mit 4 (zuweilen nur 2) sehr breiten Korkflügeln.
B: Blätter eiförmig-elliptisch, sehr fein scharf gesägt, kahl, dunkelgrün, 3 – 6 cm lang, sommergrün. Kapsel 4lappig, purpurrot. Giftig!
SV: Heimat: Ostasien. Braucht nährstoffreiche Böden und sonnigen Stand. Gedeiht zwar auch im Halbschatten, doch bildet sich dann die für den Flügel-Spindelstrauch charakteristische, einmalige Rotverfärbung im Herbst lange nicht so prächtig aus.
A: Der dicht und ausgebreitet wachsende Strauch ist nur relativ frosthart. Er leidet auch oft unter Blattläusen und Raupenfraß und läßt in der Blühfreudigkeit zu wünschen übrig. Giftverdächtig.

Pfaffenhütchen

Pfaffenhütchen, Gemeiner Spindelstrauch *Euonymus europaea* Spindelbaumgewächse *Celastraceae*
1 – 3 m; Mai
SK: Blüten unscheinbar, grünlich, achselständig in gestielten kleinen Dolden. Äste grün, vierkantig oder mit 2 – 4 schmalen Leisten versehen.
B: Kapsel karminrot, 4lappig (dem Birett eines katholischen Pfarrers ähnlich); Samen von orangefarbenem Fleischmantel umgeben. Giftig!
SV: Braucht nährstoffreichen, gerne kalkhaltigen, gut durchfeuchteten und tiefgründigen Lehmboden. In Europa häufig, nur in den reinen Sandgebieten selten. Besiedelt Bachgehölze, Auwälder und feuchte Laubwälder sowie Waldränder und Hecken.
A: Das Pfaffenhütchen vermehrt sich oft durch Wurzelbrut und begrünt dann große Flächen. Sehr selten wächst es als kleines, bis zu 7 m hohes Bäumchen. Seiner Früchte wegen wird es schon seit längerer Zeit in Gärten kultiviert und liegt heute in verschiedenen Sorten vor. Giftig.

Breitblättriger Spindelstrauch

Breitblättriger Spindelstrauch *Euonymus latifolia* Spindelbaumgewächse *Celastraceae*
3 – 5 m; Mai, Juni
SK: Blüten unscheinbar, grünlich, in kleinen, gestielten, achselständigen Dolden, 5zählig, bis 1 cm breit. Äste rundlich, schwach zusammengedrückt.
B: Kapsel karminrot, 5-(selten 4)lappig, an den Kanten geflügelt, Giftig!
SV: Braucht nährstoffreichen, kalkhaltigen, lockeren Lehmboden. Selten in Süddeutschland und im Vorland um die Alpen. In Laub- und Mischwäldern des Berglandes, gerne in Wärmelage.
A: Wird nur selten in Gärten kultiviert, wo er für feuchtschattige Plätze wohl in Betracht kommt. Giftverdächtig.

Kriechender Kletter-Spindelbaum, panaschierte Form *Euonymus fortunei,* var. *radicans* f. *variegata* Spindelbaumgewächse *Celastraceae*
1 – 3 m; Juni
SK: Blüten grünlichweiß, in dichten, achselständigen Trugdolden. Äste rundlich, niederliegend oder mit Haftwurzeln aufsteigend.
B: Frucht kugelig, grünlichgelb bis rötlich. Giftig.
SV: Heimat: Japan. Braucht nährstoffreichen, humosen und etwas feuchten Boden und gedeiht auch in Schattenlagen (Stammform!). Winterhart.
A: Der Kletter-Spindelbaum ist vor allem ein ausgezeichneter Bodendecker, der mit seinen langen, verzweigten Trieben sehr weit reicht. Trotz vieler Haftwurzeln klettert er nicht sehr gut, doch kann er schon zur Begrünung niederer Mauern verwendet werden. Giftverdächtig.

Laubhölzer, Sträucher

Blätter einfach ⬮ gegenständig gesägt gezähnt
gekerbt

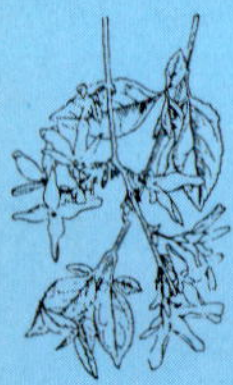

Hänge-Forsythie

Hänge-Forsythie *Forsythia suspensa* Ölbaumgewächse *Oleaceae*
2 – 3 m; März, April
SK: Die gelben, trichterig-4zipfligen Blüten erscheinen vor den Blättern. Diese sind länglich eiförmig, einfach gesägt. Obere Stengelglieder hohl, nur an den Knoten mit dichtem Mark.
B: Blätter 6 – 10 cm lang, öfters am Grund dreigeteilt (mit einem großen Endblatt und 2 kleinen Seitenzipfeln).
SV: Heimat: China. Von dort nur als Gartenform bekannt. Nimmt mit fast jedem einigermaßen lockeren Boden vorlieb. Gute Pflege und guter Stand machen sich vor allem bei der Blütenfülle bemerkbar.
A: Im Gegensatz zur nachfolgenden Art blüht die Hänge-Forsythie nicht so reichlich, auch sind ihre Blüten meist etwas kleiner (und länger gestielt). Die meisten Formen dieser Art sind kurzgriffelig (s. u.).

Bastard-Forsythie, Goldflieder *Forsythia × intermedia* Ölbaumgewächse *Oleaceae*
2 – 3 m; März, April
SK: Die gelben, trichterigen, 4zipfligen Blüten erscheinen vor den Blättern. Diese sind länglich-eiförmig, einfach gesägt. Obere Stengelglieder mit gefächertem, an den Knoten dichtem Mark.
B: Die Zweige stehen teils rutenartig aufrecht, teils hängen sie über.
SV: Aus oben- und untenstehender Wildform gezüchtete Zierrasse, die sehr anspruchslos ist und durch Blühtreue und Blütenfülle besticht. Sie gedeiht auf fast jedem Boden und vom Halbschatten bis zum vollen Sonnenlicht.
A: Die Zweige eignen sich gut zum Treiben auf Weihnachten (Barbarazweige!). Starker Schnitt führt aber zu „Besenwachstum“!

Grüne Forsythie *Forsythia viridissima* Ölbaumgewächse *Oleaceae*
2 – 3 m; April, Mai
SK: Die (grün)gelben, trichterig-4zipfligen Blüten erscheinen vor den Blättern. Diese sind lanzettlich und nur gegen die Spitze einfach gesägt. Die oberen Stengelglieder sind samt den Knoten von gefächertem Mark erfüllt.
B: Zweige rutenförmig, steif aufrecht.
SV: Heimat: China. Sehr anspruchslos, entfaltet aber ihre volle Form nur im freien, sonnigen Stand.
A: Die Forsythien zeigen die Heterostylie, d. h. es gibt Pflanzen, deren Griffel so lang ist, daß die Narbe über den Staubbeuteln steht und solche mit kurzem Griffel, bei denen die Narbe unterhalb der Staubbeutel zu finden ist. Dies soll an sich Selbstbestäubung verhindern. Da unsere Pflanzen aus Stecklingen gezogen wurden, stammen die Sorten in ganz Europa meist nur von einer Form ab.

Kaimastrauch, Scheinkerrie *Rhodotypus scandens* Rosengewächse *Rosaceae*
1 – 2 m; Mai, Juni
SK: Die weißen, vierzähligen Blüten erscheinen nach den Blättern. Diese sind eiförmig und doppelt gesägt.
B: Blüten einzeln an den Zweigenden, 4 – 5 cm breit, ihre Kronblätter breitoval, freistehend. Staubblätter 50 – 60.
SV: Heimat: Japan und Mittelchina. Sehr anspruchslose Pflanze, die auch mit Schattenlage und nährstoffarmem, trockenem Boden vorlieb nimmt. Im allgemeinen frosthart, friert nur in sehr extremen Kältelagen zurück.
A: Trotz seiner großen Blüten hat der Strauch nur geringen Schmuckwert. Wegen seiner Anspruchslosigkeit eignet er sich aber gut an Standorten, wo bessere Pflanzen kümmern.

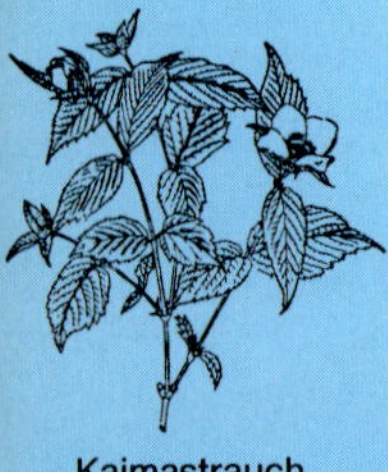

Kaimastrauch

Laubhölzer, Sträucher

Blätter einfach gegenständig gesägt gezähnt gekerbt

Kolkwitzie *Kolkwitzia amabilis* Geißblattgewächse *Caprifoliaceae*
1 – 2 m; Mai, Juni
SK: Blüten glockig, 1,5 cm lang, 5zipflig, rosa, im Schlund gelb, in seitenständigen, büscheligen Trauben. Blätter breiteiförmig, spitz mit gerundetem Grund, 3 – 7 cm lang.
B: Blätter sehr grob gezähnt, zuweilen auch fast wellig-ganzrandig, behaart. Blattstiel wie die jungen Zweige und die Fruchtkapseln borstig behaart. Rinde abfasernd.
SV: Heimat: China. Sehr anspruchslos. Braucht nur mäßig gedüngten, nicht allzu trockenen Boden. Bevorzugt Lichtlagen. Absolut frosthart.
A: Die Kolkwitzie ist nicht sehr häufig und zählt immer noch zu den Besonderheiten eines Gartens. Vermutlich täuscht der grazile Wuchs eine viel größere Pflegebedürftigkeit vor, als sie der robuste Strauch verlangt.

Echter Kreuzdorn

Echter Kreuzdorn *Rhamnus cathartica* Kreuzdorngewächse *Rhamnaceae*
3 – 6 m; Mai, Juni
SK: Blüten klein, unscheinbar, gelbgrün, vierzählig, in achselständigen Trugdolden. Zweige (oft gabelig) dornig. Blätter eilanzettlich, meist 4 – 6 cm lang.
B: Die Blätter können auch büschelig-wechselständig angeordnet sein. Sie werden bis zu 8 cm lang (wenn unter 3 cm: siehe Felsen-Kreuzdorn, S. 116). Die schwarze Beere ist unbekömmlich.
SV: Bevorzugt meist kalkhaltige, nährstoffarme, trockenwarme Steinböden. In Europa zerstreut, nach Süden zu häufiger. Besiedelt Waldsäume, Weidegebüsch, Feldgehölze und Trockenhänge.
A: Rinde und Beere wirken stark abführend (Volksheilkunde!). Der Strauch ist Zwischenwirt eines Haferrostpilzes und wird deshalb in Ackernähe nicht geduldet. Giftig.

Echte Hortensie, Garten-Hortensie *Hydrangea macrophylla* (*H. hortensis*) Steinbrechgewächse *Saxifragaceae*
um 1 m; Juni, Juli
SK: Blüten flach, 4zipflig, z. T. 3 – 5 cm breit (und dann steril), weißlich, rosa, lila oder blau, in schwach bis kugelig gewölbten, endständigen Trugdolden. Blätter eiförmig, lanzettlich, 12 – 20 cm lang, 5 – 8 cm breit.
B: Blütenzweige aufrecht, dick, einjährig.
SV: Heimat: Japan und China. Braucht nährstoffreiche, lockere, humusreiche und gut bewässerte Böden in windgeschützter Halbschattenlage. Friert bei uns meist jeden Winter zurück.
A: Die sterilen Blüten bilden einen Schauapparat zur Anlockung der bestäubenden Insekten. Bei Kulturformen sind oft alle Blüten steril. Die Blütenfarbe hängt von der Bodenreaktion ab: Auf sauren Böden werden die Blüten blau, auf basischen rot.

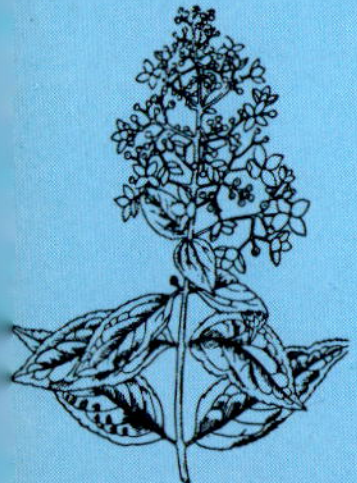
Rispen-Hortensie

Rispen-Hortensie *Hydrangea paniculata* Steinbrechgewächse *Saxifragaceae*
1 – 3 m; August – September
SK: Blüten flach, 4zipflig, weiß, rosa verblühend, zumindest die unteren 3 – 4 cm breit, oft mit kleineren abwechselnd in endständigen, pyramidalen, bis 30 cm langen Rispen. Blätter eilanzettlich, 5 – 12 cm lang.
B: Blätter oft in Quirlen zu 3, unterseits steif behaart. Zweige behaart.
SV: Heimat: Japan, China. Braucht lockeren, durchwässerten, nährstoffreichen Boden in Licht- oder Halbschattenlage. Friert nur in strengen Wintern zurück.
A: Die Rispen-Hortensie wird in ihrer Heimat über 4 m hoch. Bei uns wird sie zuweilen als Bäumchen veredelt. Die Form „Grandiflora“, deren Rispen nur aus sterilen, vergrößerten Blüten zusammengesetzt sind, dürfte derzeit am häufigsten anzutreffen sein.

Laubhölzer, Sträucher

Blätter einfach gegenständig gesägt gezähnt
gekerbt

Niedrige Deutzie

Niedrige Deutzie, Zierliche Deutzie *Deutzia gracilis* Steinbrechgewächse *Saxifragaceae*
50 – 100 cm; Mai, Juni
SK: Zweige hohl, Blätter rauh sternhaarig, oberseits stärker als unterseits, 3 – 7 cm lang. Blüten in länglichen Rispen, meist fünfzählig, weiß, seltener rosa angehaucht.
B: Blätter scharf gesägt
SV: Heimat: Japan. Sehr anspruchslos. Im Licht und bei ausreichender Bewässerung werden die Blütenrispen voller. Winterhart und industriefest.
A: Die Niedrige Deutzie ist die zierlichste und niedrigste ihrer Gattung. Sie eignet sich gut für niedere Hecken, die dann schon sehr früh im Jahr im reichen Schmuck der weißen Blütensternchen stehen.

Rauhblättrige Deutzie

Rauhblättrige Deutzie *Deutzia scabra* Steinbrechgewächse *Saxifragaceae*
1,5 – 2,5 m; Juni, Juli
SK: Zweige hohl, Blätter dunkelgrün, rauh sternhaarig, oberseits schwächer als unterseits, 8 – 12 cm lang. Blüten in länglichen Rispen, weiß oder rötlich, fünfzählig oder gefüllt.
B: Blätter gekerbt.
SV: Heimat: Japan, China. Anspruchsloser Strauch, gedeiht auf jedem einigermaßen lockeren Boden und – bei geringerer Blühfreudigkeit – auch in Schattenlagen. Sehr dichtwüchsig, sollte regelmäßig ausgelichtet werden.
A: Der unverwüstliche Strauch eignet sich für niedere Gehölzgruppen genauso gut wie für freien Stand. Er ist von hoher Deckungsfähigkeit und hält Abgase, Straßenstaub und -lärm gleich gut ab.

Vilmorines Deutzie *Deutzia vilmorinae* Steinbrechgewächse *Saxifragaceae*
1 – 2 m; Mai, Juni
SK: Zweige hohl, Blätter grün – hellgrün, rauh sternhaarig, oberseits schwächer als unterseits, 5 – 8 cm lang. Blüten in trugdoldigen Büscheln, reinweiß, fünfzählig oder gefüllt.
B: Blätter spitz kerbzähnig.
SV: Heimat: Mittleres und westliches China. Anspruchslos, industriefest und frosthart. Braucht höchstens in trockenen Sommern etwas zusätzliches Wasser, da ihre dichten Blätter eine relativ große Verdunstungsfläche aufweisen.
A: Vilmorines Deutzie wird heute, wie alle anderen Wilddeutzien (vielleicht mit Ausnahme der Rauhblättrigen Deutzie) gegenüber den Hybriden kaum mehr angepflanzt, obwohl die Wildarten die elegantere Wuchsform haben und auch weniger „protzig“ blühen.

Pracht-Deutzie *Deutzia × magnifica* Steinbrechgewächse *Saxifragaceae*
1,5 – 2,5 m; Juni
SK: Zweige hohl, Blätter graugrün, rauh sternhaarig, oberseits schwächer als unterseits, 4 – 8 cm lang. Blüten in kurzen, dichten Rispen, weiß, gefüllt.
B: Blätter kerbzähnig.
SV: Die Pracht-Deutzie ist der Bastard der beiden vorausgegangenen Arten. Wie fast alle Hybriden der Gattung wurde auch diese ausgangs des letzten Jahrhunderts durch den Franzosen Victor Lemoine gezüchtet. Sie zeichnet sich durch Anspruchslosigkeit und Winterhärte aus.
A: Von dieser Hybride gibt es eine ganze Anzahl von Sorten, so auch solche, mit besonders großen, einfachen Blüten, wie „Latiflora“ und „Azaleaeflora“, doch überwiegen die Sorten mit den weit ausgebreiteten, gefüllen Blüten. Kenner unterscheiden eine Tönung von Schneeweiß bis Alabasterweiß.

Laubhölzer, Sträucher

Blätter einfach gegenständig gesägt gezähnt gekerbt

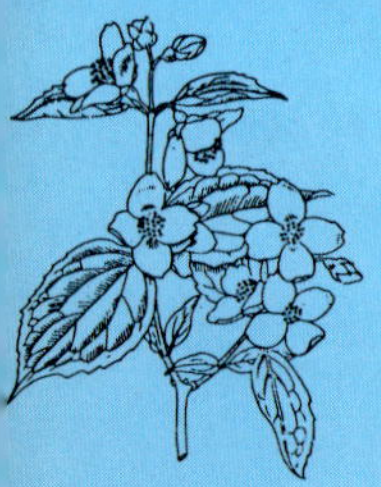
Gemeiner Pfeifenstrauch

Gemeiner Pfeifenstrauch, (Falscher) Jasmin *Philadelphus coronarius*
Steinbrechgewächse *Saxifragaceae*
1 – 3 m; Mai, Juni
SK: Blätter eiförmig, 6 – 9 cm lang, unten schwach behaart, mit fast handförmig geteilten Nerven. Blüten zu 5 – 11 in Trauben, 3 – 4 cm breit, duftend.
B: Die Blüten sind in der Regel einfach, mit 4 (– 5) weißen Blütenblättern, doch ist bei manchen Formen die Zahl der Blütenblätter vermehrt.
SV: Heimat: Südeuropa bis zum Kaukasus. Sehr anspruchsloser Strauch, der auf fast allen Gartenböden gedeiht und auch noch in Schattenlagen – wenn auch etwas schwächer – blüht. Hinreichend frosthart.
A: Der Strauch mit seinem fast betäubenden Blütenduft ist der „Jasmin" der Literatur, wogegen die Botaniker den echten Jasmin in eine weit entfernte Familie einordnen (s. S. 16).

Duftloser Pfeifenstrauch *Philadelphus inodorus* Steinbrechgewächse *Saxifragaceae*
2 – 3 m; Juni, Juli
SK: Blätter eiförmig, 5 – 8 cm lang, unten schwach behaart, mit fast handförmig geteilten Nerven. Blüten zu 1 – 3 in Trauben, 3 – 5 cm breit, duftlos.
B: Die Blüten sind meist einfach, vierzählig und weiß. Bei dieser Form blättert die Rinde der Zweige besonders stark ab.
SV: Heimat: Nordamerika. Sehr anspruchsloser, frostharter Strauch der mit allen Bodenarten vorlieb nimmt und höchstens in trockenen Jahren vor der Blüte vermehrt Wasser braucht.
A: Die in der Abbildung gezeigte Form *„Grandiflorus"* hat gegenüber der Stammform Blüten von 5 – 6 cm Breite.

Pfeifenstrauch, Virginal-Hybriden *Philadelphus × virginalis*
Steinbrechgewächse *Saxifragaceae*
1 – 2,5 m; Juni
SK: Blätter eiförmig, 5 – 8 cm lang, unten anliegend, kurz und dicht borstig, mit fast handförmig geteilten Nerven. Blüten zu 7 – 9 in Trauben, 3 – 5 cm breit, duftend.
B: Die Blüten sind weiß und stets halbgefüllt oder gefüllt, in der Form schüsselartig bis weitglockig. Die Rinde blättert bei diesen Sorten kaum ab.
SV: Bastardgruppe von unbekannter Genzusammensetzung, von Lemoine erzeugt. Sehr anspruchslos, für Licht- und Halbschattenlagen. Frosthart und überaus industriefest.
A: Wird durch die Behaarung der Blattunterseite charakterisiert, die wohl als Filter vor den Spaltöffnungen für die besondere Widerstandsfähigkeit gegen Luftverschmutzungen sorgt.

Pfeifenstrauch, Lemoine-Hybriden *Philadelphus × lemoinei*
Steinbrechgewächse *Saxifragaceae*
1 – 1,5 m; Juni
SK: Blätter eilanzettlich, 2 – 4 cm lang, unten schwach behaart, oft nur mit einzelnen Zähnen am Rand; Nerven handförmig geteilt. Blüten zu 3 – 7 in Trauben, duftlos oder duftend.
B: Die weißen Blüten sind gefüllt oder einfach 4blättrig.
SV: Vielsortige Bastardgruppe. Die Grundform wird erzeugt, indem man mit Blütenstaub des Gemeinen Pfeifenstrauchs den nordamerikanischen Kleinblättrigen Pfeifenstrauch bestäubt. Anspruchslos und winterhart.
A: Diese Pflanzen zeichnen sich alle durch zierlichen Wuchs und kleine Blätter aus.

Laubhölzer, Sträucher

Blätter einfach   gegenständig   gesägt   gezähnt
gekerbt

Japanische Weigelie *Weigelia×japonica* Geißblattgewächse
Caprifoliaceae
1 – 3 m; Mai, Juni
SK: Blüten trichterförmig, 5zipflig, ihre Blütenröhre unten eng, ab der Mitte sich plötzlich stark erweiternd. Blüten hellrot, beim Aufblühen fast weiß, später nachdunkelnd. Kelchblätter bis zum Grund frei.
B: Die Blätter sind auf beiden Seiten behaart.
SV: Heimat: Japan. Die Wildform ist rein wohl kaum irgendwo bei uns noch vorhanden. Die „Japanischen Weigelien" sind anspruchslos und gedeihen auch im Halbschatten.
A: Die Bastarde dieser Art zeichnen sich durch zarte Blütenfarben aus.

Vielblütige Weigelie *Weigelia×floribunda* Geißblattgewächse
Caprifoliaceae
80 – 300 cm; Mai, Juni
SK: Blüten trichterförmig, 5zipflig, vom Blütengrund bis zum Blütensaum allmählich sich weitend, hell- bis dunkelrot. Kelchblätter bis zum Grunde frei.
B: Die Vielblütige Weigelie ist ein Strauch mit eher überhängenden, etwas verbogenen Ästen.
SV: Heimat: Japan. Die reine Form ist bei uns selten, häufig dagegen hellerblühende Formen, wie die Aufnahme sie zeigt. Die „Vielblütigen Weigelien" stellen keine besonderen Ansprüche an den Boden.
A: Die Bastarde dieser Art blühen in der Regel 2 – 3 Wochen vor den anderen Bastarden.

Liebliche Weigelie

Liebliche Weigelie *Weigelia×florida* Geißblattgewächse
Caprifoliaceae
1 – 2 m; Mai, Juni
SK: Blüten trichterförmig, 5zipflig, ihre Blütenröhre unten eng, oberhalb des Kelchbechers sich stärker und gleichmäßig erweiternd. Kelchblätter bis zur Mitte miteinander verwachsen.
B: Die Blätter sind bis auf die Nerven kahl. Die rosafarbenen bis weißen (auch gesprenkelten) Blüten stehen in blattachselständigen Rispen.
SV: Heimat: Nordchina. Nur als Bastard bei uns vorkommend. Sehr genügsam und relativ frosthart.
A: Die „Lieblichen Weigelien" zeichnen sich alle durch ihren zierlichen, eleganten Wuchs aus, der allerdings durch unsachgemäßes Auslichten leicht besenförmig-struppig werden kann.

Blätter einfach   gegenständig   gelappt

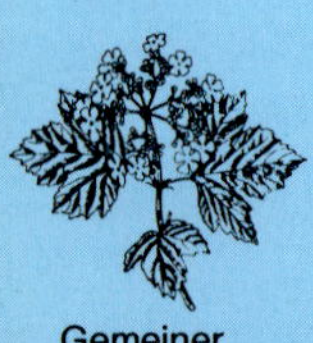
Gemeiner Schneeball

Gemeiner Schneeball *Viburnum opulus* Geißblattgewächse
Caprifoliaceae
2 – 4 m; Mai – Juni
SK: Blätter 3 – 5lappig, Lappen buchtig gezähnt. Blattstiel rinnig, nahe der Spreite mit einigen größeren, napfförmigen Drüsen.
B: Blüten bei der Wildform in ebensträußigen, endständigen Trugdolden, die äußeren 5zipflig, radförmig ausgebreitet, weiß, um 2 cm breit, steril, die inneren glockig, etwa ½ cm breit, fruchtbar. Gartenformen (var. *roseum*) mit kugeligem (schneeballähnlichem) Blütenstand, der nur aus sterilen Blüten besteht.
SV: Bevorzugt nährstoff- und kalkreiche Böden mit guter Wasserführung. Besiedelt Bachufer und Auwälder sowie Waldränder und Hecken. Häufig.
A: Sowohl die Gartenform als auch der Wildstrauch sind auffallend anfällig gegen Insektenfraß und Blattläuse.

Gemeine Zwergmispel

Gemeine Zwergmispel, Echte Zwergmispel *Cotoneaster integerrimus*
Rosengewächse *Rosaceae*
1 – 2 m; Mai
SK: Blüten glockig, rosa, zu 2 – 4 blattachselständig. Blätter kahl, rundlich-eiförmig, 3 –5 cm lang, unterseits dicht weiß- bis graufilzig. Früchte fast erbsengroß, blutrot.
B: Blütenbecher ganz kahl.
SV: Braucht sonnige, sommerwarme, trockene, kalkreiche Stein- und Felsböden. Selten in Europa in den Kalk- und Wärmegebieten im weiteren Umkreis der Alpen, dort an Felshängen der warmen Alpentäler bis gegen 2000 m aufsteigend. Selten als Zierpflanze in Gärten.
A: Die Früchte werden vor allem durch Rabenvögel verbreitet. Der Strauch lebt mit einem Wurzelpilz in Symbiose (Mykorrhiza).

Franchets Zwergmispel *Cotoneaster franchetii* Rosengewächse *Rosaceae*
1 – 2 m; Juni
SK: Blüten glockig, rosa, in 6 – 12teiligen, 3,5 cm langen, blattachselständigen Rispendolden. Blätter dicklich, ei-elliptisch, 2 – 3 cm lang, unterseits gold- bis silberfilzig. Früchte erbsengroß, orangerot.
B: Blütenbecher filzhaarig.
SV: Heimat: West-China. Sehr anspruchslos und relativ winterhart. Kommt in sonniger Lage mit Böden der verschiedensten Qualität zurecht.
A: Franchets Zwergmispel eignet sich vor allem als Solitärstrauch. Ihre Früchte werden von den meisten Vögeln nicht gerne gefressen und schmücken daher den Strauch bis in den frühen Winter hinein.

Filz-Zwergmispel

Filz-Zwergmispel *Cotoneaster tomentosus* (*C. nebrodensis*) Rosengewächse *Rosaceae*
1 – 2 m; Mai, Juni
SK: Blüten glockig, rosa, einzeln oder in bis 12blütigen Rispen in den Blattachseln. Blätter breiteiförmig, 3 – 5 cm lang, unterseits dicht weißfilzig. Früchte erbsengroß, rot, filzig behaart.
B: Blütenbecher graufilzig.
SV: Braucht sonnige, sommerwarme, trockene und kalkreiche Steinböden. Besiedelt lichte Steinschuttwälder, Laub- oder Nadeltrockenwälder und Gebüsche. Im Jurazug, den Vogesen, im Donaugebiet und in der Kalkalpenkette bis etwa 1500 m, sehr selten.
A: Besiedelt meist nur lichte Südlagen, schon im Halbschatten nimmt die Behaarung stark ab. Diese Wildart ist viel kalksteter als die Gemeine Zwergmispel.

Diels Zwergmispel *Cotoneaster dielsianus* Rosengewächse *Rosaceae*
1 – 2 m; Juni
SK: Blüten glockig, rosa, zu 4 – 9 in kurzen, doldigen Rispen, blattachselständig. Blätter ei-elliptisch, 2 – 3 cm lang, unterseits schmutzig gelbgrau-wollig. Früchte fast erbsengroß, scharlachrot, schwach filzig.
B: Blütenbecher filzig behaart.
SV: Heimat: Mittel- und Westchina. Anspruchsloser Strauch, für alle Bodenarten geeignet. Braucht sonnige, eher trockene Lagen. In kalten Wintern erfrieren oft die Blätter der wintergrünen Form.
A: Diese Form eignet sich mehr zur Anpflanzung im freien Stand. In Hecken und Gehölzgruppen kommt der Wuchs oft nicht recht zur Geltung. Beschattung hat einen geringeren Blütenansatz zur Folge. Dagegen kann die Pflanze für den sonnigen Heidegarten verwendet werden. Sie kommt mit dem sandigen, sauerhumosen Boden ausgezeichnet zurecht.

Laubhölzer, Sträucher

Blätter einfach   wechselständig   ganzrandig

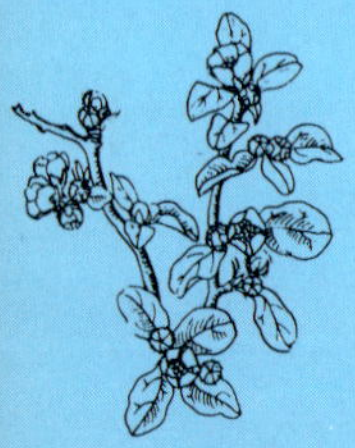

Niedrige Zwergmispel

Niedrige Zwergmispel *Cotoneaster adpressus* Rosengewächse *Rosaceae*
20 – 25 cm; Juni
SK: Blüten glockig, rosa, einzeln oder zu zweit blattachselständig. Blätter breiteiförmig, 0,5 – 1,5 cm lang. Früchte klein, eirund, glänzend rot.
B: Stämmchen dem Boden angepreßt kriechend, wurzelnd; Seitenzweige aufstrebend. Blütenbecher kahl. Blätter am Rand gewellt.
SV: Heimat: West-China. Winterharter, anspruchsloser Kriechstrauch.
A: Die Niedrige Zwergmispel ist in dieser Gattung der Zwerg. Sie eignet sich als Bodendecker für Grabanlagen, Steingärten und, da sehr industriefest, auch für Grünanlagen in den Städten. Da sie weit kriecht, muß sie gelegentlich beschnitten werden, was dann leider oft zu etwas krüppeligem Spitzenwachstum führt.

Sparrige Zwergmispel *Cotoneaster divaricatus* Rosengewächse *Rosaceae*
1 – 2 m; Juni
SK: Blüten glockig, weißlichrosa, meist zu dritt blattachselständig. Blätter eiförmig, 2 – 3,5 cm lang, dunkelgrün, nur wenig behaart. Früchte länglichrund (6 mm breit, 8 mm lang), glänzend rot.
B: Sparrig wachsender, aufrechter Strauch. Blätter mit auffällig roter Herbstverfärbung. Blütenbecher schwach behaart.
SV: Heimat: China. Für jede Bodenart geeignet, frosthart und industriefest. Gleich gut wüchsig in Licht- und Halbschattenlagen.
A: Der Wuchs der Sparrigen Zwergmispel sagt nicht jedermann zu, doch gehört sie zu den Arten, die mit besonderer und lange am Strauch verbleibender Fruchtfülle aufwarten.

Peking-Zwergmispel *Cotoneaster acutifolius* Rosengewächse *Rosaceae*
1 – 2 m; Juni
SK: Blüten glockig, rosa, zu 1 – 3 in den Blattachseln. Blätter eiförmig, mattgrün, 3 – 4 cm lang, stets behaart. Früchte rundlich, knapp erbsengroß, behaart, blauschwarz.
B: Aufrecht wachsender Strauch. Blütenbecher dicht behaart.
SV: Heimat: Nord-China. Für alle Böden geeignet, relativ frosthart, gedeiht auch in Schattenlagen.
A: Die Peking-Zwergmispel gehört zu den wenigen Arten mit schwarzen Früchten. Dies allein macht ihre Exquisität aus. Sie ist weder vom Wuchs her besonders interessant, noch schmückt sie ihr Laub auffällig. So findet man diese Art – und einige Verwandte – nicht allzu häufig und meist nur im Verbund mit anderen Gehölzen.

Runzlige Zwergmispel *Cotoneaster bullatus* Rosengewächse *Rosaceae*
2 – 3 m; Mai, Juni
SK: Blüten glockig, rosa, zu 4 – 12 in achselständigen Trugdolden. Blätter eiförmig, lang zugespitzt, 4 – 8 cm lang, etwas runzlig, dunkelgrün. Früchte kugelig, stark erbsengroß, hellrot.
B: Aufrechter, locker und etwas sparrig wachsender Strauch. Blütenbecher höchstens am Grund behaart.
SV: Heimat: West-China. Absolut frosthart und für alle Böden geeignet. Sehr industriefest, leider etwas anfällig für europäische Schadinsekten. Braucht sonnige Standorte.
A: Der frühblühende, robuste Strauch ist das sommergrüne Gegenstück zur Weidenblättrigen Zwergmispel (s. S. 86). Er wirkt als Solitärstrauch und ist als Deckgehölz geeignet. Seine volle Pracht entfaltet er erst im Herbst zur Fruchtzeit.

Laubhölzer, Sträucher

Blätter einfach wechselständig ganzrandig

Frühe Zwergmispel, Nan Shan-Zwergmispel *Cotoneaster praecox*
Rosengewächse *Rosaceae*
30 – 60 cm; Mai, Juni
SK: Blüten glockig, rosa, zu 1 – 3 in den Blattachseln. Blätter dunkelgrün, eiförmig, 1,5 – 2,5 cm lang, am Rand wellig. Früchte relativ groß (um 1 cm dick), rundlich, hellrot.
B: Zwergstrauch mit übergebogen wachsendem Stämmchen und ebensolchen Hauptzweigen. Nebenzweige sehr unregelmäßig und etwas wirr verzweigt.
SV: Heimat: China. Kommt mit jedem Boden zurecht und ist äußerst frosthart.
A: Die Frühe Zwergmispel gehört zu unseren besten Bodendeckern. Allerdings sagt der unregelmäßige Wuchs nicht jedermann zu. Dafür besticht der Strauch durch (frühe) Reichfrüchtigkeit und auch durch sein buntes Herbstlaub.

Buchsblättrige Zwergmispel *Cotoneaster rotundifolius* Rosengewächse *Rosaceae*
50 – 100 cm; Juni
SK: Blüten ausgebreitet, 5lappig, weiß bis weißrosa, zu 1 – 3 in den Blattachseln. Blätter breitoval, glänzend dunkelgrün, etwa 1 – 1,5 cm lang. Früchte rundlich, erbsengroß, mattrot.
B: Zwergstrauch mit bogig überhängendem Stämmchen und kriechenden Zweigen, nicht regelmäßig verästelt. Blüten mindestens 1 cm breit.
SV: Heimat: Himalajagebiet. Anspruchsloser, doch nicht ganz winterharter Strauch, der sonnige Lagen bevorzugt und in seiner Heimat gut doppelte Höhe erreicht.
A: Findet bei uns als Bodendecker und in Steingärten Verwendung und gehört zu den Zwergmispeln, die schon durch auffällige Blüten Aufmerksamkeit erregen. Es gibt aber aus dieser Gruppe interessantere Arten.

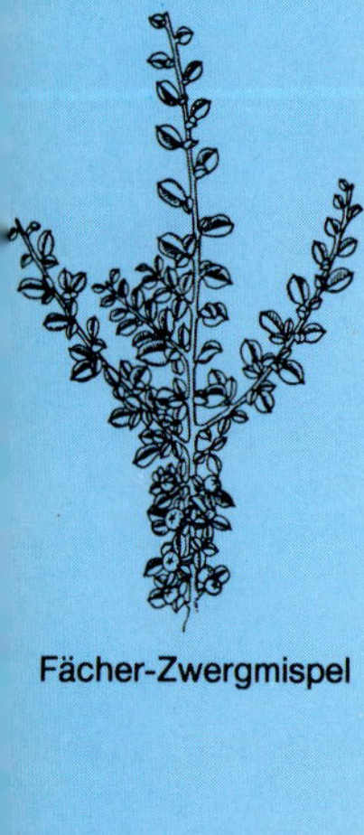
Fächer-Zwergmispel

Fächer-Zwergmispel *Cotoneaster horizontalis* Rosengewächse *Rosaceae*
50 – 100 cm; Juni
SK: Blüten glockig, rosa bis hellrot, einzeln oder zu zweit in den Blattachseln. Blätter dunkelgrün, ledrig, rundlich bis oval, 0,5 – 1,5 cm lang. Früchte klein (0,5 cm dick), rundlich, leuchtend rot.
B: Zwergstrauch mit übergebogenen bis waagrecht wachsenden Hauptzweigen, von denen die Seitenzweige regelmäßig zweizeilig und gegen die Hauptzweigspitze zu immer kürzer werdend abgehen.
SV: Heimat: West-China. Anspruchslos, aber in manchen Sorten nicht ganz frosthart.
A: Die Fächer-Zwergmispel war lange Zeit fast der einzige Bodendecker der Gattung. Sie ist heute in vielen Sorten auf dem Markt.

Watereri-Zwergmispel *Cotoneaster × watereri* Rosengewächse *Rosaceae*
1 – 3 m; Juni
SK: Blüten ausgebreitet, 5lappig, rein weiß, in dichten Trugdolden blattachselständig. Blätter eilanzettlich, schwach runzlig, 5 – 10 cm lang. Früchte klein (etwa 0,5 cm dick), kugelig, hellrot.
B: Kräftiger Strauch mit starken, bogig überhängenden Ästen. Blätter wintergrün, doch im Herbst rötlich verfärbend.
SV: Unter dem Namen „Watereri-Hybrid“ faßt man eine ganze Reihe von Bastarden mit z. T. unterschiedlichen Eltern zusammen. Beteiligt an den Kreuzungen ist immer die Schnee-Zwergmispel aus dem Himalaja (*Cotoneaster frigidus*). Nur bedingt frosthart (im ersten Winter schützende Laubdecke!).
A: Man achte bei dieser Pflanze vor allem darauf, daß sie einen windgeschützten, doch nach Süden offenen Platz erhält.

Kleinblättrige Zwergmispel *Cotoneaster microphyllus* Rosengewächse *Rosaceae*
50 – 100 cm; Mai, Juni
SK: Blüten ausgebreitet, 5lappig, weiß oder schwach rosa überhaucht, meist einzeln in den Blattachseln. Blätter eilänglich, unter 1 cm lang, abgestumpft, glänzend dunkelgrün. Früchte klein (etwa 0,6 mm dick), kugelig, tiefrot.
B: Niederliegender oder sich flach ausbreitender, umfangreicher Strauch.
SV: Heimat: Himalajagebiet. Sehr anspruchslos in bezug auf die Bodenqualität und die Bewässerung, doch sehr empfindlich gegen Kälte. Braucht einen sonnigen Platz und winters Frostschutz.
A: Der Strauch ist einer der schönsten und zierlichsten unter den niederliegenden Arten. Die kleinen dunkelgrünen Blättchen kontrastieren sehr hübsch Blüte und Frucht.

Weidenblättrige Zwergmispel *Cotoneaster salicifolius* Rosengewächse *Rosaceae*
2 – 4 m; Juni
SK: Blüten ausgebreitet, 5lappig, weiß bis schmutzigweiß, in vielblütigen, blattachselständigen Doldenrispen. Blätter länglichlanzettlich, 3 – 8 cm lang, oberseits etwas runzelig, unterseits filzig oder flockig-filzig. Früchte klein (etwa 0,5 cm dick) rundlich , rot.
B: Dekorativer aufrechter Strauch mit weitbogig überhängenden Zweigen.
SV: Heimat: West-China. Braucht sonnigen Stand und gelegentliche Düngergaben, kommt aber mit Böden aller Art zurecht. Blätter gegen Frost empfindlich.
A: Die Weidenblättrige Zwergmispel sollte nur als Einzelstrauch (in geschützter Lage) gepflanzt werden.

Reichblütige Zwergmispel

Reichblütige Zwergmispel *Cotoneaster multiflorus* Rosengewächse *Rosaceae*
2 –3 m; Mai
SK: Blüten ausgebreitet, 5lappig, weiß, in vielblütigen, lockeren, blattachselständigen Doldenrispen. Blätter breiteiförmig, 2 – 5 cm lang, unterseits bald kahl. Früchte etwa erbsengroß (um 0,8 cm dick), eirundlich, scharlachrot.
B: Aufrechter Strauch mit weit überhängenden Zweigen und sommergrünem Laub. Trugdolden mit 10 – 20, 1 – 1,2 cm breiten Blüten.
SV: Heimat: Von Westasien (Kaukasusgebiet) bis nach Mittel-China. Anspruchsloser und recht frostharter Strauch. Für alle Böden geeignet. Dankbar für sonnigen Standort.
A: Frühblühende Art, die durch besonders große, reinweiße Blüten und den überaus reichen Fruchtschmuck auffällt. Der Duft der *Cotoneaster*-Blüten ist hier besonders stark und sagt nicht jedermann zu.

Teppich-Zwergmispel *Cotoneaster dammeri* Rosengewächse *Rosaceae*
10 – 30 cm; Mai, Juni
SK: Blüten ausgebreitet, 5lappig, weiß oder rötlich angehaucht, meist einzeln und kurzgestielt in den Blattachseln. Blätter länglich-elliptisch, stachelspitzig, 1 – 3 cm lang, dunkelgrün. Früchte knapp erbsengroß, rundlich, rot.
B: Niederliegender oder bogig wachsender Strauch mit weitkriechenden, sich bewurzelnden Zweigen und wintergrünen, ledrig-glänzenden Blättern. Blüten um 1 cm breit, meist unter 0,5 cm lang, gestielt.
SV: Heimat: Mittel-China. Sehr anspruchslos und in hohem Maße auch Schatten ertragend; nur wenig frostempfindlich.
A: Von dieser Art gibt es Bodendecker für die verschiedensten Bedürfnisse: langsam- und raschwüchsige, Licht- und Schattenformen.

Laubhölzer, Sträucher

Blätter einfach wechselständig ganzrandig

Schmalblättrige Buddleia *Buddleja alternifolia* Brechnußgewächse *Loganiaceae*
2 – 3,5 m; Juni
SK: Blätter schmallanzettlich, 3 – 7 cm lang, oberseits glänzend dunkelgrün, unterseits silbrig weißfilzig. Blüten blaßviolett, röhrig, 4zipflig, um 1 cm lang, in dichten Dolden an seitenständigen Kurztrieben.
B: Zweige lang, rutenförmig, ausgebreitet, oben bogig übergeneigt. Blüten stark duftend.
SV: Heimat: Nordwest-China. Braucht nährstoffreiche, nicht zu trockene, sommerwarme Böden in sonniger Lage. Nicht ganz frosthart, doch sehr regenerationsstark.
A: Der Strauch besticht durch elegantes Wachstum und überreichen Blütenschmuck, der allerdings nur an den letztjährigen Trieben auftritt, die deshalb gegen Zurückfrieren geschützt werden sollten.

Gemeine Bärentraube, Arznei-Bärentraube *Arctostaphylos uva-ursi* Heidekrautgewächse *Ericaceae*
20 – 60 cm; März – Juli
SK: Blätter verkehrteiförmig, 1,5 – 2 cm lang, ledrig, immergrün, beidseits kahl und fast gleichfarbig. Blüten weiß bis hellrosa, krugförmig, zu 4 – 7 in endständigen Trauben.
B: Meist niederliegender Strauch mit oft wurzelnden Zweigen.
SV: Braucht trockene, humussaure, kalkarme Böden. Besiedelt in Europa Heiden, lichte Kiefernhaine und trockene Grabenränder. Wurzelt bis zu 1 m tief. Selten, aber gesellig.
A: Die Bärentraube ist eine alte Heilpflanze. Ihr Tee oder Extrakte werden noch heute bei Blasenkatarrhen verordnet.

emeine Bärentraube

Sumpf-Porst *Ledum palustre* Heidekrautgewächse *Ericaceae*
50 – 100 cm; Mai – Juli
SK: Blätter schmallanzettlich, 2 –5 cm lang, immergrün, unterseits dicht rostrot filzig, am Rand umgerollt. Blüten weiß bis rosenrot, ausgebreitet, 5blättrig, in großen, endständigen Dolden, zuletzt überhängend.
B: Sträuchlein mit rostrot behaarten Ästen, anfangs gewürzhaft, dann widrig betäubend riechend. Giftpflanze.
SV: Bevorzugt nasse, magere und kalkfreie Torfböden. Sehr selten in Torfmooren, lichten und feuchten Kiefernwäldern, auch an nassen Felsen. Hauptverbreitung in Nord- und Osteuropa.
A: Seines widerlichen Geruches wegen wurde der Sumpf-Porst früher als Mottenkraut benutzt. Allerdings vertreibt dieser nicht alle Insekten. So werden die Blüten z. B. vor allem durch Fliegen bestäubt. Giftig.

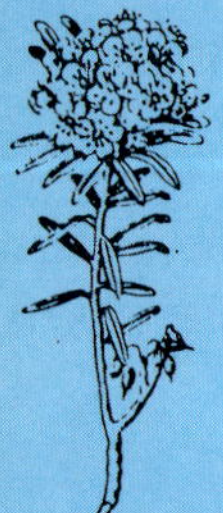

Sumpf-Porst

Polei-Gränke, Rosmarinheide *Andromeda polifolia* Heidekrautgewächse *Ericaceae*
15 – 30 cm; Mai – August
SK: Blätter schmallanzettlich, 1,5 – 3,5 cm lang, oberseits glänzend dunkelgrün, unterseits matt bläulich-weißlich, immergrün. Blüten weiß bis rosa, glokkig, zu 1 – 5 in endständigen Dolden auf langen Stielen nickend.
B: Aufrechtes oder bogig aufsteigendes Zwergsträuchlein.
SV: Bevorzugt nasse, magere und kalkfreie, stark saure Torfböden in Lichtlage. Hochmoorpflanze. Auf den Torfmooren des Norddeutschen Tieflandes und der Schwäbisch-Bayerischen Hochebene verbreitet, sonst sehr selten.
A: Die Pflanze ist giftig. Sie ist ungemein winterfest und findet sich in Norwegen noch bis zum Nordkap. In Mitteleuropa gilt sie als Relikt der letzten Eiszeit.

Blätter einfach wechselständig ganzrandig

Rostrote Alpenrose

Rauhblättrige Alpenrose

Rostrote Alpenrose, Almrausch *Rhododendron ferrugineum*
Heidekrautgewächse *Ericaceae*
30 – 150 cm; Mai – Juli
SK: Blätter länglichlanzettlich, 3 – 6 cm lang, ledrig derb, unterseits dicht punktiert, anfangs gelblich, bald rostrot. Blüten zu 6 – 12 in Doldentrauben, schiefglockig, dunkelpurpurrot, 1 – 2 cm breit.
B: Die Äste sind unterwärts auf lange Strecken blattlos.
SV: Von einigen Vorposten im Vorland abgesehen, besiedelt die Pflanze nur das Alpengebiet. Im Gebirge wächst sie meist auf steinigen, in den Tälern mehr auf sumpfigen Böden. Zerstreut, aber gesellig.
A: Die Pflanze steht unter Naturschutz (Handelsverbot). Sie kann über 100 Jahre alt werden. Auf den Almen gilt sie als Weideunkraut. Sie ist nicht übermäßig frosthart und überdauert den Winter nur dann unbeschädigt, wenn sie von einer dichten Schneedecke geschützt wird. Giftverdächtig.

Rauhblättrige Alpenrose, Grüne Alpenrose, Almrausch
Rhododendron hirsutum Heidekrautgewächse *Ericaceae*
20 – 100 cm; Juni – August
SK: Blätter elliptisch bis eiförmig, 1 – 3,5 cm lang, ledrig, am Rand borstig bewimpert, unterseits mit vereinzelten rostroten Punkten. Blüten zu 3 – 10 in Doldentrauben, schiefglockig, rosarot, selten weiß, 1 – 2 cm breit.
B: Äste kurz, dichtverzweigt, anfangs behaart.
SV: Wird gelegentlich herabgeschwemmt, besiedelt im allgemeinen aber nur die Ostalpen zwischen 1500 und 2500 m. Bevorzugt kalkhaltige, eher trockene Steinböden. Im Gebirge wächst sie meist auf offenen, sonnenwarmen und windgeschützten Steinhalden, in den Tälern mehr an beschatteten, feuchten Felshängen.
A: Die Pflanze steht unter Naturschutz (Handelsverbot). Mit ihren schwer verrottenden Blättern verändert sie allmählich ihre Bodenunterlage zu einem oberflächlich versauerten Rohhumus. Giftverdächtig.

Catawbiense-Hybrid-Alpenrose *Rhododendron × catawbiense*
Heidekrautgewächse *Ericaceae*
1 – 3 m; Mai
SK: Blätter länglichelliptisch, 6 – 15 cm lang, ledrig, kahl, oberseits glänzend dunkelgrün, unterseits heller. Blüten zu 10 – 15 in endständigen Dolden, breitglockig, lila, purpurlila oder auch weiß, olivgrün bis gelbrot gesprenkelt, bis zu 6 cm breit.
B: Dichtlaubiger Strauch von gedrungenem, oft breitkugeligem Wuchs.
SV: Die Stammform kommt im Alleghany-Gebirge im östlichen Nordamerika vor. Sie braucht wie ihre Hybriden sauren, lockeren und gut durchfeuchteten Torf- oder Mullboden in Halbschattenlage.
A: Catawbiense-Hybriden zeichnen sich durch ihre dichte Belaubung, die großen, allerdings oft fad lilafarbenen Blüten und durch ihre Winterfestigkeit aus. Giftverdächtig.

Riesen-Alpenrose *Rhododendron maximum* Heidekrautgewächse *Ericaceae*
1 – 4 m; Juni, Juli
SK: Blätter länglich-eiförmig, nach beiden Enden zugespitzt, 10 – 24 cm lang, ledrig, unterseits dünn behaart. Blüten zu 16 – 24 in endständigen Dolden, glokkig, hellrosa, lila oder weiß, grünlich gesprenkelt, 3 – 4 cm breit.
B: Kräftiger, reichverzweigter Strauch von lockerem Wuchs.
SV: Heimat: Östliches Nordamerika. Braucht durchlässigen, gut durchfeuchteten Torf- oder (Laubwald-)Mullboden in Halbschattenlage. Nur Regenwasser als Gießwasser. Nicht ganz frosthart.
A.: Vor dem Winter stark wässern und dann Strauchscheibe möglichst mit Kuhdung dicht abdecken. Giftverdächtig.

Laubhölzer, Sträucher

Blätter einfach   wechselständig   ganzrandig

Frühlings-Alpenrose *Rhododendron × praecox* Heidekrautgewächse *Ericaceae*
20 – 50 cm; März, April
SK: Nur 1 – 3 hellviolette Blüten an den Zweigenden, die im Durchmesser höchstens 3,5 – 4 cm erreichen. Blätter immergrün, 2 – 4 cm lang und an der breitesten Stelle etwa ⅓ so breit, selten größer, am Rand spärlich wimperig behaart, oberseits frischgrün oder dunkelgrün.
B: Die Frühlings-Alpenrose ist im Verhältnis zu ihrer Größe breit verzweigt.
SV: Kommt wild nicht vor; Bastard. Erträgt verhältnismäßig gut Besonnung und nimmt auch mit mäßig kalkhaltigem Boden vorlieb, der allerdings immer gut lufthaltig, locker und nicht allzu trocken sein sollte.
A: Die Frühlings-Alpenrose eignet sich als Steingartenpflanze überall da, wo Hangdruckwasser für gute Durchfeuchtung sorgt. Giftverdächtig.

Kosters Alpenrose, Hybrid-Azalee, Garten-Azalee
Rhododendron × kosterianum Heidekrautgewächse *Ericaceae*
30 – 180 cm; Mai, Juni
SK: 6 oder mehr Blüten stehen zusammen in einem endständigen, dichten Blütenstand. Sie erscheinen mit den Blättern. Ihre Farbe ist weiß, gelb, orange, lachs, hellrot bis tief scharlachrot. Ihre Breite übertrifft meist 5 cm. Blätter 5 – 15 cm lang, meist am Rand oder auf den Adern der Blattunterseite behaart.
B: Blätter am Rande oft etwas umgerollt.
SV: Kommt wild nicht vor; Bastard. Bevorzugt lockeren, humusreichen, sauren Boden und Halbschatten.
A: Die meisten der „Garten-Azaleen" zählen zu diesem Bastard-Schwarm. Die Stammeltern sind vergleichsweise selten anzutreffen. Giftverdächtig.

Nacktblütige Alpenrose

Nacktblütige Alpenrose, Nacktblütige Azalee *Rhododendron nudiflorum*
Heidekrautgewächse *Ericaceae*
1 – 2 m; April, Mai
SK: 6 – 12 Blüten stehen zusammen in einem endständigen Blütenstand. Sie erscheinen vor oder mit den Blättern. Ihre Farbe ist weiß oder rosa, ihr Durchmesser 3 – 4 cm. Blätter 3 – 8 cm lang, höchstens auf der Mittelrippe kurz und rauh behaart, am Rand gewimpert.
B: Die trichterförmigen Blüten sind duftlos.
SV: Heimat: Nordamerika. Braucht kalkfreien oder zumindest extrem kalkarmen, gut durchfeuchteten (nicht staunassen!), sauren Mullboden und darf auch nur mit kalkfreiem (Regen-)Wasser gegossen werden. Sehr frosthart.
A: Die sommergrünen „Azaleen" zählen zur selben Gattung wie die immergrünen „Alpenrosen". Giftverdächtig.

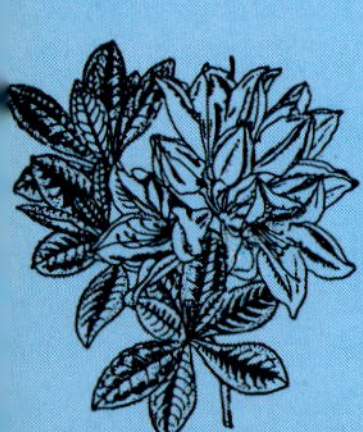

Gelbe Alpenrose

Gelbe Alpenrose, Pontische Azalee *Rhododendron flavum* (*Azalea pontica*)
Heidekrautgewächse *Ericaceae*
1 – 2 m; Mai
SK: Die kurzgestielten Blüten stehen zu 6 – 12 in endständigen Doldentrauben. Sie erscheinen vor den Blättern, sind rein gelb, röhrig trichterig mit weit spreizenden Zipfeln und etwa 5 cm breit. Blätter 6 – 12 cm lang, am Rand gewimpert, auf den Flächen anfangs klebrig-drüsig behaart.
B: Die duftenden Blüten werden von den Staubblättern und dem noch längeren Griffel weit überragt.
SV: Heimat: Kaukasus und kleinasiatische Gebirge, wild auch an einem Standort in den Ostalpen.
A: Unsere Pflanze ist die Hauptstammform der „Genter Hybriden", die sich durch besondere Frosthärte und Blühwilligkeit auszeichnen. Giftig.

Laubhölzer, Sträucher

Blätter einfach wechselständig ganzrandig

Preiselbeere

Preiselbeere, Kronsbeere, Grantl *Vaccinium vitis-idaea*
Heidekrautgewächse *Ericaceae*
10 – 40 cm; Mai – August
SK: Blätter immergrün, eiförmig, 1 – 2,5 cm lang, unterseits hellbraun gepunktet, am Rand umgerollt. Blüten in kleinen Trauben, glockig, weiß bis rosa. Beere kugelig, scharlachrot.
B: Stämmchen aufrecht oder aufsteigend, stielrund, spärlich verzweigt. Äste grünrindig, kurzfilzig.
SV: Kalkfliehende Pflanze saurer, nährstoffarmer Böden. Gerne im Halbschatten. In den Kalkgebieten fehlend, sonst in Kiefernwäldern, Mooren und Heiden. In den Alpen bis weit über 2000 m kletternd.
A: Die reifen Beeren mit ihrem herbsüßen Geschmack ergeben ein beliebtes Kompott, das vor allem zu Wild gerne gereicht wird.

Moosbeere *Vaccinium oxycoccos* (*Oxycoccus quadripetalus*)
Heidekrautgewächse *Ericaceae*
10 – 30 cm; Mai – Juli
SK: Blätter immergrün, eilänglich, unter 1 cm lang, unterseits aschgrau bereift, am Rand umgerollt. Blüten zu 1 – 4 langgestielt, nickend, hellpurpurn, mit 4 zurückgeschlagenen Zipfeln. Beere rot, kugelig.
B: Die dünnen Stämmchen mit den fädlichen Zweigen kriechen am Boden dahin.
SV: Besiedelt nasse, saure Torfböden. Vorzugsweise in Hochmooren über dem Torfmoospolster kriechend. Sehr zerstreut.
A: Die relativ dicken Beeren (Durchmesser um 1 cm) sind sehr herb-sauer und können erst nach den ersten Frösten gegessen werden.

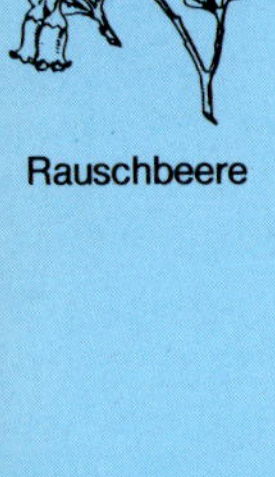

Rauschbeere

Rauschbeere, Trunkelbeere, Moorbeere *Vaccinium uliginosum*
Heidekrautgewächse *Ericaceae*
30 – 100 cm; Mai – Juli
SK: Blätter sommergrün, verkehrteiförmig, 1 – 3 cm lang, oberseits blaugrün, unterseits graugrün. Blüten blattachselständig, einzeln oder zu wenigen, krugförmig, weiß oder rosa angehaucht. Beere schwarz, blau bereift, Saft farblos.
B: Sparriger Kleinstrauch mit rundlichen, anfangs behaarten, aufsteigenden Zweigen. Die Blätter sind unterseits auffällig netzadrig.
SV: Braucht nasse, kalkarme Torfböden. Besiedelt Hochmoore, Latschenhalden und Zwergstrauchgebüsche. In den Alpen verbreitet, in der Tiefebene zerstreut, sonst selten.
A: Die fadsüß schmeckende Beere soll, in Mengen genossen, rauschartige Benommenheit verursachen. Ein Nachweis von Giftstoffen ist allerdings noch nicht gelungen.

Kirschlorbeer, Lorbeer-Kirsche *Prunus laurocerasus* Rosengewächse *Rosaceae*
2 – 3 m; Mai
SK: Blätter immergrün, eilänglich, 5 – 15 cm lang, zuweilen gegen die Spitze zu undeutlich gesägt. Blüten weiß, 5zählig, ausgebreitet, unter 1 cm breit; vielblütige Trauben. Steinfrüchtchen kugelig-eiförmig, knapp 1 cm dick, schwarzpurpurn.
B: Blütentrauben aufrecht; giftig!
SV: Heimat: Südosteuropa, Kleinasien. Stellt an den Boden keine besonderen Ansprüche, ist oft industriefest und winterhart und begnügt sich auch mit Halbschattenlagen.
A: Giftig. Vom Kirschlorbeer gibt es viele geographische Rassen. Als Faustregel gilt, daß die großblättrigen Rassen dekorativer, die kleinblättrigen frosthärter sind.

Eifrucht-Berberitze *Berberis × rubrostilla* Berberitzengewächse *Berberidaceae*
30 – 100 cm; Juni
SK: Meist nur 2 – 5 hellgelbe Blüten in einer Traube. Blätter 1 – 2 cm lang, unterseits immer blaugrün. Rand gelegentlich mit einzelnen Zähnen.
B: Frucht verschieden stark eiförmig, selten eher länglich oder fast rund, immer rot.
SV: Herkunft: unbekannt. Wahrscheinlich Bastard von Arten, die in China wild vorkommen. Ist mit mäßig nährstoffreichem Boden zufrieden und leidlich frosthart.
A: Die Eifrucht-Berberitze wirkt durch ihr verschiedenfarbiges Laub und die leuchtend roten Früchte.

Schmalblättrige Berberitze *Berberis × stenophylla* Berberitzengewächse *Berberidaceae*
50 – 200 cm; Mai
SK: Blüten zu 2 – 6 büschelig, geöffnet rund 1 cm im Durchmesser; tief dottergelb. Blätter immergrün, um 2 cm lang, am Rande stark umgerollt. Blattspitze mit aufgesetztem kleinen Dorn. Dornen an den Stengeln meist dreiteilig.
B: Beeren rundlich, tiefblau, fast schwarz.
SV: Kommt wild nicht vor; Bastard aus Darwins Berberitze und Krähenbeer-Berberitze (beide aus Chile). Bevorzugt sonnige Standorte.
A: Die Schmalblättrige Berberitze kommt am ehesten zur Geltung, wenn man sie über immergrüne Bodendecker pflanzt.

Thunbergs Berberitze

Thunbergs Berberitze *Berberis thunbergii* Berberitzengewächse *Berberidaceae*
50 – 150 cm; Mai
SK: Blüten einzeln oder zu 2 – 4 gebüschelt, knapp 1 cm im Durchmesser, gelb, außen meist rötlich angehaucht. Blätter sommergrün, 1 – 3 cm lang, verkehrteiförmig bis spatelförmig, Rand nur ausnahmsweise mit einigen Zähnchen. Dornen meist einfach.
B: Die Beeren von Thunbergs Berberitze sind langoval, bis 1 cm lang und scharlachrot.
SV: Heimat: Japan. Anspruchslos, doch besserwüchsig auf lockeren, kalkarmen und leicht sauren Böden. Frosthart, industrie- und abgasfest, in hohem Maße auch schnittverträglich.
A: Die Pflanze eignet sich auch als Einzelstaude, doch ist sie vor allem als Schnittheckenpflanze geschätzt. Ihre Sorten gibt es in verschiedenen Höhen und Blattfarben (vor allem auch rotblättrige Rassen).

Buchsblättrige Berberitze *Berberis buxifolia* Berberitzengewächse *Berberidaceae*
30 – 200 cm; Mai
SK: Blüten einzeln oder zu zweit, an über 2 cm langen Stielen hängend, orangegelb. Blätter immergrün, verkehrteiförmig, um 2 cm lang, ganz kurz gestielt, neben der Stachelspitze selten noch 1 – 2 feine Zähnchen. Dornen einfach oder dreiteilig.
B: Die Beeren der Buchsblättrigen Berberitze sind rundlich und schwarzpurpurn.
SV: Heimat: Südchile. Anspruchslos in bezug auf die Bodenqualität. Erträgt direkte Besonnung schlecht (Verbrennungen auf den Blättern) und ist etwas empfindlich gegen Trockenheit, dafür aber relativ winterhart.
A: Die Buchsblättrige Berberitze weist keine großen Besonderheiten auf und ist deshalb in dem großen Angebot nur eine unter vielen Arten.

Blätter einfach wechselständig ganzrandig

Faulbaum *Frangula alnus* (*Rhamnus frangula*) Faulbaumgewächse *Rhamnaceae*
1 – 4 m; Mai, Juni
SK: Blüten grünlichweiß, unscheinbar, mit 5 Zipfeln. Erst rote, später schwarze, beerenähnliche Steinfrucht (nur 1 Samen). Zweige stets ohne Dornen oder Dornspitzen.
B: Blätter eiförmig, 4 – 7 cm lang und etwa halb so breit wie lang.
SV: Braucht staunassen, schweren Lehm- oder Tonboden. Liebt Licht. Besiedelt daher vorzugsweise Waldränder. In Mittel- und Westeuropa zerstreut.
A: Die Rinde des Faulbaums wurde früher als Heilmittel genutzt. Man kann die Pflanze (samt den Früchten) als schwach giftig bezeichnen.

Sanddorn

Sanddorn, Seedorn *Hippophaë rhamnoides* Ölweidengewächse *Eleagnaceae*
1 – 6 m; April, Mai
SK: Blüten unscheinbar, eingeschlechtig, bräunlich. Frucht orangerote, 6 – 8 mm lange, fast rundliche „Beere", die säuerlich schmeckt.
B: Äste scharf dornspitzig, dunkelgrau. Blätter 3 – 7 mm breit und 5 – 8 cm lang, oberseits graugrün und kahl, unterseits silbrigweiß, am Rande eingerollt.
SV: Bevorzugt nährstoffreichen (feuchten) Boden. Kommt in Mitteleuropa, seltener in Westeuropa wild auf Kiesbänken und sandigen Ufern in Flußauen vor, wird aber wesentlich häufiger als Rohbodenbesiedler und Sandfestiger angebaut.
A: Die Beeren sind nicht nur eßbar, sondern wegen ihres hohen Gehalts an Vitamin C (ca. 500 mg/100 g Früchte) ein schätzenswertes Wildobst, das sich insbesondere zur Saftgewinnung eignet. Für Gärten bietet er sich als Glied in Wildwuchshecken an; doch sollte man dann darauf achten, daß neben weiblichen auch zumindest eine männliche Pflanze eingebracht wird, weil sonst der reizvolle Fruchtschmuck nicht ansetzen kann.

Bittersüßer Nachtschatten

Bittersüßer Nachtschatten *Solanum dulcamara* Nachtschattengewächse *Solanaceae*
50 – 300 cm; Juni – August
SK: Blüten violett, radförmig ausgebreitet, 5zipflig, in der Mitte mit großem, gelbem Staubbeutelkegel. Frucht erst grüne, dann glänzend scharlachrote, eiförmige Beere.
B: Blätter langgestielt, eiförmig, am Grund herzförmig oder spießförmig geöhrt, kahl, wie die Rinde von unangenehmem Geruch.
SV: Bevorzugt nährstoffreiche, zumindest feuchte Böden der verschiedensten Art. Zeiger für Stickstoff. So vor allem in Weidegebieten, an Uferstellen, im Bachgehölz, Erlenbruch und Auwald, an der Küste auch in den Dünentälchen an Badestränden. In Europa häufig.
A: Der Bittersüße Nachtschatten ist eine Giftpflanze. Sie wurde früher vor allem in der Homöopathie als Heildroge verwendet.

Gemeiner Bocksdorn, Teufelszwirn *Lycium barbarum* (*L. halimifolium*) Nachtschattengewächse *Solanaceae*
1 – 3 m; Juni – September
SK: Blüten purpurlila, kurztrichterig, tief 5zipflig. Beerenfrucht länglich, selten gelb, in der Regel rot. Die dünnen, übergebogen herabhängenden Zweige sind meistens bedornt.
B: Blätter lanzettlich. Die wohlriechenden Blüten stehen zu 1 – 5 in den Blattachseln.
SV: Heimat: Mittelmeerraum. Liebt warme, nährstoffreiche und lockere Böden. Bei uns schon im letzten Jahrhundert als Zierstrauch gepflanzt und mancherorts bleibend verwildert. In höheren Lagen allerdings fehlend.
A: Der Gemeine Bocksdorn ist giftig. Er wird dennoch gerne zu Hecken und vor allem zur Befestigung von Dämmen und Abhängen gepflanzt.

Laubhölzer, Sträucher

Blätter einfach   wechselständig   ganzrandig

Alpen-Seidelbast *Daphne alpina* Seidelbastgewächse *Thymelaeaceae*
10 – 50 cm; Mai, Juni
SK: Blüten weiß, zu 6 –10 in scheinbar seitenständigem, in Wirklichkeit endständigem Köpfchen, das von einem belaubten Seitensproß überragt wird. Blätter sommergrün, weich, beiderseits anliegend behaart.
B: Blüten duften. Frucht rot.
SV: Braucht kalkreichen, lockeren und steinigen Boden in warmer Klimalage. Kommt wild fast ausschließlich in den südlichen Kalkalpen vor. Überall selten.
A: Giftig. Enthält möglicherweise dieselben Inhaltsstoffe wie der Gemeine Seidelbast.

Gestreifter Seidelbast

Gestreifter Seidelbast *Daphne striata* Seidelbastgewächse *Thymelaeaceae*
10 – 30 cm; Juni, Juli
SK: Blüten hellrosa, fein längsstreifig, zu 8 – 12 in endständigen Köpfchen. Blätter immergrün, ledrig, kahl, an den Zweigenden rosettig gehäuft.
B: Blüten stark duftend. Beeren gelb, zuletzt braun.
SV: Im gesamten Alpengebiet besonders in der Krummholzregion vorkommend, doch ziemlich selten.
A: Die Pflanze ist giftig. Sie steht unter vollkommenem Naturschutz. Ausgegrabene Pflanzen gehen im Tiefland regelmäßig zugrunde.

Wohlriechender Seidelbast

Wohlriechender Seidelbast, Steinrösl, Heideröschen, Reckhölderle
Daphne cneorum Seidelbastgewächse *Thymelaeaceae*
10 – 40 cm; April, Mai
SK: Blüten dunkelrosa, zu 6 – 10 in endständigen Köpfchen. Blätter immergrün, ledrig, kahl, am Stengel mehr oder weniger gleichmäßig verteilt.
B: Blüten stark duftend. Beeren zuletzt braun.
SV: Bevorzugt nährstoffarme, doch kalkhaltige, humose aber neutrale bis schwach saure, eher trockene Stein- oder Kiesböden in sommerwarmen Lagen. Gedeiht in voller Sonne und im Halbschatten. Besiedelt trockene Wälder, Trokkenrasen und Felshänge. Tritt gern als Kiefernbegleiter auf. In den Alpen unter 1500 m zerstreut, im weiteren Vorland selten (früher bis Frankfurt/M., dort heute verschollen).
A: Die Pflanze ist giftig. Sie steht unter vollkommenem Naturschutz. Mit Ausnahme ihrer Felsenstandorte wurde sie vielerorts schon ausgerottet.

Burkwoods Seidelbast *Daphne × burkwoodii* Seidelbastgewächse *Thymelaeaceae*
50 – 100 cm; Mai
SK: Blüten im Aufbruch rosa, erblüht weiß, in vielblütigen, endständigen Köpfchen an Kurztrieben, die am Ende der Langtriebe seitenständig in Menge abzweigen. Blätter sommergrün, in milden Lagen auch wintergrün, an den Kurztrieben gehäuft.
B: Beeren rot, selten ansetzend. Blüten stark duftend.
SV: Kommt wild nicht vor. Ist der Bastard aus dem einheimischen Gemeinen Seidelbast und dem Kaukasischen Seidelbast. Braucht feuchte, lockere und humusreiche, leicht saure Mull- oder Moorerde und einen halbschattigen Platz.
A: Burkwoods Seidelbast ist in Kultur nicht einfach zu halten. Meist sterben trotz aller Pflege nach wenigen Jahren viele Hauptäste ab, und der Rest gedeiht nur noch schlecht und zeigt nie mehr die überreiche Blütenpracht der ersten Jahre. Giftig.

Laubhölzer, Sträucher

Blätter einfach   wechselständig   ganzrandig

Lorbeer-Seidelbast *Daphne laureola* Seidelbastgewächse *Thymelaeaceae*
50 – 130 cm; März – Mai
SK: Blüten grünlichgelb, in meist 5blütigen, blattachselständigen, zuletzt überhängenden Trauben. Blätter immergrün, ledrig derb.
B: Frucht eine schwarze Beere.
SV: Kalkliebend, braucht nährstoffreiche, nicht zu trockene Böden in wintermildem, feuchtem Klima. Besiedelt sonnige Laubholzgebüsche und lichte Laubwälder. In Westeuropa häufig, gegen Osten selten werdend. Selten in Gärten angepflanzt. Frostempfindlich.
A: Der Lorbeer-Seidelbast ist giftig. Er steht unter vollkommenem Naturschutz. Der Handel bietet Zuchtsorten an.

Gemeiner Seidelbast

Gemeiner Seidelbast, Kellerhals *Daphne mezereum* Seidelbastgewächse *Thymelaeaceae*
50 – 150 cm; Februar – April
SK: Blüten rot, violettrosa oder selten weiß, zu 2 – 3 seitenständig gebüschelt, am Haupttrieb eine endständige, unterbrochene Ähre bildend, vor den Blättern erscheinend. Diese lanzettlich, an den Zweigenden gehäuft.
B: Frucht eine erbensgroße, saftige, erst grüne, reif rotglänzende Beere. Wie andere Pflanzenteile giftig! Blätter kahl, 3 – 8 cm lang. Blüten stark duftend.
SV: Besiedelt zerstreut die Laub- und Laubmischwälder Europas und Asiens in gemäßigter Klimalage.
A: Giftig. Die Pflanze steht unter vollkommenem Naturschutz.

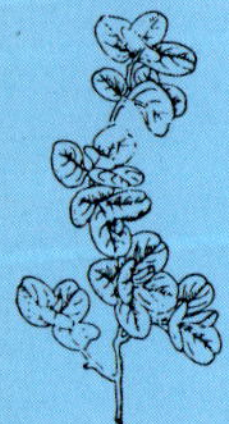

Teppich-Weide

Teppich-Weide, Stumpfblättrige Gletscherweide, Stutz-Weide *Salix retusa* Weidengewächse *Salicaceae*
5 – 30 cm; Juli, August
SK: Blüten in aufrechten, endständigen Kätzchen. Niederliegender Spalierstrauch mit kurzgestielten, beidseits grünen, verkehrteiförmigen, 0,5 – 1,5 cm langen Blättern.
B: Äste knorrig, weitkriechend, oft wurzelnd.
SV: Nur in den Alpen. Hauptverbreitung zwischen 1500 und 2500 m ü. d. M. auf kalkreichen Felsschuttböden und steinigen Weiden.
A: Die Teppich-Weide spielt bei der Festlegung von Felsschutthängen eine wichtige Rolle. Sie bindet die Steinbrocken, entzieht sie dem Zugriff der mechanischen Erosionskräfte und sammelt mit ihrem knorrigen Astwerk Erde, Schlamm und verwesende Pflanzenteile zu neuem Mutterboden für anspruchsvollere Gewächse.

Netz-Weide, Netzadrige Gletscherweide *Salix reticulata* Weidengewächse *Salicaceae*
5 – 30 cm; Juli, August
SK: Blüten in aufrechten, endständigen Kätzchen. Niederliegender Spalierstrauch mit langgestielten, unterseits weißlichen, stark netzadrigen, rundlich-elliptischen, 2 – 4 cm langen Blättern.
B: Äste weitkriechend, oft wurzelnd. Blattrand umgerollt.
SV: Besiedelt (außer dem Hohen Norden) nur die Alpen. Hauptverbreitung zwischen 1700 und 2200 m ü. d. M. Zerstreut.
A: Im Gegensatz zu anderen alpinen Weiden ist diese Art auch für die Kultur im Tiefland geeignet (wo sie allerdings entsprechend früher blüht: Mai). Verschiedene Handelsgärtnereien führen sie in ihrem Sortiment. Sie braucht zwar einige Pflege, doch gibt sie jedem Steingarten eine besondere Note. Man achte auf einen (feucht-)schattigen Standort.

Laubhölzer, Sträucher

Blätter einfach wechselständig ganzrandig

Sal-Weide, Palm-Weide *Salix caprea* Weidengewächse *Salicaceae*
2 – 10 m; März, April
SK: Hochwüchsiger Strauch. Kätzchen der männlichen Pflanzen 20 – 30 mm lang und um 20 mm im Durchmesser. Kätzchen der weiblichen Pflanzen 50 – 100 mm lang und um 20 mm im Durchmesser. Kätzchen erscheinen vor den Blättern und sind im frühen Entwicklungsstadium dicht silbrig-pelzig. Junge Zweige behaart, alte stets kahl.
B: Blätter eiförmig oder fast rund, 3 – 10 cm im Durchmesser, gelegentlich am Rand wenig und dann unregelmäßig gesägt.
SV: Braucht nährstoffreichen, lockeren Lehmboden, der feucht sein sollte. Stellt sonst keine Bodenansprüche. Besiedelt vor allem Kahlschläge, Waldränder, aufgelassene Steinbrüche und Kiesgruben. In Mittel- und Westeuropa zerstreut.
A: Die Sal-Weide ist der Lieferant von „Palmkätzchen".

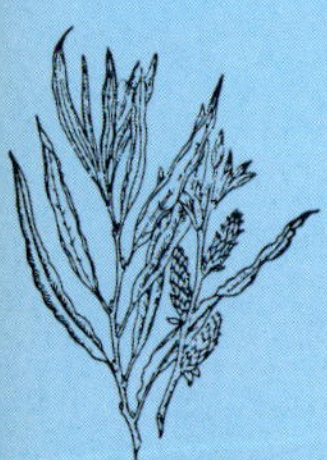

Korb-Weide

Korb-Weide *Salix viminalis* Weidengewächse *Salicaceae*
2 – 4 m; März, April
SK: Strauch mit langen, schlanken Zweigen. Kätzchen beiderlei Geschlechts länglich, walzlich, 2 bis höchstens 4 cm lang, rund 1 cm breit, meist mit den Blättern erscheinend. Zweige gegen die Spitze zu grauflaumig.
B: Blätter am Rand umgebogen, unterseits dicht weißhaarig.
SV: Besiedelt vor allem Flußauen, Ufer und Bachgehölze. Wild in fast ganz Europa. Wird viel angepflanzt.
A: Die zähen, biegsamen Zweige sind für die Korbflechterei sehr gut geeignet.

Kriech-Weide *Salix repens* Weidengewächse *Salicaceae*
20 – 100 cm; April, Mai
SK: Braune bis gelbliche Zweige, aus unterirdischem Erdstamm entspringend, jung seidig behaart. Knospen seidig behaart. Kätzchen eiförmig – kurzwalzlich, männliche und weibliche auf getrennten Pflanzen.
B: Blätter wechselständig, oval bis lineallanzettlich, bis 6,5 cm lang und bis über 2 cm breit, ganzrandig oder fein gezähnt, am Rand flach oder umgerollt, unterseits seidenhaarig.
SV: Braucht nasse, zumindest feuchte, nährstoffarme, doch kalkhaltige, nicht zu saure Moor- oder Lehmböden.
A: Unter dem Namen Kriech-Weide werden zuweilen hochalpine, spalierartig dem Boden angeschmiegt kriechende Weidenarten für Steingartenanlagen in Gärtnerkatalogen angeboten. Sie sind nicht mit unserer Pflanze identisch, die sich kaum für Gartenzwecke eignet.

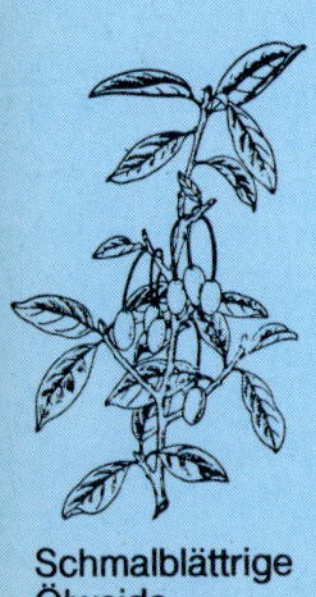

Schmalblättrige Ölweide

Schmalblättrige Ölweide *Eleagnus angustifolia* Ölweidengewächse *Oleaceae*
4 – 7 m; Juni
SK: Zweige dornig (mehrere Zweige, besonders „Kurztriebe" betrachten), mit silbrigem, abwischbarem Überzug. Blüten unscheinbar. Blätter 5 – 7 cm lang und 1 – 2 cm breit, meist oben und unten mit weißlichem Belag.
B: Wuchsform locker, oft etwas „zerzaust". Früchte bei uns selten, gelb.
SV: Heimat: Östliches Mittelmeergebiet und Kleinasien. Bevorzugt trockenen, eher lockeren Boden.
A: Die Schmalblättrige Ölweide ist überall, wo strenge Fröste nicht zu befürchten sind, ein erwünschtes Zier- und Schutzgehölz für den größeren Garten (Wildwuchshecke), Böschungsbefestigung und -begrünung und Rutschhemmer auf Sand (Dünen). Sie gilt nicht nur als wenig empfindlich gegenüber Luftverunreinigung, sondern erträgt auch recht hohe Konzentrationen von Salzen aller Art im Boden. Insbesondere ist sie gegen Streusalz widerstandsfähig.

Englischer Ginster *Genista anglica* Schmetterlingsblütengewächse
Fabaceae (*Leguminosae*)
30 – 80 cm; Mai, Juni
SK: Goldgelbe Schmetterlingsblüten in dichten Trauben. Pflanze vollkommen kahl, zumindest im unteren Teil mit Dornen.
B: Stengel ästig, niederliegend, aufsteigend oder aufrecht. Blätter um 5 mm lang, sehr bald abfallend.
SV: Kalkmeidende Pflanze. Braucht atlantische (regenreiche, wintermilde) Klimalage. Besiedelt Weiden, Heiden, Wegränder und lichte Kiefernwälder. In Westeuropa und im Küstengebiet Mitteleuropas zerstreut, im äußersten SW-Deutschland sich allmählich einbürgernd, sonst nur vorübergehend auftretend.
A: Der Englische Ginster ist oft ein sehr lästiges Weideunkraut, das mit seinen Dornen auch dem Vieh gefährlich werden kann.

Deutscher Ginster

Deutscher Ginster *Genista germanica* Schmetterlingsblütengewächse
Fabaceae (*Leguminosae*)
20 – 60 cm; Mai, Juni
SK: Tiefgelbe Schmetterlingsblüten in dichten Trauben. Junge Zweige, Blütenkelche und Hülsen abstehend behaart. Ältere Zweigstücke mit Dornen.
B: Stengel aufsteigend oder aufrecht, vor allem in der oberen Hälfte verästelt.
SV: Kalkmeidende Pflanze nährstoffarmer Böden. Bevorzugt mehr die kontinentale Klimalage. Besiedelt trockene Wälder, Heidegebüsche, Magerrasen und sandige Wiesen. In den kalkarmen Gebieten des gemäßigten Europas zerstreut, in Küstennähe selten, im Alpengebiet fehlend.
A: Der Deutsche Ginster ist eine gute Bienenweide. Die Samen enthalten Alkaloide und sind giftig.

Behaarter Ginster *Genista pilosa* Schmetterlingsblütengewächse
Fabaceae (*Leguminosae*)
10 – 30 cm; April – Juni
SK: Goldgelbe Schmetterlingsblüten in sehr lockeren, oft unterbrochenen Trauben (zu 1 – 3 blattachselständig), Kronblätter (wie die Hülsen) behaart. Pflanze dornenlos.
B: Stengel niederliegend bis aufsteigend. Blätter unterseits seidenhaarig.
SV: Auf sehr unterschiedlichen, meist aber kalk- und nährstoffarmen Böden. Bevorzugt mehr die atlantische, feuchte und wintermilde Klimalage. Im gemäßigten Europa mit westlicher Ausbreitungstendenz zerstreut (in Kalkgebieten sehr selten).
A: Eignet sich für magere, sandige Gärten als relativ dürrefeste, bodendekkende Zierpflanze, ist aber nicht frosthart und muß deshalb winters geschützt werden. Samen möglicherweise giftig.

Färber-Ginster

Färber-Ginster *Genista tinctoria* Schmetterlingsblütengewächse
Fabaceae (*Leguminosae*)
30 – 60 cm; Juni – August
SK: Goldgelbe Schmetterlingsblüten in dichten, endständigen Trauben, wie die Hülsen kahl. Pflanze dornenlos.
B: Stengel, niederliegend, aufsteigend oder aufrecht, oft besenartig verzweigt.
SV: Indifferent gegen Kalk. Zerstreut im ganzen gemäßigten Europa (mit westlicher und südlicher Ausbreitungstendenz) auf trockenen Wiesen, Rainen, Heiden und in lichten Wäldern. Oft im Massenwuchs auftretend.
A: Der Färber-Ginster enthält giftige Alkaloide. Er wurde früher zu Heilzwecken und zum (Gelb-)Färben von Wolle und Leinen benutzt. Heute gilt er nur noch als Weideunkraut. Zierformen für den Garten nehmen auch mit sehr magerem Boden vorlieb und verbessern ihn mit der Zeit durch Anreicherung von Stickstoff (Knöllchenbakterien).

Laubhölzer, Sträucher

Blätter einfach   wechselständig   ganzrandig

Besenginster

Besenginster, Brahmbusch *Cytisus scoparius* (*Sarothamnus scoparius*)
Schmetterlingsblütengewächse *Fabaceae* (*Leguminosae*)
60 – 200 cm; Mai, Juni
SK: Große gelbe Schmetterlingsblüten einzeln oder zu zweit in den Blattachseln; zusammengesetzte, durchblätterte Trauben bildend.
B: Zweige rutenförmig, 5kantig, beim Trocknen schwarz werdend. Blätter wie beim Klee dreiteilig, sehr früh abfallend; an den Langtrieben bis in den Winter hinein ausdauernde, ungeteilte Blätter.
SV: Nicht frosthart. In den Kalkgebieten selten, sonst häufig; gegen Osten seltener werdend. Oft angepflanzt.
A: Zumindest giftverdächtig. Da die Pflanze Sandboden festigt und durch Stickstoffanreicherung auch verbessert, wird sie in geeigneten Gebieten auch forstmäßig ausgesät.

Rosenginster, Purpur-Geißklee *Cytisus purpureus*
Schmetterlingsblütengewächse *Fabaceae* (*Leguminosae*)
30 – 60 cm; April – Juni
SK: Große, über 2 cm lange, rote Schmetterlingsblüten zu 1 – 3 an blattachselständigen Kurztrieben. Pflanze dornenlos und kaum behaart.
B: Blättchen in der Regel dreigeteilt, kahl, im Blütenstand zuweilen nur einfach. Blüten purpurrot, seltener karminrot oder weiß.
SV: Mittelmeerpflanze, die in den Südalpen die Nordgrenze ihres natürlichen Verbreitungsgebietes erreicht hat. Bei uns vor allem in Gärten, aber mancherorts verwildert und seit Jahrzehnten beständig.
A: Der Rosenginster ist sehr winterhart (härter als der Besenginster), braucht aber einen sonnigen, sommerwarmen Platz.

Elfenbeinginster *Cytisus × praecox* Schmetterlingsblütengewächse
Fabaceae (*Leguminosae*)
150 – 250 cm; April, Mai
SK: Mittelgroße, etwa 1 cm lange, hellgelbe Schmetterlingsblüten einzeln oder zu zweit in den Blattachseln; zusammengesetzte, durchblätterte Trauben bildend. Blüten von unangenehmem Geruch.
B: Zweige rutenförmig, dünn, graugrün, schwach kantig. Blätter fast stets nur einfach, 1 – 2 cm lang, behaart, bald abfallend.
SV: Kommt wild nicht vor. Ist der Bastard zwischen zwei Mittelmeerarten. Er zeichnet sich durch besondere Frosthärte und Genügsamkeit aus (sehr industriefest). Bodenverbesserer durch Stickstoffanreicherung.
A: Der Strauch mit den bogig überhängenden Zweigen ist sehr dankbar und blühfreudig, doch sagt der Geruch und die etwas fade Blütenfarbe nicht jedermann zu.

Zwergbuchs

Zwergbuchs, Buchsblättrige Kreuzblume *Polygala chamaebuxus*
Kreuzblumengewächse *Polygalaceae*
5 – 30 cm; Mai – Juni
SK: Gelblichweiß-rötlichbraune, schmetterlingsblütenähnliche Blumen zu 1 – 3 achsel- und endständig. Blätter lederig, immergrün.
B: Hauptteile der Blüte: ein 4lappiges, vorderes Blütenblatt und von den insgesamt 5 Kelchblättern 2 große, seitlich stehende und blütenblattartig gefärbte.
SV: Zerstreut in den Alpen bis über 2000 m, im weiteren Vorland (nördlich bis zum Fichtelgebirge, dem Vogtland und der oberen Saale) selten. In Südeuropa häufiger.
A: In den höheren Alpenlagen blüht der niedergestreckte, vorn bogig aufstrebende Halbstrauch oft aus dem Schnee heraus.

Laubhölzer, Sträucher

Blätter einfach wechselständig gesägt gezähnt
gekerbt

Eifrucht-Berberitze *Berberis × rubrostilla* Berberitzengewächse
Berberidaceae
30 – 100 cm; Juni
SK: Meist nur 2 – 5 hellgelbe Blüten in einer Traube. Blätter 1 – 2 cm lang, unterseits immer blaugrün. Rand gelegentlich mit einzelnen Zähnen.
B: Frucht verschieden stark eiförmig, selten eher länglich oder fast rund, immer rot.
SV: Herkunft: unbekannt. Ist mit mäßig nährstoffreichem Boden, jedoch warmem Standort zufrieden und auch leidlich frosthart.
A: Die Eifrucht-Berberitze wirkt durch ihr verschiedenfarbiges Laub und die leuchtend roten Früchte. Die einzelnen Sorten und innerhalb dieser die Individuen zeigen indes recht verschiedenartiges Aussehen. Offensichtlich hängt dies mit dem Bastard-Ursprung zusammen. Nicht selten sieht man besonders schön rot gefärbtes Herbstlaub.

Julianes Berberitze *Berberis julianae* Berberitzengewächse
Berberidaceae
1,5 – 2,5 m; Mai, Juni
SK: Blüten zu 8 – 15 in Büscheln, unter 1 cm im Durchmesser, gelb. Blätter immergrün, länglich, elliptisch, fast spatelförmig, 6 – 8 cm lang, bis 2 cm breit, abstehend gesägt. Dornen am Stengel dreiteilig, bis zu 3 cm lang.
B: Beeren länglich, schwarz, blaubereift.
SV: Heimat: Mittel-China. Sehr frosthart, dagegen etwas empfindlich gegen Schnitt. Für Halbschatten gut geeignet.
A: Julianes Berberitze entwickelt sich bei freiem Stand zu einem sehr dekorativen Strauch von hohem Schmuckwert.

Thunbergs Berberitze *Berberis thunbergii* Berberitzengewächse
Berberidaceae
50 – 150 cm; Mai
SK: Blüten einzeln oder zu 2 – 4 gebüschelt, knapp 1 cm im Durchmesser, gelb, außen meist rötlich angehaucht. Blätter sommergrün, 1 – 3 cm lang, verkehrteiförmig bis spatelförmig, Rand nur ausnahmsweise mit einigen Zähnchen. Dornen meist einfach.
B: Die Beeren sind langoval, bis 1 cm lang und scharlachrot.
SV: Heimat: Japan. Anspruchslos, doch besserwüchsig auf lockeren, kalkarmen und leicht sauren Böden. Frosthart, industrie- und abgasfest, in hohem Maße auch schnittverträglich.
A: Leichte Zähnung der Blätter deutet auf Bastardierung (z. B. Julianes B.) hin (siehe oben).

Gemeine Berberitze, Sauerdorn *Berberis vulgaris* Berberitzengewächse
Berberidaceae
1 – 3 m; Mai
SK: Blüten zu 6 – 12 in ca. 5 cm langen Trauben, um 1 cm im Durchmesser, gelb. Blätter sommergrün, länglich-elliptisch, 2 – 4 cm lang, wimprig gesägt. Dornen am Stengel 3teilig, bis 2 cm lang.
B: Beere länglich, rot, im Geschmack säuerlich. Blätter frischgrün, unterseits etwas heller, mit schwach vortretendem Adernetz.
SV: Bevorzugt nährstoff- und meist kalkreiche, trockene bis mäßig feuchte, lockere Lehmböden in sonniger, höchstens halbschattiger Lage. Zerstreut in den Kalkgebieten des gemäßigten Europas, nach Nordwesten zu seltener werdend. Besiedelt Gebüsche, Waldsäume und lichte Laub- oder Kiefernwälder.
A: Der Sauerdorn ist der Zwischenwirt des Getreiderostpilzes und wurde daher in der Nähe von Getreidefeldern vielfach ausgerottet. Man sollte ihn – wie übrigens alle sommergrünen Berberitzen – deshalb auch nicht in ackernahen Gärten anpflanzen.

Gemeine Berberitze

Blätter einfach wechselständig gesägt gezähnt gekerbt

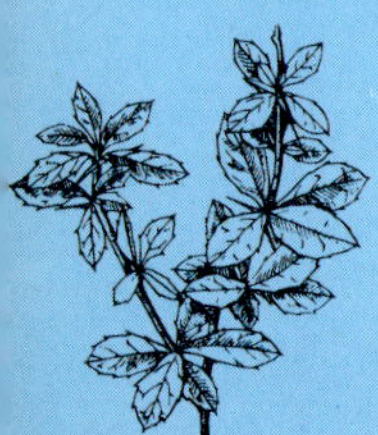

Warzen-Berberitze

Gagnepains Berberitze *Berberis gagnepainii* Berberitzengewächse *Berberidaceae*
1 – 2 m; Mai, Juni
SK: Blüten zu 3 – 10 in Büscheln, um 1 cm im Durchmesser, tiefgelb. Blätter immergrün, schmallanzettlich, 3 – 10 cm lang und bis 2 cm breit, dicht stachelig gezähnt, oberseits stumpf grün, unterseits eher glänzend. Dornen am Stengel dreiteilig, bis 2 cm lang.
B: Beeren eiförmig, schwarz, bläulich bereift.
SV: Heimat: West-China. Bevorzugt nährstoffreiche, lockere Böden und gedeiht im Halbschatten besser als im vollen Licht. Nicht absolut frosthart.
A: Bei uns wird vor allem die schmalblättrige Varietät „Lanceifolia“ gepflanzt, die sehr locker und zierlich wächst und sich am besten für Einzelstellung und kleinere Gruppen eignet.

Warzen-Berberitze *Berberis verruculosa* Berberitzengewächse *Berberidaceae*
50 – 150 cm; Mai
SK: Blüten zu 1 – 2 blattachselständig, unter 1 cm im Durchmesser, hellgelb. Blätter immergrün, 2 – 3 cm lang, wellig, oberseits glänzend dunkelgrün, unterseits hell bläulich bereift. Dornen dreiteilig, 1 – 2 cm lang. Junge Zweige mit dunklen Warzen übersät.
B: Die Blätter sind im Umriß elliptisch und mit nur wenigen Zähnchen versehen. Beeren länglich, schwarz, bläulich bereift.
SV: Heimat: West-China. Bevorzugt nährstoffreiche Böden mit geringer Feuchtigkeit in Licht- oder Halbschattenlage. Sehr robust und winterfest.
A: Der gedrungen wachsende Strauch verträgt Schnitt außerordentlich gut und eignet sich deshalb besonders für Schnitthecken.

Gagnepains Schnee-Berberitze *Berberis × hybrido-gagnepainii* Berberitzengewächse *Berberidaceae*
80 – 150 cm; Mai, Juni
SK: Blüten einzeln, schwefelgelb, um 7 mm im Durchmesser. Blätter 3 – 4 cm lang und um 1 cm breit, an der Seite mit 3 – 6 dornigen Zähnen und auf der Unterseite mit blauweißem Reif, nie stumpf grün und unbereift. Dornen am Stengel dreiteilig und meist deutlich länger als 1 cm.
B: Der Umriß der Blätter ist eher breit lanzettlich als eiförmig.
SV: Kommt wild nicht vor; Bastard aus der Schnee-Berberitze und Gagnepains Berberitze, die im westlichen China beheimatet sind. Liebt nährstoffreichen Boden, erträgt Trockenheit und braucht nicht unbedingt volle Sonne, damit sie gut gedeiht. Leidet in Mitteleuropa unter stärkerem Frost.
A: Gagnepains Schnee-Berberitze erträgt als Heckenpflanze den Schnitt weniger gut als die gleichfalls immergrüne Warzen-Berberitze, gedeiht aber an wesentlich schattigeren Standorten noch ordentlich.

Schnee-Berberitze *Berberis candidula* Berberitzengewächse *Berberidaceae*
50 – 80 cm; Mai
SK: Blüten einzeln, blattachselständig, unter 1 cm im Durchmesser, hellgelb. Blätter immergrün, 2 – 3 cm lang, flach, oberseits glänzend dunkelgrün, unterseits schneeweiß bereift. Dornen 3teilig, 2 cm lang, Junge Zweige spärlich mit Warzen besetzt.
B: Die Blätter sind im Umriß elliptisch und oft nur gegen die Spitze zu grannig gezähnt. Die länglichen, schwarzen Beeren sind bläulich bereift.
SV: Heimat: West-China. Bevorzugt nährstoffreiche Böden mit geringer Feuchtigkeit. Relativ winterhart.
A: Der zierliche Strauch hat einen sehr regelmäßigen, fast kugeligen Wuchs und eignet sich besonders als Solitär-Zwergstrauch.

Laubhölzer, Sträucher

Blätter einfach · wechselständig · gesägt · gezähnt · gekerbt

Scheinparrotie *Parrotiopsis jacquemontiana* Zaubernußgewächse *Hamamelidaceae*
2 – 3 m; Mai
SK: Blüten ohne Blütenblätter, unscheinbar, weißlichgelb, mit je etwa 15 Staubblättern, in dichten, länglichen Köpfchen, von 4 – 6 großen, rundlichen, innen weißen, außen braunschuppigen Hochblättern umgeben.
B: Blätter rundlich, 5 – 8 cm im Durchmesser, rauhhaarig, am Rand kurz und scharf gezähnt, an der Basis oft unsymmetrisch.
SV: Heimat: Himalaya. Braucht nährstoffreiche Böden in voller Sonne. Relativ frosthart. Dankbar für gelegentliches Gießen.
A: Die Scheinparrotie ist nicht schwer zu halten. Sie braucht nur einen freien Stand, um sich entfalten zu können.

Willmott's Scheinhasel *Corylopsis willmottiae* Zaubernußgewächse *Hamamelidaceae*
50 – 200 cm; Juni
SK: 15 – 25 gelbe Blüten hängen in einer 5 – 8 cm langen, dichten Traube. Blüten um 5 mm im Durchmesser. 5 Blütenblätter.
B: „Stiel" der Traube behaart. Form der Blätter erinnert an die Gestalt von Haselnußblättern.
SV: Heimat: China. Braucht lockeren, nährstoffreichen Boden und ist vor allem gegen Spätfrost empfindlich.
A: Willmott's Scheinhasel gilt als schönste Art der Gattung. Leider schränkt das Klima Mitteleuropas ihre gärtnerische Verwendungsmöglichkeit ein.

Japanische Zaubernuß *Hamamelis japonica* Zaubernußgewächse *Hamamelidaceae*
50 – 150 cm; November – Februar
SK: Blüten fast stengelständig kurzgestielt, selten einzeln, meist zu mehreren, gelb. 4 bandförmige Blütenblätter, die um 2 cm lang werden und zwischen denen man deutlich die 4 braunen, mit den Zipfeln zurückgeschlagenen Kelchblätter erkennt.
B: Blätter 5 – 8 cm lang, fast rundlich oder doch breitelliptisch, unten meist etwas heller grün.
SV: Heimat: Japan; dort bis zu 3 m hoch. Stellt an Boden und Klima keine besonderen Ansprüche. Selbst die Blüten erfrieren bei mäßigen Frösten (bis etwa – 5° C) noch nicht.
A: Die Japanische Zaubernuß wird ihrer Kelchblattwirkung wegen derzeit wohl von allen Arten der Gattung am häufigsten in Mitteleuropa angepflanzt und selbst in kleine Ziergärten eingebracht.

Japanische Pachysandra *Pachysandra terminalis* Buchsbaumgewächse *Buxaceae*
10 – 30 cm; April, Mai
SK: Blüten unscheinbar, weiß, in dichten, endständigen, 3 – 5 cm langen Ähren. Blattstiel 1 – 2 cm lang, selten länger. Blätter 3 – 8 cm lang und in der Spitzenregion, die verbreitert ist, jederseits mit 1 – 3 groben Zähnen.
B: Die oberirdisch fast krautige Pflanze bildet lange unterirdische Ausläufer.
SV: Heimat: Japan. Braucht sehr lockeren, humosen und eher nährstoffreichen Boden. Liebt Schatten.
A: Die Japanische Pachysandra ist absolut winterhart. Im Herbst erscheint sie geradezu als „Laubfresser". Selbst stärkste Blattauflagen, die höherwüchsige Gehölze produzieren, verschwinden nach wenigen Wind- und Regentagen.

Japanische Pachysandra

Laubhölzer, Sträucher

Blätter einfach   wechselständig   gesägt   gezähnt
gekerbt

Zwerg-Kreuzdorn *Rhamnus pumilus* Kreuzdorngewächse *Rhamnaceae*
5 – 20 cm; Juni, Juli
SK: Kriechender, knorrig verzweigter Strauch. Blätter länglich, verkehrteiförmig, 3 – 6 cm lang. Blüten klein, weißlichgrün, strahlig ausgebreitet, 4-, sehr selten 5zählig.
B: Zweige brüchig, dornenlos.
SV: Nur im Bereich der Alpen. Zerstreut an sonnigen Wänden und auf Felsblöcken. Besiedelt vor allem Felsritzen und Spalten mit geringem Bodenanteil. Gern in praller Sonne. Fast ausschließlich auf Kalk.
A: Der Zwerg-Kreuzdorn hat sich den extremen Bedingungen der nackten Felswände hervorragend angepaßt und siedelt an Standorten, wo kaum eine andere Blütenpflanze ihm noch zu folgen vermag. Andererseits ist er bei besseren Bedingungen, z. B. im Tieflandsteingarten, den Konkurrenten so unterlegen, daß er nicht fortkommt. Giftverdächtig.

Alpen-Bärentraube

Alpen-Bärentraube *Arctostaphylos alpinus* (*Arctous alpinus*)
Heidekrautgewächse *Ericaceae*
15 – 30 cm; Mai, Juni
SK: Hingestreckter, ausgebreiteter, dicht deckender Strauch mit aufsteigenden Zweigenden. Laubblätter 3 – 4 cm lang, länglich, verkehrteiförmig. Blüten krugförmig, glockig, grünlichweiß, oft rosa überhaucht.
B: Blätter beidseits netzadrig, im Herbst leuchtend rot.
SV: Bei uns nur in den Alpen (sonst noch im arktischen Bereich) auf kalkarmen Felsböden. Besiedelt vor allem im Krummholzgebiet niedere Strauchheiden. Gerne im vollen Licht.
A: Als Teppichstrauch sorgt die Alpen-Bärentraube für die Anreicherung und Verbesserung des Bodens. Die für Menschen ungenießbaren Früchte werden von Vögeln gefressen, die so zur Verbreitung beitragen.

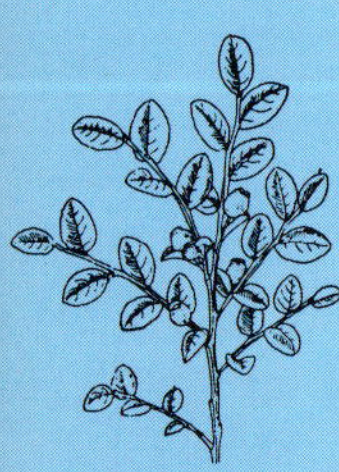
Heidelbeere

Heidelbeere *Vaccinium myrtillus* Heidekrautgewächse *Ericaceae*
15 – 50 cm; April – Juni
SK: Stark büschelig verzweigtes Sträuchlein mit aufrechten oder aufstrebenden, grünen, kantigen Zweigen. Blätter rundlich-eiförmig, um 1 bis knapp 3 cm lang. Blüten kugelig-krugförmig, grün, rötlich überlaufen.
B: Beeren schwarzblau, einzeln in den Blattachseln, saftig, stark rotfärbend.
SV: Vor allem in den Silikatgebieten Europas häufig und sehr gesellig auftretend. Braucht aber zum Gedeihen reichlich (Schmelzschnee oder) Frühlingsniederschläge und ist gegen Spätfröste nicht sehr widerstandsfähig.
A: Die Beere wird gerne zu Kompott und Marmelade gesammelt, auch wird eine Art Wein aus ihr gewonnen.

Felsen-Kreuzdorn *Rhamnus saxatilis* Kreuzdorngewächse *Rhamnaceae*
50 – 100 cm; April, Mai
SK: Niederliegender, aufsteigender oder aufrechter Strauch mit dornbewehrten Ästen. Blätter unter 3 cm lang, eiförmig, zugespitzt. Blüten unscheinbar, grün, strahlig ausgebreitet, 4zählig.
B: Blätter sehr kurz gestielt, teils büschelig, teils gegenständig, teils wechselständig. Steinfrucht kugelig, glänzend schwarz.
SV: Bevorzugt mäßig trockene, kalkreiche, nährstoffarme, steinige Böden. Selten im mittleren West- und im südlichen Mitteleuropa, in Südeuropa häufiger. In lichten Wäldern, auf Steinrasen und an Felshängen.
A: Der wärme- und lichtbedürftige Strauch ist ein zuverlässiger Kalkzeiger. In Südeuropa werden seine Beeren als Hausmittel gegen verschiedene Krankheiten verwendet. Giftverdächtig.

Laubhölzer, Sträucher

Blätter einfach wechselständig gesägt gezähnt gekerbt

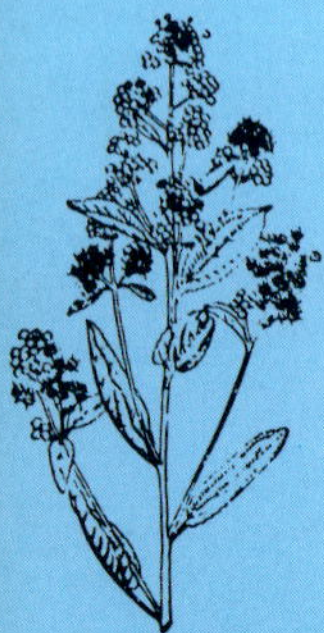

Amerikanische Säckelblume

Amerikanische Säckelblume *Ceanothus americanus* Kreuzdorngewächse *Rhamnaceae*
50 – 100 cm; Juni – August
SK: Blüten klein, weiß, in vielen Rispen an den Zweigenden zu großen länglichen Trugdolden zusammengesetzt. Blätter eiförmig, mit 3 etwa gleichstarken Hauptadern, die von der Basis gabelig abgehen.
B: Blätter 4 – 8 cm lang, dunkelgrün. Frucht anfangs fleischig, reif eine braunrote, dreiteilige Kapsel.
SV: Heimat: Nordamerika. Braucht warme, eher trockene, sehr lockere und etwas nährstoffreiche, humose Böden in geschützter Lichtlage. Nicht ganz frosthart, braucht winters Bodenschutz.
A: Die Amerikanische Säckelblume ist ein Elter der blau- oder rosablühenden Hybriden, die ebenfalls in unseren Gärten anzutreffen sind.

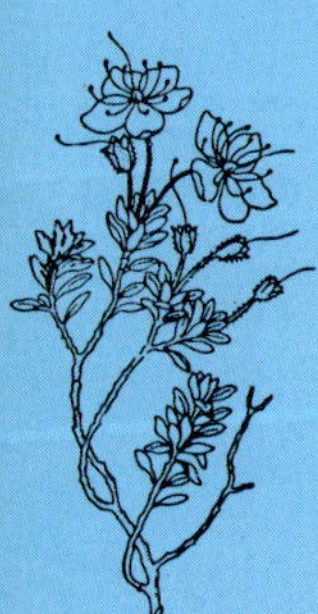

Zwergalpenrose

Zwergalpenrose, Zwergrösl *Rhodothamnus chamaecistus* Heidekrautgewächse *Ericaceae*
10 – 40 cm; Juni, Juli
SK: Blüten groß, oft über 2 cm breit, mit rosenroter, tief 5zipfliger, ausgebreiteter Krone, zu 1 – 3 endständig, langgestielt. Blätter elliptisch-lanzettlich, spitz, kaum 1 cm lang.
B: Blütenstand dicht drüsenhaarig. Frucht eine kugelige, 5fächrige Kapsel.
SV: Nur in den Ostalpen (ab Allgäu). Besiedelt Zwergstrauchheiden und Krummholzgebüsche.
A: Das immergrüne Sträuchlein wird gelegentlich auch in Gärten gezogen, doch kommt es nur selten so gut fort, daß es zur wirklichen Zierde wird. Im Gebirge werden die Pflanzen höchstens 50 Jahre alt.

Japanische Scheinquitte *Chaenomeles japonica* Rosengewächse *Rosaceae*
50 – 100 cm; März, April
SK: Blüten groß, um 3 cm breit, meist ziegelrot, mit 5 freien, breit verkehrteiförmigen Kronblättern, in Büscheln zu 2 – 6 am vorjährigen Holz, mit den Blättern erscheinend. Diese eiförmig, etwas lederig, 3 – 5 cm lang.
B: Zweige bedornt. Frucht apfelähnlich, rundlich, etwa 4 cm im Durchmesser, gelb und mehr oder weniger dicht rot punktiert.
SV: Heimat: Japan. Sehr anspruchslos in bezug auf die Bodenqualität, doch sollte in sehr durchlässigen Böden für ausreichende Feuchte gesorgt werden. Winterhart und extrem industriefest.
A: Die Früchte duften angenehm und sind eßbar, doch roh genossen sehr hart und herb. In ihrer Heimat werden sie zu Kompotten und anderen Süßspeisen verarbeitet. Bei uns wird vor allem die Geleeherstellung empfohlen.

Silberwurz *Dryas octopetala* Rosengewächse *Rosaceae*
10 – 15 cm; Juni – August
SK: Blüten groß, 2 – 4 cm breit, weiß, mit 7 – 9 freien Kronblättern, einzeln, sehr lang gestielt in den Blattachseln. Blätter länglich, lederig, mit umgebogenem, gekerbtem Rand, stumpfer Spitze und herzförmigem Grund.
B: Niederliegender, reichverzweigter und großflächig deckender Spalierstrauch mit wurzelnden Ästen.
SV: Überzieht teppichartig Felsschutt, Kiesbänke, Steinrasen, Moränen. Nur in den Alpen und im Alpenvorland (hier zum Teil herabgeschwemmt, zum Teil auch als Relikt der Eiszeit), in Kalkgebieten häufig.
A: Die Silberwurz lebt in Symbiose mit einem Wurzelpilz. Sie zählt zu den Pionierpflanzen auf Felsschutt, die für andere Bewohner den Boden bereiten. An geeigneten Gartenstandorten kommt sie auch im Tiefland fort.

Laubhölzer, Sträucher

Blätter einfach wechselständig gesägt gezähnt
gekerbt

Ähren-Felsenbirne *Amelanchier spicata* Rosengewächse *Rosaceae*
2 – 4 m; Mai
SK: Blütentrauben aufrecht, dicht wollig behaart. Blätter etwa doppelt so lang wie breit.
B: Junge Blätter an der Unterseite meist fast filzig behaart, aber früh ziemlich stark verkahlend. Frucht schwarz, bläulich bereift.
SV: Herkunft: unklar. Möglicherweise Bastard aus nordamerikanischen Arten. Gedeiht gut nur in luftfeuchtem Klima mit nicht zu großen Temperaturunterschieden. Im nördlichen Mitteleuropa und im küstennahen Westeuropa nicht selten aus der Kultur verwildert.
A: Die Ähren-Felsenbirne wird heute wegen ihres ausladenden Wuchses recht selten gärtnerisch verwendet. Früher war das anders. Aus dieser Zeit – um die Jahrhundertwende und etwa 3 Jahrzehnte danach – stammen die „Verwilderungsstandorte".

Kupfer-Felsenbirne, Kanadische Felsenbirne *Amelanchier lamarckii* (*A. canadensis*) Rosengewächse *Rosaceae*
1 – 3 m; Mai
SK: Blütentrauben übergebogen, dicht seidig glänzend behaart. Blätter doppelt so lang wie breit.
B: Blätter beim Austrieb charakteristisch kupferfarben gerötet. Frucht schwarzpurpurn, eßbar, süß.
SV: Heimat: Östliches Nordamerika. Nach neueren Forschungen nicht identisch mit der fast baumartig wachsenden echten Kanadischen Felsenbirne aus Nordamerika. Gedeiht vor allem im luftfeuchten Klima gut und hat sich in Westeuropa und im westlichen Mitteleuropa seit über 100 Jahren in lichten Laubwäldern eingebürgert.
A: Die Kupfer-Felsenbirne wird heute wegen ihres breiten Wuchses vor allem in Parkanlagen gepflanzt. Früher wurde sie fast als Nutzpflanze gehalten: Ihre erbsengroßen Früchte wurden getrocknet und wie Korinthen verwendet.

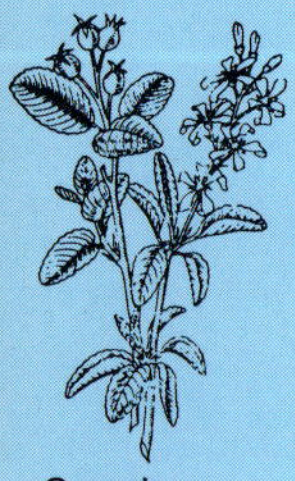
Gemeine Felsenbirne

Gemeine Felsenbirne *Amelanchier ovalis* Rosengewächse *Rosaceae*
1 – 3 m; April, Mai
SK: Blütentrauben aufrecht, filzig behaart. Blätter kaum länger als breit.
B: Blätter oval bis rundlich, anfangs vor allem unterseits dicht filzig behaart. Frucht erbsengroß, kugelig, blauschwarz, eßbar.
SV: Felsspaltenpflanze auf kalk- oder sonstwie basenreichem Gestein. Bevorzugt Lichtlagen. Südeuropäische Pflanze, die nördlich der Alpen (bis Hessen und Thüringen) einige wenige Vorposten besitzt. Nur selten in Gärten angepflanzt. Gedeiht vor allem im trocken-warmen, sommerheißen Klima.
A: Die Gemeine Felsenbirne ist eine typische Pionierpflanze, die als Erstbesiedlerin den Boden für andere Gewächse aufbreitet. In den Alpen steigt sie bis gegen 2000 m empor.

Trauben-Prunkspiere

Trauben-Prunkspiere, Großblütige Blumenspiere *Exochorda racemosa* Rosengewächse *Rosaceae*
3 – 4 m; Mai
SK: Blütentrauben hängend, unbehaart (nur Kelchblätter wimprig gezähnelt). Blätter mindestens 3mal so lang wie breit.
B: Blätter mit aufgesetztem Stachelspitzchen, nur in der vorderen Hälfte kerbig gesägt. Frucht eine 5kantige Kapsel.
SV: Heimat: Ost-China. Braucht lockeren, nicht zu feuchten Boden in sonniger Lage. Stellt an die Bodenqualität keine besonderen Ansprüche, braucht aber doch ausreichend Nährstoffe für das rasche Höhenwachstum. Winterhart.
A: Die Prunkspiere eignet sich nur für eine größere Gartenanlage. Ihr vor allem in der Jugend sperriger Wuchs sollte durch einen Nachblütenschnitt reguliert werden.

Laubhölzer, Sträucher

Blätter einfach wechselständig gesägt gezähnt gekerbt

Pflaumenblättriger Weißdorn *Crataegus prunifolia* Rosengewächse *Rosaceae*
2 – 3 m; Juni
SK: Dornstrauch mit weißblütigen Doldentrauben. Blätter ledrig, verkehrteiförmig bis rundlich. Frucht beerenartig, länglich, scharlachrot, über 1 cm dick.
B: Blätter dunkelgrün, oberseits glänzend, unterseits nur auf den Adern behaart, am Rand fast bis zum breitkeilförmigen Grund dicht gesägt.
SV: Heimat: Nordamerika. Wird dort über 6 m hoch. Nicht anspruchsvoll, doch tiefgründigen, lockeren und kalkhaltigen Lehmboden bevorzugend. Für Licht- und Halbschattenlagen geeignet. Winterhart und sehr industriefest.
A: Der starke Geruch der Blüten sagt nicht jedermann zu. Seine volle Pracht entfaltet der Pflaumenblättrige Weißdorn erst im Herbst, wenn neben den roten Fruchtdolden sich das Laub flammend gelb und rot zu verfärben beginnt. Die satten Farben treten aber nur bei sonnigem Stand auf.

Europäischer Feuerdorn *Pyracantha coccinea* Rosengewächse *Rosaceae*
1 – 2,5 m; Mai, Juni
SK: Dornstrauch mit weißblütigen Doldentrauben. Blätter ledrig, lanzettlich bis schmaleiförmig. Früchte beerenartig, kugelig, scharlachrot, um 0,5 cm dick.
B: Blätter immergrün, nur anfangs unterseits schwach behaart, am ganzen Rand fein und dicht kerbzähnig.
SV: Heimat: (östliches) Mittelmeergebiet. Sehr anspruchslos; eher für trockene, schwere Böden geeignet. Winterhart und industriefest. Bevorzugt Lichtlagen. Schnittfest und auch für Heckenpflanzungen geeignet. Bei uns zuweilen verwildert oder halbwild (an Straßenböschungen).
A: Die echte Art wird heute im Garten durch eine Reihe Hybriden ersetzt, deren leuchtende Früchte im Herbst noch besser zum dunkelgrünen Laub kontrastieren, die aber auch in bezug auf den Boden etwas anspruchsvoller sind.

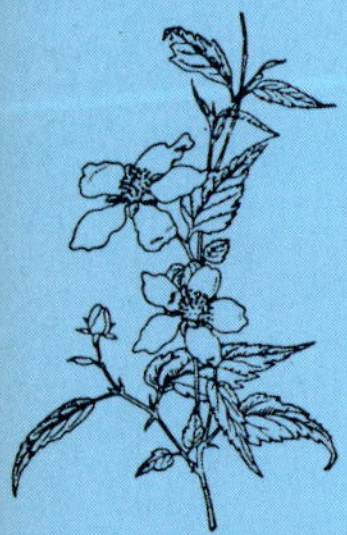
Japanische Kerrie

Japanische Kerrie *Kerria japonica* Rosengewächse *Rosaceae*
50 – 200 cm; Mai, Juni
SK: Blüten einzeln, blattachselständig, gelb, einfach, mit 5 ausgebreiteten Kronblättern. Blätter länglich-eiförmig, lang zugespitzt. Früchte braunschwarze Nüßchen.
B: Blätter frischgrün, 8 – 10 cm lang, ungleich doppelt gesägt. Zweige rutig, fein gestreift, glatt; jüngere mit grüner Rinde.
SV: Heimat: China. Gedeiht auf fast allen, nicht allzu sauren Böden und in Licht- und Schattenlagen. Friert in kalten Wintern nur wenig zurück. Sehr industriefest. Gelegentlich, meist nur vorübergehend, verwildernd.
A: Als gegen Abgase sehr widerstandsfähige Pflanze findet man die Kerrie häufig in den Vorgärten. Sie deckt gut und begnügt sich auch unter höheren Sträuchern mit wenig Licht. Im freien Stand wächst sie durch ihre Wurzelausläufer sehr bald in die Breite.

Ranunkelstrauch *Kerria japonica* f. *pleniflora* Rosengewächse *Rosaceae*
1 – 2 m; Mai, Juni
SK: Blüten einzeln, blattachselständig, gelb, gefüllt; viele Kronblätter bilden ein kleines Strubbelköpfchen. Blätter eiförmig, lang zugespitzt. Früchte meist fehlschlagend.
B: Gleicht in allen vegetativen Teilen der vorausgehenden (Stamm-)Art.
SV: Kommt wild nicht vor. Bekannt schon aus ostasiatischen, vor allem japanischen Gärten. Wie die Stammart sehr genügsam, relativ frosthart und industriefest. Blüht allerdings in Schattenlagen nicht so voll wie im Licht.
A: Der Ranunkelstrauch treibt in guten Jahren gerne im Herbst noch eine Nachblüte aus.

Laubhölzer, Sträucher

Blätter einfach wechselständig gesägt gezähnt
gekerbt

Sauerkirsche

Sauerkirsche, Echter Weichselbaum *Prunus cerasus* Rosengewächse *Rosaceae*
2 – 10 m; April, Mai
SK: Blüten in Büscheln, zusammen mit 1 – 3 kleinen, kahlen Blättern erscheinend, weiß, langstielig. 5 Blütenblätter, die 1 – 1,7 cm lang werden. Früchte hell- bis dunkelbraunrot mit einem „Kirschkern".
B: Blätter 6 – 12 cm lang. Blattstiel meist ohne Drüsen.
SV: Liebt nährstoffreiche, aber eher leichte, ja sandige oder gut krümelnde, lehmige Böden oder Löß. Manche Kultursorten ertragen Sonne schlecht, andere nehmen sie mindestens hin. Fast alle gedeihen im Halbschatten am besten. Frosthart. Heimat: wahrscheinlich Osteuropa, aber seit der Römerzeit gepflanzt und in Mittel- und Westeuropa örtlich verwildert.
A: Von der Sauerkirsche sind zahlreiche Sorten in Kultur. Die „Schattenmorellen" zeichnen sich durch ziemlich dünne Äste aus, von denen vorwiegend nur die einjährigen fruchten. „Weichsel" und „Rexellen" hingegen bilden ihre Blütenknospen ähnlich wie Süßkirschen oft an Kurztrieben. Die Sorten unterscheiden sich überdies stark im Kronenbild.

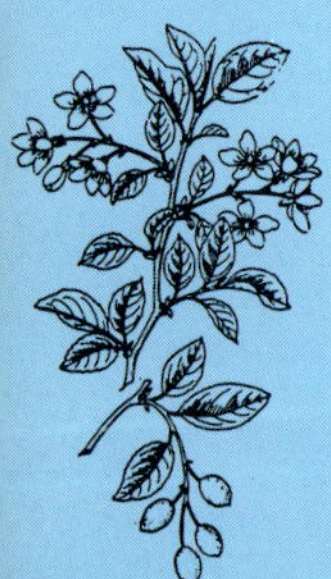

Weichselkirsche

Weichselkirsche Steinweichsel, Felsenkirsche *Prunus mahaleb* Rosengewächse *Rosaceae*
1 – 6 m; April, Mai
SK: Blüten stehen in eher aufrechter, fast doldenartiger Traube. Blüten weiß. Frucht erbsengroß, erst gelb, dann rot und schließlich schwarz, im Geschmack herb.
B: Blätter rundlich-eiförmig, etwas lederartig. Viele Seitennerven.
SV: Erreicht im südwestlichen Mitteleuropa die Nordgrenze ihrer Verbreitung. Hier selten, gelegentlich verwildert. Braucht trockenen, kalkreichen Lehm- oder Lößboden. Liebt Wärme. Hauptverbreitungsgebiet: Mittelmeergebiet.
A: Die Felsenkirsche ist vor allem als Unterlage für buschförmig wachsende Süß- und Sauerkirschen von Bedeutung. Als Ziergehölz oder zu sonstiger Nutzung ist sie nicht von Bedeutung. Früher war ihr Holz von Drechslern geschätzt.

Zwerg-Mandel *Prunus tenella* (*P. nana*) Rosengewächse *Rosaceae*
30 – 150 cm; April, Mai
SK: Blüten einzeln, seltener zu 2, fast sitzend, rosa, in der Regel vor den Blättern erscheinend. Frucht eirundlich, bis 2 cm lang, gelbgrau, zottig behaart, ungenießbar.
B: Blätter lanzettlich, kahl, in den sehr kurzen Blattstiel verschmälert.
SV: Heimat: Orient und Mittelasien, westwärts bis zur unteren Donau. Bei uns nur Zierstrauch und in sommerheißen Lagen gelegentlich verwildert. Braucht kalkreiche, eher trockene Böden und zur Vegetationszeit viel Wärme.
A: In Südsibirien sollen die Früchte gegessen werden.

Schwarzdorn, Schlehe *Prunus spinosa* Rosengewächse *Rosaceae*
1 – 3 m; März, April
SK: Blüten meist einzeln (aber über die ganze Zweiglänge verteilt), gestielt, weiß, oft vor den Blättern erscheinend. Frucht oft über 1 cm dick, kugelig, schwarzblau, hell bereift mit herb-zusammenziehendem Geschmack.
B: Blätter elliptisch-eiförmig, klein drüsig gesägt. Zweige mit harten Dornspitzen, knorrig, mit dunkler Rinde.
SV: Braucht trockenwarme, lockere, nährstoff- und humusreiche, tiefgründige Böden in Licht- oder Halbschattenlagen. Besiedelt die ganze gemäßigte Zone Eurasiens und ist auch in Nordamerika verwildert.
A: Die Schlehe ist als Vogelschutzgehölz und als Bienenweide wertvoll. Durch Kriechwurzeln und Schößlinge breitet sie sich aber stark aus. Die Früchte werden nach dem ersten Frost einigermaßen genießbar, man verwendet sie heute gelegentlich zu alkoholischen Getränken.

Blätter einfach wechselständig gesägt gezähnt gekerbt

Bunte Schaumspiere *Holodiscus discolor* Rosengewächse *Rosaceae*
2 – 3 m; Juli, August
SK: Blüten gelblichweiß oder gelblichrosa, in bis zu 20 cm langen, überhängenden Rispen. Blätter breiteiförmig, 4 – 10 cm lang, doppelt (fast lappig) gesägt. Zweige zierlich übergebogen.
B: Blüten etwa 4 mm breit. Blätter unterseits graugrün, ihre Sägezähne oft sehr tief eingeschnitten.
SV: Heimat: Nordamerika. Braucht nährstoffreichen, humosen, lockeren und gut durchfeuchteten Lehmboden, möglichst in Halbschattenlage. Relativ frosthart; industriefest.
A: Die Schaumspiere eignet sich besonders für Einzelstellung. Sie braucht viel Pflege. Wegen ihrer Blütenpracht, die den Strauch wie eine überschäumende Kaskade aussehen läßt, wird sie auch als Kaskadenstrauch bezeichnet.

Fliederblütiger Spierstrauch *Spiraea × syringaeflorae* Rosengewächse *Rosaceae*
40 – 60 cm; Juli, August
SK: Blüten rosa, in Rispen am Ende der Zweige einen Gesamtblütenstand bildend, der etwa so breit wie hoch ist. Blätter länglich eiförmig, erst etwa ab der Mitte gesägt.
B: Blätter 5 – 8 cm lang, leicht bläulichgrün, meist ganz kahl. Blütenstiele filzig behaart.
SV: Kommt wild nicht vor. Ist der Bastard zwischen dem Weißen Spierstrauch und dem Weidenblättrigen Spierstrauch. Ist relativ frosthart. Für Licht- und Halbschattenlagen geeignet.
A: Der Strauch eignet sich seiner geringen Höhe wegen auch für den Steingarten, obwohl er wegen seines steif aufrechten Wuchses sich besonders für niedere Rabatten anbietet.

Niedriger Spierstrauch, Bumalda-Hybride *Spiraea × bumalda* Rosengewächse *Rosaceae*
50 – 100 cm; Juli, August
SK: Blüten tiefrosa, in vielen Doldenrispen einen schwach traubigen, doch viel breiteren als hohen endständigen Gesamtblütenstand bildend. Blätter schmal eiförmig, lang zugespitzt.
B: Zweige steif aufrecht, fein gestreift. Blütenstiele fein behaart.
SV: Kommt wild nicht vor. Ist der Bastard zwischen dem Weißen Spierstrauch und dem Japanischen Spierstrauch, die beide aus Japan stammen. Sehr genügsam und sehr frosthart. Bevorzugt Lichtlagen.
A: Bumalda-Hybriden werden neuerdings in verstärktem Maße und in immer neuen Sorten als Rabatten- und Kleinheckenpflanzen angeboten. Sie gehören zu den dankbarsten Sommerblühern. Manche Sorten zeichnen sich durch eine sehr helle Blütenfarbe aus.

Douglas-Spierstrauch *Spiraea douglasii* Rosengewächse *Rosaceae*
1 – 2 m; Juni, Juli
SK: Blüten dunkelrosa in zusammengesetzten, endständigen Rispen, die deutlich länger als breit sind. Die Blätter unmittelbar unter dem Blütenstand sind ganzrandig, die übrigen erst etwa ab der Mitte gesägt.
B: Zweige und die Unterseite der Blätter weißfilzig.
SV: Heimat: Nordamerika. Stellt keine besonderen Ansprüche an den Boden, der allerdings nicht zu schwer sein darf. Braucht einen sonnigen Platz und ist winterhart.
A: Der reine Douglas-Spierstrauch ist heute nur noch selten in Gärten anzutreffen. Doch läßt er sich in einer ganzen Reihe von Hybriden als Stammvater an den unterseits mehr oder weniger stark weiß- oder graufilzigen Blättern erkennen.

Douglas-Spierstrauch

Pflaumenblättriger Spierstrauch *Spiraea prunifolia* Rosengewächse *Rosaceae*
1 – 2 m; April, Mai
SK: Blüten weiß, gefüllt, in Dolden, die längs der Zweige sitzen. Blätter 3 – 5 cm lang, 1,5 – 2 cm breit, fast vom Grund an fein und scharf gesägt (kleinere oft ganzrandig).
B: Blätter unterseits zartfilzig.
SV: Heimat: Japan. In bezug auf die Bodenqualität anspruchslos. Braucht aber einen warmen, sonnigen und, da nicht ganz frosthart, auch winters geschützten Standort.
A: Der Pflaumenblättrige Spierstrauch eignet sich besonders für Einzelstellung. Neben seiner frühen und überreichen Blüte gefällt er besonders mit seiner leuchtend orangeroten bis rotbraunen Herbstverfärbung.

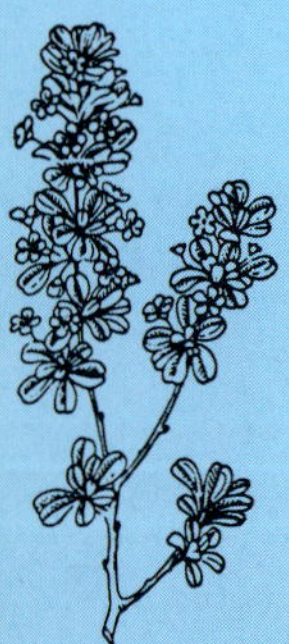
Johanniskrautblättriger Spierstrauch

Johanniskrautblättriger Spierstrauch, Hartheublättriger Spierstrauch *Spiraea hypericifolia* Rosengewächse *Rosaceae*
50 – 200 cm; April, Mai
SK: Blüten weiß, einfach, in Dolden, die längs der Zweige sitzen. Blätter 2 – 4 cm lang, um 1 cm breit, nur gegen die abgerundete Spitze zu mit einigen Zähnchen.
B: Blätter beiderseits gleich grün, behaart oder kahl. Zweige behaart, bräunlich, fein längsstreifig.
SV: Heimat: Südrußland, Persien. Anspruchslos in bezug auf die Bodenqualität, doch nicht ganz winterfest.
A: Der Johanniskrautblättrige Spierstrauch blüht lange nicht so reichhaltig wie manche Hybriden – seine Dolden sind mehr gegen die Zweigenden zu konzentriert, und die schneeweißen Blüten sind relativ klein, doch erträgt er auch einen gelegentlichen Rückschnitt, ohne gleich struppig weiterzuwachsen.

Thunbergs Spierstrauch *Spiraea thunbergii* Rosengewächse *Rosaceae*
60 – 100 cm; April, Mai
SK: Blüten weiß, in Dolden, die längs der Zweige sitzen. Blätter 3 – 4 cm lang, 4 – 6 cm breit, zumindest ab der Mitte fein und scharf gesägt (selten mit ganzrandigen untermischt).
B: Die weidenähnlichen Blätter sind kaum gestielt und kahl.
SV: Heimat: Japan, China. In bezug auf die Bodenqualität anspruchslos, wegen des frühen Laubausschlags aber spätfrostgefährdet. Braucht sommerwarme, sonnige und zuggeschützte Standorte.
A: Der zierliche, sehr dichtbuschige Strauch zeichnet sich durch besondere Blühwilligkeit aus. Er blüht in der Regel 1 – 2 Wochen vor allen anderen frühjahrsblühenden Spiräen.

Spitzblättriger Spierstrauch

Spitzblättriger Spierstrauch *Spiraea × arguta* Rosengewächse *Rosaceae*
60 – 100 cm; Mai
SK: Blüten weiß, in Dolden, die längs der Zweige angeordnet sind, vorne an den Langzweigen sitzen, im unteren Teil aber endständig auf beblätterten Kurztrieben stehen. Blätter 1 – 3 cm lang, 1 – 1,5 cm breit, im oberen Drittel scharf gesägt.
B: Blätter verkehrteiförmig mit keilförmigem Grund, lebhaft grün. Zweige überhängend, auf der ganzen Länge mit Blüten.
SV: Kommt wild nicht vor. Tripelbastard. Geeignet für jeden lockeren, etwas humosen Boden. Resistent gegen Frost und Trockenheit. Bevorzugt sommerwarme Lichtlagen.
A: Das vielfache Kreuzungsprodukt mit seinem frühen und überreichen, großblumigen (Einzelblüte bis 1 cm breit) Blütenschmuck gehört zu den am häufigsten gepflanzten Spiersträuchern.

Laubhölzer, Sträucher

Blätter einfach wechselständig gesägt gezähnt gekerbt

Gamanderblättriger Spierstrauch

Gamanderblättriger Spierstrauch *Spiraea chamaedrifolia*
Rosengewächse *Rosaceae*
1 – 2 m; Mai, Juni
SK: Blüten weiß, in Dolden, die endständig auf beblätterten Kurztrieben längs der Zweige stehen. Blätter doppelt gesägt, eiförmig mit abgerundetem Grund.
B: Blätter bis 7 cm lang, kurzgestielt, unterseits bläulichgrün, kahl. Zweige kantig, gelbbraun, oft hin und hergebogen.
SV: Heimat: Südosteuropa (ab den Ostalpen), Sibirien bis Japan. In Mitteleuropa gelegentlich an sommerwarmen Stellen in Gebüschen und an Waldsäumen verwildert. Ohne besondere Ansprüche an die Bodenqualität.
A: Nur noch in älteren Gärten, da durch Hybriden allmählich verdrängt.

Vanhouttes Spierstrauch *Spiraea × vanhouttei* Rosengewächse *Rosaceae*
1,5 – 2 m; Mai, Juni
SK: Blüten weiß, in Dolden, die endständig auf beblätterten Kurztrieben längs der Zweige stehen. Blätter doppelt (fast lappig) gesägt, mit keilförmigem Grund.
B: Blätter bis 6 cm lang, beidseits gleich grün, kahl. Zweige weit übergebogen.
SV: Kommt wild nicht vor. Ist der Bastard der beiden ostasiatischen Arten Kanton-Spierstrauch und Dreilappiger Spierstrauch. Sehr anspruchslos und widerstandsfähig, bevorzugt jedoch Sonnenlage.
A: Vanhouttes Spierstrauch ist eine gelungene Kreuzung, bei der sich erwünschte Eigenschaften von beiden Elternpaaren ergänzen: Blühfreudigkeit, Winterhärte und Bedürfnislosigkeit.

Gagelstrauch *Myrica gale* (*Gale palustris*) Gagelgewächse *Myricaceae*
50 – 150 cm; April, Mai
SK: Blüten in aufrechten, eingeschlechtigen Kätzchen auf verschiedenen Sträuchern (Zweihäusigkeit). Zweige dunkelbraun, mit gelbglänzenden, duftenden Harzkügelchen besetzt.
B: Blätter gegen die Spitze zu gesägt.
SV: Braucht nährstoff- und kalkarme, saure, feuchte bis nasse Sand- und Torfböden in luftfeuchter, regenreicher Klimalage und findet sich deshalb zerstreut im weiteren Küstengebiet des atlantischen Raumes von West- und dem nördlichen Mitteleuropa bis Kamtschatka sowie im östlichen Nordamerika; in Heidemooren und Kiefernwäldern.
A: Wie viele Moorgewächse lebt der Gagelstrauch mit einem Pilz in Symbiose. Obwohl er im Winter und zur Blüte mit seinem dunklen Geäst sehr dekorativ wirkt, wird er nur wenig in Gärten gehalten, da er nur in Moorbeeten gedeiht. Der Gagelstrauch steht unter Sammelverbot.

Haselnuß

Haselnuß *Corylus avellana* Birkengewächse *Betulaceae*
2 – 6 m; Februar – April
SK: Männliche Blüten in hängenden, gelbbraunen Kätzchen, am selben Strauch mit den unscheinbaren, knospenartigen, weiblichen Blüten mit roten Narben (Einhäusigkeit).
B: Blätter rundlich-herzförmig, deutlich zugespitzt, 10 cm und mehr im Durchmesser, am Rand scharf doppelt gesägt.
SV: Braucht nährstoffreichen Boden und wenigstens Halbschatten. Stellt sonst kaum Ansprüche. Besiedelt daher Waldränder, lichte Laubwälder, Lichtungen und Feldgebüsche. Häufig.
A: Die Hasel ist industriefest. Als straßenbegleitendes Gebüsch spielt sie bei uns eine größere Rolle denn als „Haselnußlieferant". Sie ist selbststeril, deshalb sind nur Anlagen aus mehreren Büschen einigermaßen ertragssicher. Die „Korkenzieherhasel" ist eine besondere Zierform mit verdrehten, bzw. die Wuchsrichtung ändernden Zweigen.

Laubhölzer, Sträucher

Blätter einfach   wechselständig   gesägt   gezähnt
gekerbt

Niedrige Birke

Grün-Erle

Zwerg-Birke *Betula nana* Birkengewächse *Betulaceae*
30 – 80 cm; April – Juni
SK: Blüten in eingeschlechtigen, aufrechten Kätzchen. Blätter nahezu kreisrund, 0,5 – 1,5 cm im Durchmesser, stumpf gekerbt, unter 5 mm lang gestielt.
B: Blätter jung etwas klebrig. Zweige graubraun, samthaarig, knorrig, oft niedergestreckt.
SV: Hauptvorkommen im kaltgemäßigten und arktischen Bereich der Nordhalbkugel. In Mitteleuropa sehr selten.
A: Zahlreiche Funde aus Eiszeitablagerungen lassen erkennen, daß die Zwerg-Birke früher in Mitteleuropa weit verbreitet war. Ihre derzeitigen Vorkommen sind zum größten Teil als Schutzgebiete ausgewiesen.

Niedrige Birke *Betula humilis* Birkengewächse *Betulaceae*
50 – 200 cm; April, Mai
SK: Blüten in eingeschlechtigen, aufrechten Kätzchen. Blätter eiförmig, 1 – 4 cm lang, 0,5 – 2,5 cm breit, grob spitz gesägt, höchstens 5 mm lang gestielt.
B: Blätter jung behaart. Zweige graubraun, anfangs behaart und ziemlich dicht mit Harzdrüsen besetzt. Kätzchen sehr kurz gestielt, einhäusig, die männlichen schmal kurzwalzlich, die weiblichen eirundlich bis dick kurzwalzlich.
SV: Braucht nasse, nicht allzu saure und etwas nährstoffreiche Moorböden. Hauptvorkommen im kaltgemäßigten Kontinentalbereich der Nordhalbkugel. Besitzt in Mitteleuropa und in den Alpen ihre westlichsten Standorte. Sehr zerstreut in Birken- und Weidengebüschen oder in Seggenbeständen am Rand der Hochmoore.
A: Die Niedrige Birke ist in den Brüchen Rußlands ungemein verbreitet, geht aber nach Norden zu kaum über den 60. Breitenkreis hinaus.

Grün-Erle *Alnus viridis* Birkengewächse *Betulaceae*
2 – 4 m; April – Juni
SK: Blüten in eingeschlechtigen Kätzchen, männliche langwalzlich, hängend, weibliche zapfenartig, grün, an diesjährigen Trieben. Blätter eiförmig, spitz, 4 – 6 cm lang, scharf doppelt gesägt, 1 – 3 cm lang gestielt.
B: Blätter jung klebrig, beidseits grün, kahl.
SV: Braucht kalkarme, aber nicht allzu saure, etwas nährstoffreiche und gut durchsickerte Böden in kühlem, regenreichen Klima. Deshalb nur in den Alpen (und im Voralpenbereich) bis gegen 2000 m. Zuweilen auch angepflanzt.
A: Die Grün-Erle wird zwar als Weideunkraut betrachtet, doch ist sie an anderen Orten als Bodenfestiger und Bodenbereiter sehr geschätzt. Da sie gern die (lange feuchten) Schneerunsen und Lawinenzüge dicht besiedelt, mindert sie dort sogar die Schneerutschgefahr.

Schwarz-Erle, Rot-Erle *Alnus glutinosa* Birkengewächse *Betulaceae*
5 – 25 m; März, April
SK: Blüten in eingeschlechtigen Kätzchen, männliche langwalzlich, hängend, weibliche zapfenartig, braunrot am vorjährigen Holz. Blätter rundlich-verkehrteiförmig, 4 – 9 cm lang, gesägt, 1 – 2 cm lang gestielt.
B: Blüten vor den Blättern erscheinend. Diese jung klebrig, an der Spitze oft ausgerandet. Holz (abgesägte Stümpfe) orangerot.
SV: Braucht feuchten oder nassen, nährstoffreichen, aber eher kalkarmen Boden. In Mittel- und Westeuropa häufig.
A: Die Schwarz-Erle lebt in Symbiose mit Strahlenpilzen und bildet in den befallenen Wurzelregionen Knöllchen. So vermag sie Stickstoff der Luft zu verwerten, der den Höheren Pflanzen direkt nicht zugänglich ist. Auf staunassen Böden ist sie daher Pionierpflanze.

Blätter einfach wechselständig gesägt gezähnt gekerbt

Schwarzwerdende Weide *Salix nigricans* (*S. myrsinifolia*)
Weidengewächse *Salicaceae*
1 – 4 m; April, Mai
SK: Blätter rundlich-eiförmig bis lanzettlich, bis 10 cm lang und 5 cm breit, unterseits blaugraugrün, oberseits dunkelgrün, an der Spitze (wie abgewischt) heller grün. Kätzchenblüten vor den Blättern erscheinend.
B: Blätter jung beidseits seidig behaart, fein gezähnt bis fast ganzrandig.
SV: Liebt nährstoff- und kalkreiche, nasse, eher lockere Lehm-, Sand- oder Kiesböden in regenreicher Klimalage. Ursprünglich wohl nur in den kühleren Gebieten Europas verbreitet; so z. B. in Norddeutschland nur angepflanzt.
A: Sehr formenreiche Weide. Die Blätter werden beim Trocknen schwarz.

Asch-Weide

Asch-Weide, Graue Weide *Salix cinerea* Weidengewächse *Salicaceae*
1 – 6 m; April
SK: Nacktes Holz der mehrjährigen Zweige mit erhabenen, zentimeterlangen Striemen. Junge Zweige samthaarig. Die 3 – 9 cm langen Kätzchen oft vor den elliptischen oder verkehrteiförmigen, 5 – 12 cm langen Blättern erscheinend.
B: Blätter wellig gesägt, oberseits mit kurzen aschgrauen Haaren, unterseits filzig.
SV: Zerstreut in fast ganz Europa an Ufern und Gräben, in Wiesenmooren und Erlenbrüchen, seltener an Waldrändern.
A: Die frühblühenden Weiden sind wertvolle Bienenweide und sollten nicht gepflückt werden. Für sie alle gilt die Bestimmung des Naturschutzgesetzes, nach der Schmuckreisentnahme an wildwachsenden Sträuchern verboten ist.

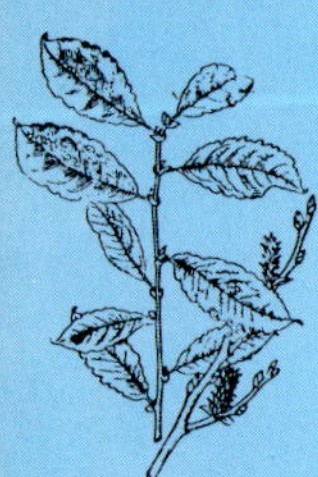
Ohr-Weide

Ohr-Weide *Salix aurita* Weidengewächse *Salicaceae*
50 – 300 cm; April, Mai
SK: Nacktes Holz der mehrjährigen Zweige mit erhabenen, zentimeterlangen Striemen. Junge Zweige anfangs dünnfilzig, bald kahl. Die 0,5 bis 4 cm langen Kätzchen oft vor den verkehrteiförmigen, 2 – 5 cm langen Blättern erscheinend.
B: Blattspitze oft zurückgekrümmt, Blätter wellig gesägt.
SV: Sehr anspruchslose Pflanze. Häufig in feuchten Wäldern, an Wegrändern, in Naßwiesen und Flachmooren. Mit Ausnahme der Kalkgebiete in fast ganz Europa. Bevorzugt kühleres Klima und höhere Lagen (vom Hügelland bis zum Mittelgebirge).
A: Die sehr formenreiche Ohr-Weide spielt als Gehölzpionier eine wichtige Rolle. Sie wandelt nasse und saure Standorte allmählich zu Plätzen um, auf denen auch bessere Gehölze gedeihen können.

Reif-Weide *Salix daphnoides* Weidengewächse *Salicaceae*
3 – 12 m; März, April
SK: Junge Zweige abwischbar hechtblau bereift, meist rotrindig. Die silberweißen, 3 – 6 cm langen Kätzchen erscheinen vor den lanzettlichen, 3 – 10 cm langen Blättern.
B: Die drüsig gesägten Blätter sind anfangs behaart, später oberseits kahl und glänzend. Wuchs an natürlichen Standorten oft baumartig.
SV: Wild sehr selten im Auengebüsch der Flüsse, an Gebirgsbächen und auf Dünen. Besiedelt – mit sehr lückenhaftem Areal – das ganze gemäßigte Europa und Westasien.
A: Von der Reif-Weide gibt es verschiedene Unterarten, die bei uns als Ziersträucher gehalten werden.

Laubhölzer, Sträucher

Blätter einfach wechselständig gesägt gezähnt gekerbt

Ufer-Weide, Graue oder Lavendel-Weide *Salix eleagnos* (*S. incana*)
Weidengewächse *Salicaceae*
1 – 15 m; April, Mai
SK: Männliche Kätzchen schmal, kaum 1 cm dick, 3 – 6 cm lang. Blätter nach den Blüten erscheinend, lineallanzettlich, bis 12 cm lang, um 1 cm breit, am Rand umgerollt, ungleich drüsig gesägt oder nur wellig geschweift bezahnt, unterseits bleibend graufilzig.
B: Zweige brüchig.
SV: Braucht zumindest periodisch nasse Böden. Etwas kalkliebend. Wild vor. allem in den Alpentälern und im Voralpengebiet an kiesigen Flußufern und sikkernassen Rutschhängen. Sonst meist angepflanzt und dann oft nur in Strauchform ausgebildet.
A: Die Ufer-Weide wird weniger als Ziergartenpflanze denn als Bodenfestiger und Rohbodenpionier bei der Begrünung von Kanälen, Wasserläufen und nassen Straßenböschungen verwendet.

Sal-Weide, Palm-Weide *Salix caprea* Weidengewächse *Salicaceae*
2 – 10 m; März, April
SK: Männliche Kätzchen 2 – 3 cm lang und um 2 cm dick. Blätter nach den Blüten erscheinend, eiförmig oder rundlich, 3 – 10 cm im Durchmesser, ganzrandig bis unregelmäßig gesägt, unterseits bleibend filzhaarig.
B: Junge Zweige behaart, alte stets kahl. Weibliche Kätzchen bis 10 cm lang.
SV: In Mittel- und Westeuropa zerstreut.
A: Die Sal-Weide ist der Lieferant von „Palmkätzchen“. Gelegentlich wird sie auch deswegen in Gärten angepflanzt. Bei guter Ernährung und geschütztem Standort treiben die „Palmkätzchen“ hier schon um den Jahreswechsel aus.

Mandel-Weide

Mandel-Weide *Salix triandra* (*S. amygdalina*) Weidengewächse *Salicaceae*
1 – 4 m; April, Mai
SK: Kätzchen dünn, langwalzlich, lockerblütig. Blätter mit den Blüten erscheinend, länglich-lanzettlich, 5 – 8 cm lang, 1 – 2 cm breit, dicht drüsig gesägt, beidseits kahl.
B: Blätter oberseits grün, unterseits entweder grün (forma *concolor*) oder blaugrau (forma *discolor*).
SV: Im ganzen gemäßigten Europa zerstreut, mit deutlicher Bevorzugung der Kalkgebiete. Oft angepflanzt.
A: Die Mandel-Weide wird einerseits als Uferfestiger geschätzt, zum andern liefert sie bestes Korbflechtmaterial. Wenn sie dennoch nicht die Verbreitung wie andere Flechtweiden gefunden hat, so liegt das vor allem daran, daß ihre früh ausschlagenden Triebe öfters durch Spätfrost geschädigt werden.

Lorbeer-Weide

Lorbeer-Weide *Salix pentandra* Weidengewächse *Salicaceae*
3 – 15 m; Mai, Juni
SK: Kätzchen goldgelb, an den Enden bis zu 6 cm langer Seitenzweige. Blätter vor den Blüten erscheinend, eiförmig-elliptisch, 5 – 10 cm lang, 2 – 3 cm breit, ringsum drüsig gesägt, beidseits kahl.
B: Blätter derb, dunkelgrün glänzend (lorbeerartig), jung gewürzig duftend.
SV: Selten in Flußauen, Mooren und am Ufer von Bächen in höheren Lagen, doch nicht weit über das Bergland hinaussteigend.
A: Die Lorbeer-Weide ist ein sehr auffälliges Gehölz, das auch in Gärten kultiviert wird. Allerdings sind ihre Ansprüche (schwerer Boden, Staunässe und luftfeuchtes, kühles Klima) so, daß sie nur an wenigen Orten durchkommt.

Laubhölzer, Sträucher

Blätter einfach ● wechselständig ● gesägt ● gezähnt ● gekerbt ●

Spieß-Weide *Salix hastata* Weidengewächse *Salicaceae*
50 – 150 cm; Juni, Juli
SK: Blätter länglich-verkehrteiförmig, bis 5 cm breit, bis 8 cm lang, oberseits mattgrün, unterseits blaßgrün bis weißlich. Kätzchen mit den Blättern erscheinend, endständig an kurzen Seitentrieben, dichtblütig, schmalwalzlich.
B: Weibliche Kätzchen bis zu 2 cm lang gestielt.
SV: Gebirgspflanze, in Mitteleuropa außer den Sudeten nur in den Alpen. Zerstreut an feuchten Standorten.
A: Die Spieß-Weide ist mit steigender Höhenlage sehr veränderlich. In niederen Lagen wächst sie zu einem großblättrigen, bis 1,5 m hohen Strauch heran, höher hinauf wird sie sehr sparrig und höchstens noch 1 m hoch, während sie im hochalpinen Bereich meist als niederliegender Kriechstrauch auftritt.

Matten-Weide *Salix breviserrata* (*S. myrsinites* p. p.) Weidengewächse *Salicaceae*
10 – 30 cm; Juni, Juli
SK: Blätter elliptisch-lanzettlich, um 1 cm breit, um 3 cm lang, beidseits gleichfarbig grün und glänzend. Kätzchen mit den Blättern erscheinend, endständig an kurzen Seitentrieben, dichtblütig, dickwalzlich.
B: Weibliche Kätzchen etwas schmäler.
SV: Bevorzugt nasse, meist kalkarme, steinige Lehmböden. Selten. An Bachufern, im Legföhrengebüsch. Nur in den Westalpen (bis Tirol). Kommt auch im gemäßigten arktischen Raum vor.
A: Diese niederliegende Polsterweide läßt sich kaum im Tiefland kultivieren. Sie hat in den Ostalpen eine vikariierende Kalkform, die oft ganzrandige Blätter besitzt (Myrten-Weide, *Salix alpina* = *S. myrsinites* p. p.).

Kahle Weide, Glanz-Weide *Salix glabra* Weidengewächse *Salicaceae*
30 – 150 cm; Mai, Juni
SK: Blätter elliptisch-verkehrteiförmig, 2 – 4 cm breit, 3 – 8 cm lang, oberseits dunkelgrün, fettig glänzend, unterseits matt bläulichgrün. Kätzchen mit den Blättern erscheinend, männliche eiförmig, dichtblütig, weibliche schlank, zur Fruchtzeit locker und übergebogen.
B: Zweige kahl, kurz und dick, der ganze Strauch oft sehr knorrig gestaltet.
SV: Bevorzugt nasse, oft überrieselte, nährstoffreiche und kalkhaltige, immer steinige Lehm- oder fast reine Kiesböden. Vorzugsweise in den östlichen Kalkalpen (westlich bis ins Allgäu und nach Piemont).
A: Die Kahle Weide ist vor allem durch ihre von Anfang an bestehende Kahlheit charakterisiert.

Kraut-Weide *Salix herbacea* Weidengewächse *Salicaceae*
1 – 8 cm; Juni, Juli
SK: Blätter fast rundlich, 1 – 2 cm im Durchmesser, beidseits etwa gleich grün, etwas glänzend und nicht oder kaum behaart. Kätzchen mit den Blättern erscheinend, kurz, wenigblütig.
B: Stämmchen und Äste im Boden kriechend.
SV: Braucht feuchte, nährstoffreiche, aber kalkarme, humose und nur schwach saure, steinige Lehmböden, die etwa ¾ Jahr vom Schnee bedeckt sind. Besiedelt Schneemulden und Schneetälchen, hochalpine Sumpfränder und nasse Steinrasen oberhalb der Waldgrenze zwischen 1800 und bis über 3000 m Meereshöhe.
A: Schon Linné hat die Kraut-Weide als „den kleinsten aller Bäume" bezeichnet. Nur die (krautigen) diesjährigen Zweigenden ragen über den Boden, Hauptstamm und -äste sind so weitgehend gegen Frost geschützt.

Kraut-Weide

Laubhölzer, Sträucher

Blätter einfach wechselständig gelappt

Efeu *Hedera helix* Efeugewächse *Araliaceae*
50 cm – 20 m; August – Oktober
SK: Blätter immergrün. Blüten unscheinbar, grünlichgelb. Strauch kriecht oder klettert, selten aufrecht. Blühende Pflanzen haben neben den gelappten ganzrandige, birnbaumähnliche Blätter. Aufrechte Formen haben nur ganzrandige Blätter.
B: Lappige Blätter mit 3 – 5 Lappen und herzförmigem Grund. Sie bilden am Stengel mehr oder minder deutlich 2 Reihen. Ganzrandige Blätter meist nach allen Seiten des Stengels abstehend. Früchte blauschwarze Beeren.
SV: Liebt nährstoffreichen, lehmigen Boden und luftfeuchtes Klima. Bevorzugt Halbschatten und Schatten. Frostempfindlich. Wild vor allem in west- und mitteleuropäischen Laubwäldern. Dort zerstreut.
A: Enthält den Giftstoff Hederacosid A. Die Form *„arborescens"* wird aus blühenden Trieben als Steckling gezogen, klettert nicht, blüht und fruchtet regelmäßig.

Wohlriechende Himbeere

Wohlriechende Himbeere, Zimt-Himbeere *Rubus odoratus* Rosengewächse *Rosaceae*
1 – 2 m; Juni – August
SK: Blüten in aufrechtem Blütenstand, 4 – 5 cm im Durchmesser, rot. Blätter 10 – 30 cm breit.
B: Blätter 3 – 5lappig, mit vergrößertem Mittellappen. Lappen zugespitzt, doppelt gesägt. Zweige aufrecht, stachellos, durch Drüsenhaare klebrig. Treibt Ausläufer.
SV: Heimat: Östliches Nordamerika. Liebt feuchten, lehmigen Boden und gedeiht gut im Halbschatten.
A: Ihrer Ausläufer wegen überwächst die Wohlriechende Himbeere rasch auch größere Flächen. Sinnvollerweise sollte sie nur da ausgepflanzt werden, wo sie verwildern kann. Bildet in Mitteleuropa keine Früchte.

Mandelbäumchen

Mandelbäumchen, Mandelröschen *Prunus triloba* Rosengewächse *Rosaceae*
1 – 2 m; März – Mai
SK: Blüten rosa, erscheinen vor oder mit den Blättern, fast immer gefüllt, einzeln oder zu zweien mehr oder minder dicht beieinanderstehend. Knospen beim Anschwellen rot.
B: Blätter oft mehr oder minder deutlich dreilappig (mehrere Blätter mustern), langspitzig, scharf doppelt gesägt, unterseits heller und behaart, 5 – 10 cm lang und 2 – 4 cm breit.
SV: Heimat: China. Spätfrostempfindlich. Gedeiht auf lehmigen, nährstoffreichen Böden besonders gut.
A: Bei den – fast durchweg – angepflanzten Formen handelt es sich um die Varietät *„multiplex"* mit gefüllten Blüten. Beim Kauf sollte man auf Wurzelechtheit achten. Wird das Mandelbäumchen einer Unterlage aufgepfropft, schlägt diese meist aus und überwächst die „echten" Triebe.

Toringo-Apfel *Malus sieboldii* Rosengewächse *Rosaceae*
2 – 4 m; Mai
SK: Blüten weiß, in der Knospe aber noch deutlich rosa, entfaltet um 2 cm im Durchmesser. Früchte kaum über 1 cm im Durchmesser, meist mehrere in einem Büschel, oft gelb, nicht allzu selten aber auch rötlich.
B: Junge Blätter schwach behaart, ältere meist kahl. Blattlappen gekerbt.
SV: Heimat: Japan. Bevorzugt eher lockeren und nährstoffreichen Boden, gedeiht aber auch noch auf Lehm. Empfindlich gegen Spätfröste und daher nur in den milderen Lagen Mitteleuropas, jedoch fast durchweg im küstennahen Westeuropa anbaubar.
A: Der Toringo-Apfel ist einer der zahlreichen ostasiatischen Zieräpfel, die in Mitteleuropa angebaut werden.

Laubhölzer, Sträucher

Blätter einfach ● wechselständig ● gelappt ●

Zweigriffliger Weißdorn, Rotdorn *Crataegus laevigata* (*C. oxyacantha*)
Rosengewächse *Rosaceae*
2 – 10 m; Mai, Juni
SK: Wildformen mit weißen, fünfblättrigen Blüten, die etwa 1 – 1,5 cm im Durchmesser haben und stets 2 Griffel besitzen. Fast alle rotblühenden, gefüllten und derzeit gepflanzten Gartensorten gehören zu dieser Art.
B: Blätter schwach gelappt, am Grunde abgestumpft und hier deutlich weniger breit als lang.
SV: Liebt nährstoffreichen Lehmboden, der auch kalkarm sein kann, aber tiefgründig sein sollte. Bevorzugt Standorte, an denen die tiefreichenden Wurzeln Anschluß an das Grundwasser finden. In Mittel- und Westeuropa an Waldrändern und Feldgebüschen häufig.
A: Der Zweigrifflige Weißdorn wird zur Rohbodenbefestigung an Straßenböschungen gepflanzt. Die Sorten mit roten, gefüllten Blüten sind reizvolle Ziersträucher auch im mittelgroßen Garten oder als Glieder einer Wildwuchshecke. Ja, sie lassen sich sogar zu einer Schnitthecke erziehen. Als Vogelnistgehölz von Bedeutung.

Stachelbeere

Stachelbeere *Ribes uva-crispa* Steinbrechgewächse *Saxifragaceae*
50 – 120 cm; April, Mai
SK: Zweige mit einfachen, seltener mit dreifachen Stacheln. Blüten zu 1 – 3, glockig, grüngelb, häufig rot überlaufen, unscheinbar.
B: Blätter im Umriß rundlich, 2 – 6 cm breit, oft gebüschelt, 3 – 5lappig. Frucht rot, gelb oder grün, mehr oder minder steifhaarig.
SV: Wild oder verwildert in steinigen, sickerfeuchten Gebüschen auf nährstoffreichen Böden. In Mitteleuropa selten.
A: Zahlreiche Kultursorten, die z. T. aus Kreuzungen mit amerikanischen Arten entstanden sind. Wuchsfreudigkeit, Wuchsform, Fruchtgeschmack und Größe variieren beträchtlich. Manche Sorten sind mehltauanfällig.

Gold-Johannisbeere, Gelbe Johannisbeere *Ribes aureum*
Steinbrechgewächse *Saxifragaceae*
1 – 2 m; April, Mai
SK: Blüten in meist aufrechten oder abstehenden Trauben, goldgelb, wohlriechend. Blätter tief dreilappig, 3 – 5 cm breit. Zweige stachellos.
B: Beeren schwarz, wohlschmeckend. Blätter verfärben sich im Herbst tiefrot.
SV: Heimat: Kalifornien. Wächst dort in feuchten, flußbegleitenden Wäldern; in Europa seit 1812. Bevorzugt lockeren, feuchten Boden, gedeiht bei entsprechender Pflege aber auf allen Böden.
A: Wird vor allem unter Bäumen als Unterwuchs in großen Gärten angepflanzt. Als Herbstschmuck wertvolle Zierpflanze.

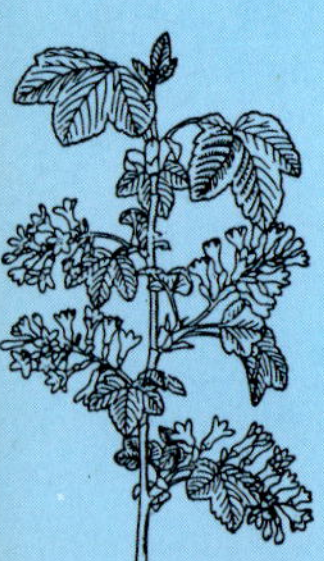
Blut-Johannisbeere

Blut-Johannisbeere *Ribes sanguineum* Steinbrechgewächse *Saxifragaceae*
1,5 – 2,5 m; April, Mai
SK: Blüten tiefrot, Blütentrauben mit meist mehr als 15 Blüten, hängend. Blätter riechen nach Zerreiben unangenehm.
B: Blätter im Umriß rundlich, 2 – 5lappig. Blätter unten deutlich behaart. Frucht blauschwarz, weiß bereift.
SV: Heimat: Nordamerika. Seit 1826 in Europa als Zierpflanze. Gedeiht auf tiefgründigen, nährstoffreichen, aber nicht zu festen Böden besonders gut.
A: Von der Blut-Johannisbeere werden mehrere Ziersorten gepflanzt. Besonders langtraubig ist „Pulborough scarlet“, deren Blüten dicht stehen und am Röhreneingang weiß gefärbt sind.

Laubhölzer, Sträucher

Blätter einfach ● wechselständig gelappt

Alpen-Johannisbeere *Ribes alpinum* Steinbrechgewächse
Saxifragaceae
1 – 2,5 m; April – Juni
SK: Zweige stachellos. Blüten stets in aufrechten Trauben (oft 20 – 30 Blüten). Blüten nicht selten eingeschlechtig, unscheinbar, grünlichgelb.
B: Blätter 2 – 4 cm lang, 3(– 5)lappig. Lappen gekerbt. Beeren rot, fad und schleimig.
SV: Wild in Bergschluchtwäldern und Mischwäldern auf sickerfeuchtem Boden, der lehmig sein kann, aber dann mit Steinen durchsetzt sein sollte. Kalkliebend. Geht in den Alpen bis etwa 1700 m. Selten.
A: Häufig als Hecke angepflanzt („Goldform", „Zwergform"). Auch hochwüchsige Sorten. Eignet sich für Gärten in Industriegebieten, da ziemlich unempfindlich gegen Luftverunreinigung.

Rote Johannisbeere, Ribisel *Ribes rubrum* Steinbrechgewächse
Saxifragaceae
50 – 150 cm; April, Mai
SK: Blütentrauben mit meist mehr als 15 Blüten, hängend. Blüten gelb-grünlich. Kelchblätter kahl. Zweigspitzen drüsenlos.
B: Blätter im Umriß rundlich, 4 – 10 cm breit. Blattstiel höchstens so lang wie die Blattspreite. Blätter 3 – 5lappig, riechen beim Zerreiben nicht nach Blattwanzen. Beeren der meisten Sorten rot, seltener gelblichweiß, oft etwas rauh, aber merklich süß.
SV: Sehr selten wild in nassen Auwäldern West- und Mitteleuropas. Vor allem die Kultursorten brauchen nährstoffreichen, lehmig-tonigen Boden.
A: Die Rote Johannisbeere wird wahrscheinlich schon seit dem 15. Jahrhundert kultiviert. Von ihr gibt es weit mehr Sorten als von der Schwarzen Johannisbeere. Sie unterscheiden sich vor allem in der Reifezeit, der Fruchtgröße, der Samengröße und der Anzahl der Früchte im Fruchtstand. Viele sind empfindlich gegen Chlorionen und kümmern deshalb an Straßen, an denen sie winters von streusalzhaltigem Spritzwasser getroffen werden.

Schwarze Johannisbeere

Schwarze Johannisbeere *Ribes nigrum* Steinbrechgewächse
Saxifragaceae
80 – 150 cm; April, Mai
SK: Blätter und Zweigspitzen (auffällig im Knospenstadium) mit gelblichen Drüsen bzw. Harzausscheidungen. Blätter und Rinde riechen beim Zerreiben – und für die meisten Menschen unangenehm – nach Blattwanzen. Blütentrauben in der Regel mit weniger als 10 grünlichrötlichen, unscheinbaren Blüten, hängend.
B: Blätter im Umriß rundlich, 5 – 10 cm breit, tief 3 – 5lappig. Beeren schwarz, süß.
SV: Selten in Bruch- und Auwäldern Mitteleuropas noch wild. Bevorzugt nassen, tonigen Boden und zumindest Halbschatten.
A: Fast alle Sorten der Schwarzen Johannisbeere zeichnen sich durch hohen Gehalt an Vitamin C aus.

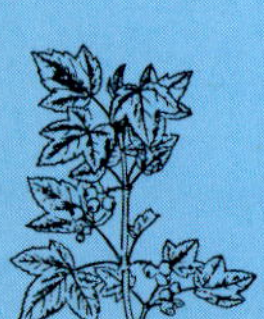

Felsen-Johannisbeere

Felsen-Johannisbeere *Ribes petraeum* Steinbrechgewächse
Saxifragaceae
80 – 180 cm; April, Mai
SK: Hängende Blütentraube. Blütenblätter rot punktiert. Kelchblätter fein behaart. Blätter und Zweigspitzen drüsenlos.
B: Blätter im Umriß rundlich, 2 – 10 cm breit. Blattstiel mindestens so lang wie die Blattspreite. Blätter 3 – 5lappig, riechen beim Zerreiben nicht nach Blattwanzen. Frucht rot, ausgesprochen sauer.
SV: Selten noch wild in feuchten Bergmischwäldern und in Schluchten mit reich entwickeltem Unterholz der Mittelgebirge Mittel- und Westeuropas. Bevorzugt sauren, steinigen Boden.
A: Die Felsen-Johannisbeere ist an ihren natürlichen Standorten ein Relikt der Eiszeit.

Laubhölzer, Sträucher

Blätter zusammengesetzt gegenständig gesägt gezähnt gekerbt

Roter Holunder

Roter Holunder, Trauben-Holunder *Sambucus racemosa*
Geißblattgewächse *Caprifoliaceae*
1 – 3,5 m; April, Mai
SK: Blüten- und Fruchtstand gedrungene, eiförmige Rispe. Blüten klein, grünlichweiß. Beeren scharlachrot, kugelig. Stengelmark hellbraun.
B: Blätter unpaarig gefiedert; meist 5 Fiederblättchen, die kurzstielig sind.
SV: Typische Pflanze auf Kahlschlägen und Waldverlichtungen. Gedeiht in mittleren Höhenlagen auf nährstoffreichen, aber eher kalkarmen Böden, geht jedoch auch auf Gesteinsschutthalden. An seinen Standorten meist zerstreut.
A: Die Samen enthalten einen zumindest schwach giftigen Stoff. Das Fruchtfleisch selbst ist ungiftig. Es enthält 25 – 65 mg Vitamin C pro 100 Gramm Fruchtfleisch, dazu Provitamin A und Pektine.

Klappernuß

Klappernuß, Pimpernuß *Staphylea pinnata* Pimpernußgewächse *Staphyleaceae*
2 – 5 m; Mai, Juni
SK: Blütenstand hängende Traube. Blüten klein, hellrot bis weiß, glockig.
B: 5 – 7 Fiederblättchen. Frucht häutige Kapsel, in der die etwa 1 cm langen, gelbbraunen Samen „klappern".
SV: Liebt humusreichen, warmen und lockeren Boden. Bevorzugt volle Besonnung, erträgt auch Halbschatten. Verwildert gelegentlich am Rande wärmeliebender Flaum-Eichen-Gebüsche oder Buchenwälder. Heimat: Östliches Mittelmeergebiet.
A: Die sehr harten Samen kann man durchbohren und auf eine Schnur zu originellen Ketten oder Armbändern auffädeln.

Amerikanische Pimpernuß, Dreiblättrige Klappernuß *Staphylea trifolia*
Pimpernußgewächse *Staphyleaceae*
2 – 4 m; Mai, Juni
SK: Blütenstand eine hängende Traube. Blüten klein, unter 1 cm lang, weiß, glockig. Blätter stets nur mit 3 Teilblättchen.
B: Fiederblättchen fein gezähnelt, das mittlere lang gestielt. Frucht eine häutige, etwa 5 cm lange und knapp halb so breite, hängende Kapsel.
SV: Heimat: Nordamerika. Braucht nährstoffreichen, lockeren Boden in warmer Sonnen- oder Halbschattenlage, ist aber winterhart. An die Bodenfeuchtigkeit stellt sie nur geringe Ansprüche.
A: Der Strauch ist zu allen Jahreszeiten sehr dekorativ. Das zierliche Laub, die Früchte und die gestreifte Rinde während der blattlosen Zeit geben dem Gewächs seine besonderen Reize.

Strauch-Roßkastanie *Aesculus parviflora* Roßkastaniengewächse *Hippocastanaceae*
1 – 4 m; Juli
SK: Blüten in großen (20 – 30 cm), pyramidalen, aufrechten Rispen, weißlich. Staubgefäße mindestens doppelt so lang wie die Blütenblätter und daher besonders auffällig.
B: 5 – 7 Teilblättchen, die kerbigen Rand besitzen und unterseits deutlich stumpfweiß behaart sind.
SV: Heimat: Südöstliches Nordamerika. Liebt tiefgründigen, lehmigen und eher nährstoffreichen Boden. Braucht Sommerwärme, erträgt dagegen immerhin mäßig strengen winterlichen Frost und kann daher in den meisten Gegenden Mittel- und Westeuropas erfolgreich angebaut werden.
A: Die Strauch-Roßkastanie ist in Europa im ersten Drittel des 19. Jahrhunderts als Zierpflanze in Kultur genommen worden. In größeren Gärten bildet sie – zu mehreren locker gepflanzt – einen wirkungsvollen Schwerpunkt und einen guten Schutz gegen Einsicht.

Laubhölzer, Sträucher

Blätter zusammengesetzt wechselständig ganzrandig

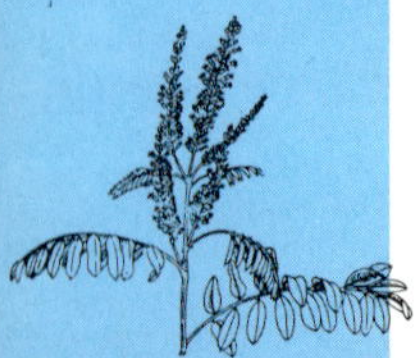

Gemeiner Bastard-Indigo

Gemeiner Bastard-Indigo *Amorpha fruticosa* Schmetterlingsblütengewächse *Fabaceae* (*Leguminosae*)
1,5 – 6 m; Juni – August
SK: Blütenstand blattachselständige, 8 – 15 cm lange, meist aufrechte Traube. Die „Schmetterlingsblüte" besteht nur aus der purpurvioletten, eingerollten Fahne.
B: Blätter bis 25 cm lang und langstielig. 11 – 25 Fiederblättchen. Wuchsform des Strauches sparrig.
SV: Heimat: Nordamerika. Bevorzugt warmen, geschützten, sonnigen Standort auf lehmigem, nährstoffreichem, eher trockenem Boden. Hält in strengen Wintern nicht stand.
A: Der Bastard-Indigo liefert einen blauen Farbstoff, der früher zum Färben benutzt wurde.

Roter Blasenstrauch *Colutea orientalis* Schmetterlingsblütengewächse *Fabaceae* (*Leguminosae*)
1 – 3 m; Juni, Juli
SK: Blütenstände 2 – 5blütige Trauben. Blüten rotbraun. Hülse häutig, aufgeblasen, 2 – 3,5 cm lang, oft violett überlaufen.
B: 7 – 11 Fiederblättchen. Zweige mit schütterem Mark oder hohl.
SV: Bevorzugt lockere, kalkhaltige Böden. Gedeiht nur in wintermilden und sommerwarmen Lagen. Heimat: Kaukasus und mittleres Zentralasien.
A: Der Rote Blasenstrauch muß als giftverdächtig angesehen werden, obwohl bislang ein eindeutig charakterisierter Giftstoff nicht nachgewiesen werden konnte. Als Zierstrauch hat er sich in fast allen Teilen Mitteleuropas nur mit mäßigem Erfolg bewährt. Seine Standortansprüche werden vor allem klimatisch kaum irgendwo befriedigt.

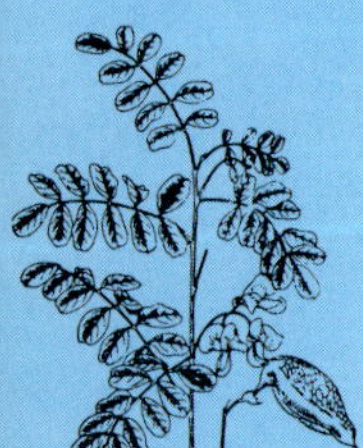

Gelber Blasenstrauch

Gelber Blasenstrauch *Colutea arborescens* Schmetterlingsblütengewächse *Fabaceae* (*Leguminosae*)
1,5 – 4 m; Juni, Juli
SK: Blütenstand aufrechte, 3 – 6blütige Traube. Blüten gelb. Fahne mit bräunlichem Fleck. Hülse häutig, aufgeblasen, 6 – 7 cm lang.
B: 7 – 11 Fiederblättchen. Zweige mit schütterem Mark oder hohl.
SV: Bevorzugt kalkhaltige Lehm- und Lößböden, die locker sein müssen und daher steinig sein können. Braucht Sommerwärme. Besiedelt in klimabegünstigten Lagen Mitteleuropas Ränder von Flaum-Eichen-Wäldern, geht aber auch in Trockengebüsche. In Mitteleuropa sehr selten. Verbreitungsschwerpunkt Mittelmeergebiet.
A: Der Gelbe Blasenstrauch wurde früher als Volksheilmittel benutzt. Ein Wirkstoff konnte bislang nicht erkannt werden. Indes schmecken Blätter und Frucht bitter. Sie müssen als möglicherweise giftig angesehen werden.

Waterers Goldregen, Bohnenbaum *Laburnum* × *watereri* (*Cytisus* × *watereri*) Schmetterlingsblütengewächse *Fabaceae* (*Leguminosae*)
2 – 8 m; Mai, Juni
SK: Blüten in 40 – 50 cm langen Trauben, hell goldgelb, häufig auf der Fahne mit braunen Strichen. Junge Blätter an der Unterseite höchstens spärlich behaart.
B: Blätter kleeähnlich, 3 – 8 cm lang und 2,5 – 4 cm breit, oben dunkler grün.
SV: Bevorzugt tiefgründigen, nährstoff- und kalkreichen Boden, der etwas feucht sein sollte. Bastard zwischen Gemeinem Goldregen und Alpen-Goldregen, daher nirgends wild und nur gelegentlich verwildert.
A: Die seit etwa 100 Jahren bekannte Züchtung ist heute „der" Goldregen in Parks und Gärten, da seine Blütenfülle und die Länge der Blütentrauben unübertroffen sind. Die Giftigkeit des Strauches ist, wenn überhaupt, nur unwesentlich geringer als die des Gemeinen Goldregens.

Blätter zusammengesetzt wechselständig ganzrandig

Schwarzwerdender Geißklee

Schwarzwerdender Geißklee *Lembotropis nigricans* (*Cytisus nigricans*)
Schmetterlingsblütengewächse *Fabaceae* (*Leguminosae*)
50 – 150 cm; Juni, Juli
SK: Blütenstände aufrechte Trauben am Ende der Zweige. Blüten goldgelb, duftend. Zweige werden beim Trocknen schwarz.
B: Blätter wie bei Kleearten dreiteilig. Teilblättchen 1 – 2,5 cm lang und 0,5 – 1 cm breit, gestielt, auf der Oberseite kahl, unterseits anliegend behaart.
SV: Braucht nährstoffreichen, aber sommerwarmen Boden, der auch zeitweise trocken sein darf. Bevorzugt steinige Lehm- und Tonböden, geht auch auf Sand. Erreicht am Ostrand des Schwarzwaldes seine West-, an der „Mainlinie" seine nördliche Verbreitungsgrenze in Mitteleuropa. Selten.
A: Als Zierpflanze wenig wirkungsvoll.

Rosenginster, Purpur-Geißklee *Cytisus purpureus*
Schmetterlingsblütengewächse *Fabaceae* (*Leguminosae*)
30 – 60 cm; April – Juni
SK: Große, über 2 cm lange, rote Schmetterlingsblüten zu 1 – 3 an blattachselständigen Kurztrieben. Pflanze dornenlos und kaum behaart.
B: Blättchen in der Regel dreigeteilt, kahl, im Blütenstand zuweilen nur einfach. Blüten purpurrot, seltener karminrot oder weiß. Äste kantig, etwas rutenförmig, niederliegend oder aufsteigend, jung zerstreut behaart.
SV: Braucht kalkhaltige, warme aber nicht zu trockene, steinige Lehmböden. Mittelmeerpflanze, die in den Südalpen die Nordgrenze ihres natürlichen Verbreitungsgebietes erreicht hat. Bei uns vor allem in Gärten.
A: Der Rosenginster reichert den Boden mit Stickstoff an.

Blätter zusammengesetzt wechselständig gesägt
gezähnt gekerbt

Dornige Hauhechel

Dornige Hauhechel *Ononis spinosa* Schmetterlingsblütengewächse
Fabaceae (*Leguminosae*)
20 – 50 cm; Juni – September
SK: Blüten rosa, einzeln oder wenige blattachselständig. Stengel niederliegend oder aufsteigend, dornig oder dornenlos.
B: Blätter kleeartig dreigeteilt, kurzstielig oder sitzend. Haare bei den deutlich bedornten Formen (*O. spinosa* im engeren Sinn) oft nur in 1 – 2 Reihen am Stengel, bei unbedornten Formen häufig allseitig und mit Drüsen (*O. repens*).
SV: Braucht eher nährstoffarmen, aber häufig kalkreichen oder doch kalkhaltigen Untergrund, der zumindest zeitweise austrocknen kann (Tiefwurzler). Wird durch Beweidung begünstigt. Bevorzugt daher Schafweiden und magere Rinderweiden in den Mittelgebirgen. In Mitteleuropa zerstreut.
A: Die Botaniker sind sich nicht einig, ob man im Formenkreis der Dornigen Hauhechel mehrere Sippen voneinander unterscheiden soll.

Blätter zusammengesetzt wechselständig ganzrandig

Besenginster, Brahmbusch *Cytisus scoparius* (*Sarothamnus sc.*)
Schmetterlingsblütengewächse *Fabaceae* (*Leguminosae*)
60 – 200 cm; Mai, Juni
SK: Große, gelbe Schmetterlingsblüten einzeln oder zu zweit in den Blattachseln; zusammengesetzte, durchblätterte Trauben bildend.
B: Zweige rutenförmig, 5kantig, beim Trocknen schwarz werdend. Blätter wie beim Klee dreiteilig, sehr früh abfallend; an den Langtrieben bis in den Winter hinein ausdauernde, ungeteilte Blätter.
SV: Braucht nährstoffreiche, kalkarme, nicht zu trockene Böden in sonniger, wintermilder Lage. Nicht frosthart. Bevorzugt sandige Lehmböden oder fast reine, festliegende Sandböden. In den Kalkgebieten selten, sonst in Westeuropa häufig in Heiden, Lichtungen, lichten Wäldern und Bergwiesen.
A: Zumindest giftverdächtig. Alte Heilpflanze.

Laubhölzer, Sträucher

Blätter zusammengesetzt   wechselständig   ganzrandig

Strauch-Fingerkraut, Fingerstrauch *Potentilla fruticosa* Rosengewächse *Rosaceae*
20 – 120 cm; Mai – September
SK: Blüten gelb (selten weiß), 1,5 – 4,5 cm im Durchmesser, 5 Blütenblätter (Ausnahme: Formen mit gefüllten Blüten), mehr als 10 Staubblätter.
B: Reichästig; Rinde älterer Zweige löst sich streifig ab. Blätter meist 5zählig, selten 3- oder 7zählig gefiedert, sitzend.
SV: Vereinzelte Wildstandorte in der nördlich-gemäßigten Zone, in Europa z. B. in den Pyrenäen, in England und Irland. Geht im Gebirge in sickerfeuchte, feinerdearme Felsspalten, im Flachland auf eher nasse, aber durchlüftete Standorte.
A: Aus den geographisch voneinander getrennten Sippen der Art hat man zahlreiche Kulturformen gezüchtet.

Brombeere *Rubus fruticosus* Rosengewächse *Rosaceae*
50 – 200 cm; Mai – August
SK: 3 – 5 Teilblättchen sind handförmig angeordnet. Blüten weiß oder nur schwach rosa. Frucht schwarz.
B: Die Wuchsform der Brombeeren kann von kriechend über aufsteigend bis zu aufrecht und überhängend gehen.
SV: Bevorzugt nährstoffreichen Boden in nicht zu lufttrockenem, frostigem Klima. Geht eher in Schatten und Halbschatten und besiedelt daher vor allem Wälder, Gebüsche, Schläge, Lichtungen und Waldränder. In Mittel- und Westeuropa häufig.
A: Brombeeren bilden in ihren Samenanlagen auch ohne Befruchtung – wiewohl die Blüten rege von Insekten beflogen werden – Embryonen. Daher können sich einmal aufgetretene Erbänderungen nicht rasch in der ganzen Art durchsetzen. Nicht zuletzt führte dies zur Entstehung einer Vielzahl von Formen, die neben äußerlichen Besonderheiten auch unterschiedliche Standortansprüche aufweisen. Sie sind vielfach nur von Spezialisten zu bestimmen.

Himbeere

Himbeere *Rubus idaeus* Rosengewächse *Rosaceae*
50 – 150 cm; Mai – August
SK: Stengel aufrecht oder gebogen, feinstachelig. Blätter hellgrün, mit 3 – 7 Teilblättchen, unterseits weißhaarig.
B: Wenigblütige, hängende oder übergebogene Rispe. Teilblättchen eiförmig, an der Oberseite runzelig.
SV: Braucht feuchten, nähr- und stickstoffreichen Boden, der im übrigen lehmig oder steinig-schuttig sein kann. Erträgt Halbschatten, gedeiht aber bei fast vollem Tageslicht am besten. Tritt daher auf Waldlichtungen, an Waldrändern, seltener in lichten Gebüschen auf Steinschutt mit guter Wasserführung auf. Meist in größeren Beständen. In ganz Europa mit Ausnahme der Mittelmeerregion und Südosteuropas häufig oder zerstreut.
A: Die Himbeere wird in zahlreichen Sorten angebaut. Die Sammelfrüchte enthalten oft reichlich Vitamin C.

Hunds-Rose

Hunds-Rose *Rosa canina* Rosengewächse *Rosaceae*
1,3 – 3 m; Juni
SK: Blüten blaßrot bis hellrosa. Kelchblätter nach dem Verblühen zurückgeschlagen. Stengel stachelig. Stacheln gebogen.
B: Meist 1, seltener bis 3 Blüten in den Blattachseln. Duft schwach oder nicht wahrnehmbar. Blütenblätter um 2 cm lang. 5 – 7 eiförmige Teilblättchen, die kahl sind. Andere Rosen s. S. 42 – 50.
SV: Braucht nährstoffreichen, tiefgründigen Boden, da sie ihre Wurzeln weit über einen Meter in die Tiefe treibt. Erträgt daher Trockenheit. Besiedelt Hekken, Wegraine, Waldränder. Etwas wärmeliebend. In Mittel- und Westeuropa häufig. Bildet örtlich abweichende Formen.
A: Hagebutten der Heckenrose enthalten bis 1700 mg Vitamin C auf 100 Gramm frische Früchte, außerdem Provitamin A, Vitamine der B-Gruppe, Vitamin K und Vitamin P.

Laubhölzer, Sträucher

Blätter zusammengesetzt wechselständig gesägt
gezähnt gekerbt

Ebereschenblättrige Fiederspiere

Ebereschenblättrige Fiederspiere *Sorbaria sorbifolia* Rosengewächse *Rosaceae*
1 – 2,5 m; Juni, Juli
SK: Blüten klein, gelblichweiß. 5 Blütenblätter. In den schmalkegeligen Blütenständen stehen zahlreiche Blüten zusammen. Die meisten Rispen werden länger als 10 cm, oft bis zu 30 cm.
B: Blätter 15 – 30 cm lang, 11 – 25 Teilblättchen, die lanzettlich und kahl sind. Früchte aufrecht, trockenhäutig.
SV: Heimat: Nordöstliches Sibirien. Stellt keine besonderen Ansprüche an den Boden. Erträgt zeitweilige Trockenheit, kümmert aber etwas auf staunassem, wenig durchlüftetem Untergrund. Gedeiht sowohl bei voller Sonnenbestrahlung als auch im Halbschatten.
A: Der anspruchslose Strauch wird bei uns verhältnismäßig selten gepflanzt. Seine kleinen Blüten „wirken" trotz der langen Blütenstände nicht. Zudem neigt die Art wegen ihrer Ausläufer zum Verwildern. Sie eignet sich daher am ehesten als Unterwuchs unter hohen, lichten Bäumen in weiträumigen Parks.

Essigbaum *Rhus typhina* Sumachgewächse *Anacardiaceae*
3 – 6 m; Juni, Juli
SK: Blüten in aufrechten Kolben, die erst grüngelb, dann leuchtend rotbraun aussehen. Blätter und Stengel dicht drüsig behaart.
B: Blätter bis 40 cm lang, meist mit 11 – 13 Teilblättchen, die scharf gesägt und bei einigen Formen auch zerschlitzt sind.
SV: Heimat: Nordamerika. Braucht trockenen, nährstoffreichen Boden. Treibt unterirdische Ausläufer, die vor allem bei älteren Exemplaren zahlreiche „Ableger" austreiben. Gelegentlich auf leicht schuttigen (Bauschutt), ortsnahen und warmen Halden verwildert.
A: Die Art wird von einigen Botanikern für giftig gehalten, wohl weil sie eindeutig giftige Verwandte hat. Endgültige Beweise für die Giftigkeit stehen aus; dennoch raten wir zur Vorsicht. Der Essigbaum ist nämlich seines leuchtend roten Herbstlaubes und der Blattaufteilung wegen während der letzten Jahre einer der verbreitetsten Ziersträucher geworden.

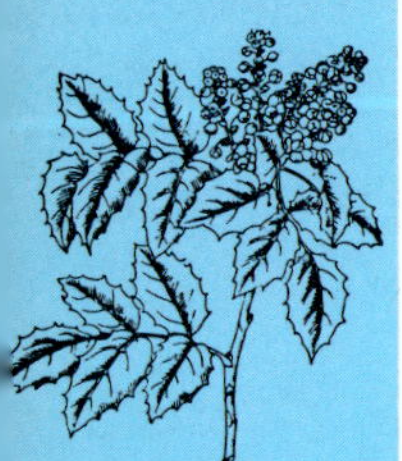

Mahonie

Mahonie *Mahonia aquifolium* Berberitzengewächse *Berberidaceae*
50 – 150 cm; April, Mai
SK: Blütentrauben aufrecht. Blüten mit 6 goldgelben Blütenblättern. Blätter wintergrün, dornig gezähnt. Beeren blau bereift. Saft der Beeren dunkelrot.
B: 5 – 9 Teilblättchen, lederartig zäh. Stengel stachellos.
SV: Bevorzugt mullhaltige, nährstoffreiche und eher feuchte Böden. Winterfrostempfindlich. Erträgt Schatten. Heimat: Westen von Nordamerika.
A: Die Staubblätter klappen nach Berühren auf der unteren Innenseite einwärts. Da Mahonien häufig als Unterwuchs gepflanzt werden, darf man sie nicht zu hoch werden lassen.

Blätter zusammengesetzt wechselständig ganzrandig

Strauchige Pfingstrose *Paeonia suffruticosa* Hahnenfußgewächse *Ranunculaceae*
1 – 2 m; Mai, Juni
SK: Blüten 10 – 25 cm im Durchmesser, meist gefüllt, weiß, rosa, rot, violett und schwarzrot. Blätter mit Stiel gemessen um 30 cm lang.
B: Meist 3 deutliche, in sich wiederum stark aufgeteilte Teilblättchen. Stamm knorrig, wirkt dick.
SV: Bevorzugt lehmigen, nicht allzu verfestigten nährstoffreichen Boden, der feucht, aber nicht staunaß sein sollte und sommerwarm sein muß. Anfällig gegen Herbstfröste. Heimat: China, Tibet.
A: Die Gartenform ist meist einer Unterlage aufgepfropft. Sie wächst langsam und kommt erst nach einigen Jahren zur Blüte. Deswegen sollte sie nicht geschnitten werden. Frostschutz empfiehlt sich.

Laubhölzer, Strauch oder Baum

Blätter einfach   gegenständig   ganzrandig

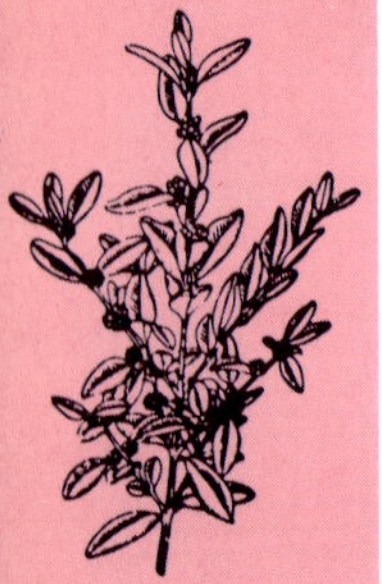

Buchsbaum

Buchsbaum *Buxus sempervirens* Buchsbaumgewächse *Buxaceae*
15 cm – 7 m; März – Mai
SK: Blätter lederartig, bis 2 cm lang, immergrün.
B: Blüten unscheinbar, gelblichweiß, blattachselständig. Junge Zweige mehr oder minder deutlich vierkantig.
SV: Braucht nährstoffreichen, tiefgründigen Boden, der indes durchaus sehr steinig sein kann. Wurzelt sehr tief. Gegen kalte und trockene Winter, in denen das Erdreich bis in größere Tiefen gefriert, empfindlich. Erträgt aber Trockenheit und Winterfrost erstaunlich gut, wenn die Wurzeln in größerer Tiefe noch Luft, Feuchtigkeit und Nährstoffe vorfinden. Erreicht in Südwestdeutschland die Nordostgrenze seines Verbreitungsgebiets. Verbreitungsschwerpunkt: Westeuropa und westliches Südeuropa.
A: Wo es klimatisch irgend geht, ist der Buchsbaum ein wertvoller, wenngleich langsam wachsender Zierstrauch. Da er Rückschnitt verträgt, kann er zu Hecken gepflanzt oder als einzelstehender Strauch oder Baum in beliebige Form geschnitten werden. Überdies erträgt er insbesondere Staub- und Rußbedeckung. Blätter und Wurzelrinde enthalten mehrere Giftstoffe.

Virginischer Schneeflockenstrauch

Virginischer Schneeflockenstrauch *Chionanthus virginicus*
Ölbaumgewächse *Oleaceae*
3 – 6 m; Mai, Juni
SK: Blütenstand 10 – 20 cm lange, nickende oder überhängende Rispe. Blüten weiß mit schmalen Blütenzipfeln, die mindestens doppelt so lang wie die Blütenröhre sind.
B: Blätter 8 – 20 cm lang, oben dunkelgrün, an der Unterseite heller, derb. Frucht dunkelblau, knapp 2 cm lang. (Jede Frucht mit nur einem Samen).
SV: Heimat: Mittleres bis südliches Nordamerika. Gedeiht auf allen Bodenarten und ist insbesondere ausgesprochen frosthart. Bevorzugt Vollsonne, ist aber auch noch mit Halbschatten zufrieden.
A: Der Virginische Schneeflockenstrauch wird vor allem wegen seiner duftigen, reichblütigen Blütenstände geschätzt, die ihm auch seine deutsche Bezeichnung eingetragen haben.

Roter Hartriegel *Cornus sanguinea* Hartriegelgewächse *Cornaceae*
2 – 4 m; Mai, Juni
SK: Blüten in flachen Trugdolden. Blätter bogig-fiedernervig. Zweige oft rötlich überlaufen, im Herbst und Winter blutrot.
B: Blätter 4 – 8 cm lang, eiförmig, beiderseits grün. Früchte schwarz, unscheinbar weiß punktiert.
SV: Braucht lehmigen Boden, der im übrigen steinig, sandig oder tonig sein kann, aber nährstoffreich sein sollte. Etwas wärmeliebend. Gedeiht vornehmlich an Waldrändern und in Feldhecken, geht aber auch in lichte Laubwälder und in Auwälder in milder Klimalage. Etwas kalkliebend. Auf Böden über Kalkgestein in Mittel- und Westeuropa häufig, sonst zerstreut oder selten, auf ausgesprochen saurem Boden fehlend.
A: Der Rote Hartriegel bildet Wurzelausläufer. Wo Boden auf steilem Gartengelände festgehalten werden muß, eignet er sich daher als Bodenfestiger und Glied einer Wildwuchshecke.

Weißer Hartriegel *Cornus alba* Hartriegelgewächse *Cornaceae*
2 – 3 m; Mai, Juni
SK: Blüten in flachen Trugdolden. Blätter mit bogigen Fiedernerven, auf jeder Seite des Hauptnervs mindestens 5. Blätter auf der Unterseite deutlich graugrün. Zweige meist rötlich.
B: Blätter 5 – 12 cm lang. Früchte hellblau oder weißlich bereift.
SV: Heimat: Sibirien. Stellt weder an Boden noch Klima besondere Ansprüche und gilt als ausgesprochen industriefest.
A: Von der Art gibt es zahlreiche Zuchtformen, die sich vor allem durch weißfleckige oder weißrandige Blätter auszeichnen. Andere Formen haben braune, schwarze oder tief blutrote Rinde.

Gemeiner Flieder

Laubhölzer, Strauch oder Baum

Blätter einfach gegenständig ganzrandig

Gemeiner Flieder *Syringa × vulgaris* Ölbaumgewächse *Oleaceae*
2 – 6 m; April, Mai
SK: Vielblütige Rispe, die 10 – 20 cm lang wird. Blütenfarben weiß, lila, blau, rot, violett. Blätter breit eiförmig, 5 – 12 cm lang.
B: Blätter oben und unten gleich gefärbt, mit feinen, im durchscheinenden Licht gut sichtbaren Blattnerven. Rinde der Zweige grau, grün, rötlich oder braun.
SV: Heimat: Südosteuropa. Liebt nährstoffreiche, kalkhaltige Böden. Wurzelt sowohl reichlich in die Tiefe wie in die Breite. Verwildert gelegentlich auf Steinschutt, an Felsen und Mauern.
A: Der Gemeine Flieder wird seit dem 16. Jahrhundert als Zierstrauch gepflanzt. Es gibt von ihm zahlreiche Sorten, von denen einige Bastarde mit anderen Arten darstellen.

Ungarischer Flieder, Josika-Flieder *Syringa josikaea* Ölbaumgewächse *Oleaceae*
2 – 4 m; Mai, Juni
SK: Blütenrispen stets aufrecht, meist nur 10 – 15 cm lang, schmal kegelförmig, nie walzlich. Knospen und Blüten violett.
B: Blätter breit eiförmig, 6 – 12 cm lang, blaugrün. Blütenzipfel spreizen nie waagrecht ab wie beim Gemeinen Flieder, sondern stehen mehr oder minder aufrecht über der Blütenröhre.
SV: Braucht Wärme und nährstoffreichen, tiefgründigen, lockeren Lehmboden. Heimat: Ungarn.
A: Die Wildsorte des Ungarischen Flieders ist in Gärten weniger häufig anzutreffen als die – ebenfalls eher seltenen – Kreuzungen mit anderen Arten, besonders mit dem Bogenflieder. Wegen seiner größeren Standortsansprüche sollte man den wegen seiner auffallenden Blütenstände ins Auge stechenden Strauch oder Kleinbaum einzeln pflanzen. Über seine Verwendbarkeit in Gegenden mit stärkerer Luftverschmutzung liegen nur widersprüchliche Angaben vor.

Bogenflieder *Syringa reflexa* Ölbaumgewächse *Oleaceae*
2 – 4 m; Mai, Juni
SK: Blütenrispen 10 – 25 cm lang, stets zumindest nickend oder hängend, walzlich. Knospen karminrot, etwa 1 cm lang. Blüten außen rosa, innen weißlich.
B: Blütenzipfel nicht wie beim Gemeinen Flieder mehr oder minder waagrecht abstehend, sondern kaum spreizend.
SV: Heimat: China. Nimmt mit Böden aller Art vorlieb. Gilt als frosthart. Gedeiht bei guter Nährstoffgabe besser als bei Magerkeit.
A: Der Bogenflieder ist als Zierstrauch aus zwei Gründen zu empfehlen: Er hat ein eigenartiges Farbenspiel beim Erblühen und kommt zur vollen Blütenentfaltung, wenn andere Arten der Gattung schon verblühen. Überdies erträgt er Luftverschmutzung aller Art offensichtlich erstaunlich gut.

Sweginzows Bogenflieder, Bogiger Sweginzow-Flieder *Syringa × swegiflexa* Ölbaumgewächse *Oleaceae*
1 – 3 m; Mai, Juni
SK: Blütenrispe 15 – 20 cm lang, locker, nickend oder fast aufrecht, walzlichkegelig. Knospen karminrot, meist kürzer als 1 cm. Blüten rosa.
B: Blütenzipfel spreizen deutlich von der Blütenröhre ab, wenngleich nicht so stark wie beim Gemeinen Flieder, jedoch stärker als beim Bogenflieder.
SV: Kreuzung aus Sweginzows Flieder und Bogenflieder. Heimat der Stammeltern: China. Gilt als frosthart. Gedeiht bei guter Nährstoffgabe besser als bei Magerkeit.
A: Sweginzows Bogenflieder ist etwas dichtblütiger als der Bogenflieder, ohne dessen Farbharmonie verloren zu haben. Seine eher noch stumpfer grünen Blätter erhöhen den Kontrast zu den zarten Blüten. In Industrielandschaften wertvoller neuerer Zierstrauch.

Laubhölzer, Strauch oder Baum

Blätter einfach gegenständig gelappt

Felsen-Ahorn

Felsen-Ahorn *Acer monspessulanum* Ahorngewächse *Aceraceae*
3 – 10 m; April
SK: Blüten gelbgrün, in zumindest nickenden, meist überhängenden, ganz kurzstieligen Rispen. Blätter höchstens 5 cm lang, mit nie mehr als 3 stumpfen Lappen.
B: Blätter etwa so breit wie lang. Blattlappen meist ganzrandig, gelegentlich etwas eingebuchtet, rechtwinklig oder stumpfwinklig aneinander stoßend. Rinde auch bei älteren Zweigen nie auffallend korkig.
SV: Braucht nährstoffreichen, lockeren Lehmboden und einen warmen Standort. Bevorzugt volle Sonne dem Halbschatten. Kommt daher nur an Waldrändern oder gut besonnten Gebüschen in klimabegünstigten Lagen vor. Erreicht in Südwestdeutschland die Nordostgrenze seiner Verbreitung. Hier selten, in Westeuropa zerstreut.
A: Die Art ist wegen ihrer Ansprüche gärtnerisch wenig geeignet, zumal sie weder auffallende Blüte noch Herbstfärbung bietet und in keiner gefälligen Form heranwächst.

Tatarischer Ahorn *Acer tataricum* Ahorngewächse *Aceraceae*
5 – 10 m; Mai, Juni
SK: Niederer, oft mehrstämmiger Baum oder kräftiger Strauch mit nur wenigen Grundtrieben und sparrigem Wuchs. Blütenstand rundliche Rispe, die aufrecht steht oder abspreizt, jedoch nicht hängt. Blütenblätter unscheinbar, weißlich und nur mit der Lupe deutlich zu erkennen. Blätter am Grund herzförmig, zuweilen schwach gelappt, am Rand leicht wellig und mit höchstens 12 Paaren von Seitenadern.
B: Die Blätter sind verhältnismäßig langstielig (2 – 4 cm), der Blattstiel undeutlich rinnig.
SV: Heimat: Südosteuropa und Kleinasien. In Mitteleuropa fast überall genügend winterhart. Liebt tiefgründigen, eher lehmigen und nährstoffreichen Boden, der weder vernäßt noch allzu trocken sein sollte.
A: Der Tatarische Ahorn wird oft als mehrstämmiger Baum gepflanzt. Wegen seines eher sparrigen Wuchses verlangt er indes genügend Raum.

Feld-Ahorn

Feld-Ahorn, Maßholder *Acer campestre* Ahorngewächse *Aceraceae*
3 – 15 m; Mai
SK: Blüten gelbgrün, in aufrechten, zusammengezogenen Rispen. Blätter stets unter 10 cm lang, stumpf 3 – 5lappig.
B: Blätter etwa so breit wie lang. Blattlappen ganzrandig, spitz aneinandergewinkelt. Rinde älterer Zweige auffallend korkig.
SV: Braucht nährstoffreichen Lehmboden, der im übrigen sandig, steinig oder tonig sein kann. Bevorzugt warme Plätze und Halbschatten. Besiedelt warme, zuweilen eher sickerfeuchte Laubwälder und Gebüsche.
A: Die ursprüngliche Bedeutung des Feld-Ahorns als Lieferant für drechselbares Holz tritt heute zurück hinter seiner Eignung als Windschutzhecke und Vogelheimat am Waldrand oder in freien, durchsickerten und oft steinigen Hanglagen. Im Gartenbau hat der Feld-Ahorn als Heckenpflanze Eingang gefunden, da er sich zu Hecken schneiden läßt.

Ähren-Ahorn *Acer spicatum* Ahorngewächse *Aceraceae*
5 – 8 m; Mai, Juni
SK: Blüten gelbgrün, in vielzähligen, schmalen Rispen oder einfachen Trauben. Blätter stets unter 10 cm lang, spitz 3lappig oder angedeutet 5lappig; unterseits behaart.
B: Blätter meist etwas länger als breit. Blattlappen ringsum gezähnt, ihre Buchten spitz- bis nahezu rechtwinklig. Die Blattunterseite ist durch die bleibende Behaarung grau gefärbt.
SV: Heimat: Östliches Nordamerika. Braucht tiefgründigen gut durchfeuchteten und nährstoffreichen Lehmboden. Sehr winterhart.
A: Der Ähren-Ahorn wächst meist zu einem sehr dekorativen, großen Strauch heran.

Blätter einfach   gegenständig   gelappt

Mandschurischer Ahorn, Feuer-Ahorn *Acer ginnala* Ahorngewächse *Aceraceae*
3 – 6 m; Mai, Juni
SK: Rispen aufrecht, vielblütig. Blüten weißlich, klein. Blätter handförmig dreilappig, mit auffallend verlängertem, spitz zulaufendem Mittellappen, von dem die beiden kurzen Seitenlappen nahe dem Blattstiel etwa rechtwinklig abstehen.
B: Flügel der Frucht stehen fast parallel ab und färben sich schon im Frühherbst leuchtend rot. Sowohl als Strauch wie als Baum ziemlich breit wachsend.
SV: Bevorzugt nährstoffreichen, lehmigen Boden, nimmt aber bei Einzelstellung und guter Düngung mit nahezu jeder anderen Bodenart vorlieb. Heimat: Nordostasien und Japan.
A: Der Mandschurische Ahorn rückte in den letzten Jahren zur beliebten Zierpflanze auf, weil er als ausgesprochen industriefest gilt. Abgase und Stäube in der Luft scheinen ihm nicht oder nur unwesentlich zu schaden.

Roter Ahorn *Acer rubrum* Ahorngewächse *Aceraceae*
10 – 20 m; April, Mai
SK: Blütenstand büschelig. Blüten rot, meist unter 1 cm im Durchmesser, selten nur etwas rötlich angelaufen. Blüten erscheinen vor, seltener mit den Blättern.
B: Blätter fast immer nur mit 3 Lappen, sehr selten mit 5. Lappen grob gesägt. Sägezähne nie mit langer Spitze. Blätter oben lichtgrün, unten deutlich blaugrün, gelegentlich deutlich behaart.
SV: Heimat: Östliches Nordamerika. Braucht feuchten, ja nassen, kalkarmen oder kalkfreien Boden.
A: Der Rote Ahorn wird in seiner Heimat wesentlich größer und in der Kronenform dichter als bei uns.

Spitz-Ahorn

Spitz-Ahorn *Acer platanoides* Ahorngewächse *Aceraceae*
10 – 20 m; April, Mai
SK: Blütenstände doldig. Blüten um oder unter 1 cm im Durchmesser, gelbgrün.
B: Blätter mit 5 – 7 kräftigen Zähnen, die in deutlicher, meist langer Spitze enden. Bucht zwischen den Blattlappen rundlich.
SV: Braucht feuchten, nährstoffreichen, lockeren und eher tiefgründigen Boden, der im übrigen lehmig, tonig oder steinig sein kann. Liebt sommerwarme Standorte. In Mittel- und Westeuropa selten in Schluchtwäldern, sommermilden Laubwäldern, an schuttig-lehmigen Mittelgebirgshängen und in Auwäldern. Häufig als Alleebaum gepflanzt.
A: Vom Spitz-Ahorn gibt es zahlreiche Gartenformen. Zu den ältesten zählen die „Kugel-Ahorne", die ohne regelmäßigen Schnitt eine dichtkugelige Krone bilden. Neuerdings erfreuen sich „Blutformen" mit mehr oder minder intensiv rot gefärbtem Laub immer noch zunehmender Beliebtheit.

Fächer-Ahorn

Fächer-Ahorn, Palmen-Ahorn *Acer palmatum* Ahorngewächse *Aceraceae*
1 – 8 m; Juni
SK: Blätter handförmig gelappt oder fein zerschlitzt, wobei aber 5 – 7 Hauptlappen noch einigermaßen unterschieden werden können. Farbe der Blätter wechselt von grün bis tiefrot.
B: Zweige auffallend dünn, wiewohl bei vielen Formen ziemlich kurz.
SV: Braucht nährstoffreichen Boden, der jedoch je nach Sorte flach oder tief sein darf. Flachwurzelnde Sorten müssen sommers und vor Frosteintritt gewässert werden. Heimat: Japan.
A: Die Art ist in Japan eine Zierpflanze mit Tradition. Bei uns erfreut sie sich zunehmender Beliebtheit. Es gibt infolgedessen auch zahlreiche, zum Teil recht wesentlich voneinander abweichende Sorten. Neben den Nährstoffansprüchen ist allen gemein die Frostempfindlichkeit, vor allem im späten Frühjahr. Mindestens zu dieser Zeit müssen sie – wo dies natürlicherweise nicht erwartet werden kann – geschützt werden.

Laubhölzer, Strauch oder Baum

Blätter einfach   wechselständig   ganzrandig

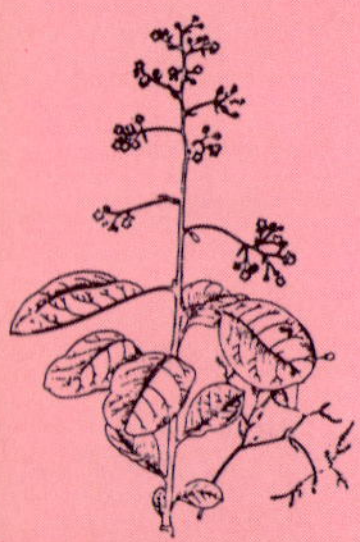

Perückenbaum

Faulbaum

Perückenbaum, Perückenstrauch *Cotinus coggygria* Sumachgewächse *Anacardiaceae*
1 – 3 m; Juni, Juli
SK: Blüten in großen, lockeren, endständigen Rispen. Blüten unscheinbar. Auffällig dichtwollige Fruchtrispen.
B: Blätter 3 – 8 cm lang, kahl, oben meist dunkelgrün, unten blaugrün. Gartenformen häufig mit roten Sommerblättern. Die Behaarung der „Fruchtrispen“ kommt nicht etwa durch Haare an der Frucht zustande – die Blüten sind bei uns meist unfruchtbar – sondern durch Behaarung der „Frucht“stiele.
SV: Braucht warmen, nährstoffreichen, eher lockeren und trockenen Boden. In strengen Wintern sind besonders Jungpflanzen frostgefährdet. Heimat: Osteuropa und östliches Mittelmeergebiet. In Mitteleuropa und Westeuropa gelegentlich verwildert.
A: Der Perückenstrauch wurde nicht nur seiner „Perücken“ wegen zum Zierstrauch. Vorschub leisteten die „Blutformen“, die zum sommerlichen Grün einen kräftigen Gegensatz bildeten.

Faulbaum *Frangula alnus* (*Rhamnus frangula*) Faulbaumgewächse *Rhamnaceae*
1 – 4 m; Mai, Juni
SK: Blüten grünlichweiß, unscheinbar, mit 5 Zipfeln. Erst rote, später schwarze, beerenähnliche Steinfrucht (nur 1 Samen). Zweige stets ohne Dornen oder Dornspitzen.
B: Blätter eiförmig, 4 – 7 cm lang und etwa halb so breit wie lang.
SV: Braucht staunassen oder zumindest feuchten, schweren Lehm- oder Tonboden, der eher sauer sein kann als nährstoffreich sein muß. Liebt Licht. Besiedelt daher vorzugsweise Waldränder, geht aber auch auf Lichtungen, in Auwälder und Moore, seltener in bachbegleitendes Gebüsch. Zerstreut.
A: Die Rinde wurde früher als Heilmittel genutzt. Schwach giftig.

Schmalblättrige Ölweide *Eleagnus angustifolia* Ölweidengewächse *Eleagnaceae*
4 – 7 m; Juni
SK: Zweige dornig (mehrere Zweige, besonders „Kurztriebe“ betrachten), mit silbrigem, abwischbarem Überzug. Blüten unscheinbar. Blätter 5 – 7 cm lang und 1 – 2 cm breit, meist oben und unten mit weißlichem Belag.
B: Wuchsform locker, oft etwas „zerzaust“. Früchte bei uns selten, gelb.
SV: Heimat: Östliches Mittelmeergebiet und Kleinasien. Bevorzugt trockenen, eher lockeren Boden. Eignet sich daher vor allem zur Bepflanzung und Befestigung von sandigen Böschungen. Durch strenge Fröste, vor allem im späten Frühjahr, können Schädigungen verursacht werden.
A: Die Schmalblättrige Ölweide ist überall, wo strenge Fröste nicht zu befürchten sind, ein erwünschtes Zier- und Schutzgehölz für den größeren Garten (Wildwuchshecke), Böschungsbefestigung und -begrünung und Rutschhemmer auf Sand (Dünen). Sie gilt nicht nur als wenig empfindlich gegenüber Luftverunreinigung, sondern erträgt auch recht hohe Konzentrationen von Salzen aller Art im Boden. Insbesondere ist sie gegen Streusalz widerstandsfähig.

Amerikanische Ölweide, Silber-Ölweide *Eleagnus commutata* Ölweidengewächse *Eleagnaceae*
1 – 4 m; Mai – Juli
SK: Zweige fast nie dornig (mehrere Zweige, besonders „Kurztriebe“ betrachten), mit silbrigem, abwischbarem Überzug. Blüten unscheinbar. Blätter 5 – 10 cm lang, stets mindestens 3 cm breit, meist 3,5 – 4,5 cm breit, stets oben und unten mit weißlichem Belag.
B: Wuchsform eher dicht. Früchte bei uns selten, trockenhäutig, silbrig.
SV: Bevorzugt lockeren, sandigen Boden, Frostempfindlich. Heimat: Nordamerika.
A: Wo bewegter Sand festgelegt werden muß, eignet sich die Art wegen ihrer zahlreichen Ausläufer besonders gut. Im Ziergarten wird sie eher lästig.

Laubhölzer, Strauch oder Baum

Blätter einfach   wechselständig   ganzrandig

Lilien-Magnolie *Magnolia denudata* Magnoliengewächse *Magnoliaceae*
6 – 12 m; April
SK: Blüten 10 – 15 cm im Durchmesser, vor den Blättern erscheinend, weiß oder elfenbeinfarben. 9 Blütenblätter.
B: Blätter verkehrt eiförmig, 10 – 15 cm lang und 5 – 8 cm breit, unterseits heller grün, jederseits mit 6 – 10 Seitennerven.
SV: Heimat: China und Japan. Braucht nährstoffreichen Boden und ist gegen starke Fröste in allen dafür in Frage kommenden Jahreszeiten empfindlich.
A: Die Lilien-Magnolie ist weniger bekannt als Bastarde, von denen sie einen Elternteil stellt. Dies mag an ihren weißen Blüten liegen. Sehr zu Unrecht, denn im Gegensatz zu ihrem ausladenden und etwas robusten Wuchs verleihen sie der Pflanze ein eher duftiges Aussehen.

Quitte *Cydonia oblonga* Rosengewächse *Rosaceae*
4 – 6 m; Mai, Juni
SK: Blüten einzelstehend, mit 5 Blütenblättern, die um 2 cm lang werden, nie rein weiß sind, sondern mindestens zart rosa, öfters kräftig rosarot. Blätter an der Oberseite stumpf grün, unterseits deutlich graufilzig.
B: Blätter 6 – 10 cm lang und 4 – 8 cm breit. Äste etwas nach unten geneigt. Früchte reif goldgelb.
SV: Heimat: Kleinasien und mittleres Zentralasien. Stellt an den Boden keine großen Ansprüche, wächst aber besonders gut auf tiefgründigen, doch lockeren und nicht zu trockenen Lehmböden. Frostempfindlich. Braucht auch Sommerwärme. Wahrscheinlich schon während der Römerzeit Kulturpflanze.
A: Wild kommt die Quitte nur als Strauch vor. Als Kulturpflanze wird sie veredelt und einer stammbildenden Unterlage aufgepfropft.

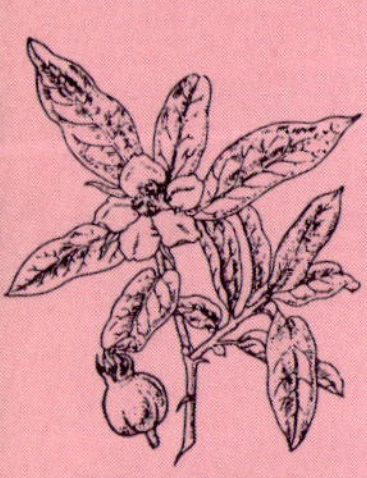
Echte Mispel

Echte Mispel *Mespilus germanica* Rosengewächse *Rosaceae*
4 –6 m; Mai, Juni
SK: Blüten einzeln, rein weiß, 4 – 5 cm im Durchmesser. Frucht apfelartig.
B: Blätter 6 – 12 cm lang und mit kurzer, aber meist deutlicher Spitze, unterseits etwas grünfilzig. Junge Zweige deutlich und auffällig filzig behaart.
SV: Braucht tiefgründigen Boden, der lehmig sein sollte, aber sonst steinig sein kann. Bevorzugt eher kalkarmen Untergrund, der aber nicht nährstoffarm sein darf und eher – zumindest in der Tiefe – feucht sein sollte. Sehr selten in Mittel- und Westeuropa wild oder verwildert. Heimat: Mittelmeergebiet.
A: Die Echte Mispel wurde bis ins Mittelalter als Obstbaum angebaut. Daher kommt sie vereinzelt in alten, aufgelassenen Weinbergen noch verwildert vor.

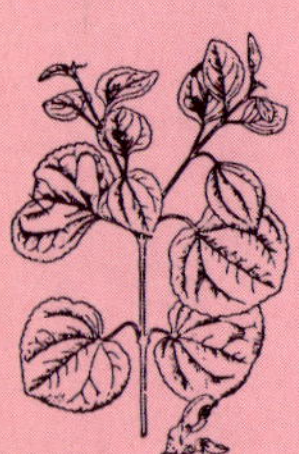
Gemeiner Judasbaum

Gemeiner Judasbaum *Cercis siliquastrum* Schmetterlingsblütengewächse *Fabaceae (Leguminosae)*
2 – 7 m; Mai
SK: Blüten zu 4 – 6 in kleinen Trauben, die ihrerseits gebüschelt an den Zweigen stehen und vor den Blättern erscheinen. Blütenfarbe rosa oder hell rötlichviolett. Blätter vorn abgerundet, 9 – 12 cm breit, ohne weißen Knorpelrand und aufgesetzte Spitze, beiderseits kahl.
B: Schmetterlingsblüten etwa 2 cm lang. Hülsen bräunlich, über den Winter an den Zweigen hängend. Blätter am Grund breit herzförmig.
SV: Heimat: Kleinasien und östliches Mittelmeergebiet. Braucht an seinen Wuchsorten vor allem Wärme und nährstoffreichen, lockeren, etwas feuchten Boden. Vom Herbst bis ins Frühjahr frostempfindlich.
A: Der Gemeine Judasbaum empfiehlt sich als Ziergehölz nur für klimatisch besonders begünstigte Gebiete in Mittel- und Westeuropa. Denn nur hier kommt er regelmäßig zur Blüte.

Laubhölzer, Strauch oder Baum

Blätter einfach wechselständig gesägt gezähnt gekerbt

Armblütige Scheinhasel *Corylopsis pauciflora* Zaubernußgewächse *Hamamelidaceae*
1 – 2 m; März, April
SK: 2 – 3 Blüten in kurzen, hängenden Ähren. Jede Blüte mit 5 breiten, gelben Blütenblättern. Blätter 3 – 7 cm lang. Blattzähne kurz steifhaarig.
B: Die großen, beim Aufblühen ins Auge fallenden Deckblätter der Blütenstände halten sich nicht lange. Dennoch sind sie für die Gattung typisch.
SV: Heimat: Japan. Die Armblütige Scheinhasel ist wie die meisten Arten ihrer Gattung in Mitteleuropa und im größten Teil Westeuropas den Frösten nicht gewachsen. Ihre Ansprüche an den Boden können auf neutralem Boden durch regelmäßiges, doch zurückhaltendes Düngen mit Volldüngern leichter befriedigt werden.
A: Die Scheinhasel – und vor allem die Armblütige Scheinhasel – wird immer wieder versuchsweise in Gärten eingebracht, kommt – wie derzeit – fast in Mode, vermag sich aber ihrer Ansprüche wegen nicht zu halten.

Haselnuß *Corylus avellana* Birkengewächse *Betulaceae*
2 – 6 m; Februar – April
SK: Männliche Blüten in gelbbraunen, hängenden 4 – 7 cm langen Kätzchen, die schon im Herbst angelegt sind und zur „Stäubezeit" meist auffallen. Weibliche Blüten knospenartig, unscheinbar. Blätter rundlich-herzförmig, deutlich zugespitzt, meist 10 cm und mehr breit bzw. lang, jederseits mit 5 – 8 Seitennerven. Fruchtumhüllung mit breiten Zipfeln.
B: Blätter scharf doppelt gesägt. Zweige grau oder braun, jung drüsig behaart. Kernholz weißlich.
SV: Braucht nährstoffreichen Boden und wenigstens Halbschatten. Stellt sonst kaum Ansprüche. Besiedelt daher Waldränder, lichte Laubwälder, Lichtungen und Feldgebüsche. Häufig.
A: Die Hasel ist industriefest. Als straßenbegleitendes Gebüsch spielt sie eine größere Rolle denn als „Haselnußlieferant".

Baum-Hasel

Baum-Hasel *Corylus colurna* Birkengewächse *Betulaceae*
5 – 15 m; März, April
SK: Männliche Blüten in gelbbraunen, oft mehr als 10 cm langen, hängenden Kätzchen. Blätter rundlich-herzförmig, meist deutlich breiter als 10 cm. Fruchthülle mit ganz schmalen Zipfeln.
B: Blätter doppelt gesägt, und zwar so, daß die Sägezähne erster Ordnung fast wie kleine Lappen wirken. Kernholz hellrot.
SV: Liebt trockene, nährstoffreiche Böden. Frosthart. Bewährt sich auch in Gegenden mit hoher Luftverunreinigung und Streusalzschäden als Alleebaum oder als straßenbegleitender Strauch. Heimat: Südosteuropa und Kleinasien.
A: Die Baumhasel wächst langsam. Ihre Früchte – sofern sie sich entwickeln – stehen meist in Büscheln. Das ungewöhnlich widerstandsfähige Gehölz wird noch nicht voll in seiner Bedeutung erkannt und entsprechend genutzt.

Lambertsnuß

Lambertsnuß, Lamberts Haselstrauch *Corylus maxima* (*C. lambertiana*) Birkengewächse *Betulaceae*
6 – 10 m; Februar – April
SK: Männliche Blüten in gelbroten, 5 – 7 cm langen Kätzchen. Weibliche Blüten knospenartig, unscheinbar. Blätter eiförmig-rundlich, 10 – 15 cm lang und 7 – 10 cm breit. Frucht um 3 cm lang. Fruchthülle mit breiten Zipfeln.
B: Nur sehr alte Zweige mit ziemlich dünnem Korkansatz. Wächst meist nicht baumförmig. In der Regel nur zur Fruchtgewinnung angebaut.
SV: Heimat: Südosteuropa und Kleinasien. Braucht nährstoffreichen, eher trockenen Boden und ist frostempfindlich.
A: Die Lambertsnuß liefert „die" Haselnuß. Neben Nutzzwecken wird sie in „Blutformen" als Zierstrauch gelegentlich in größeren Gärten verwendet.

Laubhölzer, Strauch oder Baum

Blätter einfach   wechselständig   gesägt   gezähnt   gekerbt

Hainbuche

Hainbuche, Weißbuche, Hagebuche *Carpinus betulus*
Birkengewächse *Betulaceae*
5 – 25 m; April, Mai
SK: Blüten in hängenden Kätzchen (männliche und weibliche Kätzchen), unscheinbar. Blätter deutlich faltig, 4 – 10 cm lang und jederseits mit 10 – 15 Seitennerven.
B: Blätter scharf doppelt gesägt. Knospen ziemlich klein, Seitenknospen dem Zweig angedrückt. Zumindest bei baumförmig wachsenden Exemplaren Stamm wulstig, Rinde grau. Flugfrucht mit dreilappigem Flügel.
SV: Bevorzugt nährstoffreichen, tiefgründigen Boden, der eher feucht als trokken sein sollte und der im übrigen sandig, lehmig, tonig oder sogar mäßig steinig sein kann. In Mittel- und Westeuropa häufig.
A: Die Hain-Buche hat ihre frühere Bedeutung als Werkholz weitgehend verloren. In Parks und – seltener – in größeren Gärten findet man von ihr Zierformen, z. B. mit zerschlitzten Blättern oder verdichteten Kronen.

Hopfenbuche *Ostrya carpinifolia* Birkengewächse *Betulaceae*
10 – 20 m; April, Mai
SK: Blüten in Kätzchen. Männliche Kätzchen schon im Herbst an den Zweigen. Weibliche Kätzchen zuerst aufrecht, später hängend, 4 – 6 cm lang und 2 – 3 cm breit, an den Blütenstand von Hopfen erinnernd. Blätter kurz (0,5 – etwa 1 cm lang) gestielt, mit scharf doppelt gesägtem Rand.
B: Die Hopfenbuche wächst meist als kräftiger Strauch oder als kleiner Baum, der eine verhältnismäßig offene und kegelförmige Krone hat.
SV: Heimat: Mittelmeergebiet und Täler der Westalpen, Südalpen, vereinzelt auch der Zentralalpen. Bevorzugt sommerwarme Standorte, die jedoch eher luftfeucht als trocken sein sollten. Kümmert auf ausgesprochen trockenen Standorten auch bei genügend Wärme. Gedeiht auf lockeren Böden besser als auf verfestigten; scheint Kalk zu lieben.
A: Die Hopfenbuche wird nördlich der Alpen vereinzelt als Ziergehölz in Parks klimagünstiger Städte gepflanzt, ohne daß ihr ein besonderer Schmuckwert zukäme.

Kaspische Weide

Kaspische Weide, Spitzblättrige Weide *Salix acutifolia* Weidengewächse *Salicaceae*
4 – 8 m; Januar – April
SK: Zweige lang, dünn, rotbraun, mit deutlichem, abwischbarem, bläulichem Reif. Kätzchen 4 – 6 cm lang, gelb. Blattstellung auffallend hängend.
B: Blätter 6 – 12 cm lang und 1 – 3 cm breit, etwas lederig, oben glänzend, unten matt.
SV: Heimat: Südsibirien und China. Seit Anfang des Jahrhunderts in Europa und als Zierweide bewährt. Gedeiht auf lockeren, jedoch nicht nassen Böden besonders gut.
A: Gelegentlich werden Formen als „forma *pendulina*" oder „Pendelweide" von Gärtnereien angeboten. Dies ist jedoch irreführend, weil dieser Name für „Trauerformen" mehrerer Arten ebenfalls verwendet wird.

Stechpalme, Hülse *Ilex aquifolium* Stechpalmengewächse *Aquifoliaceae*
1 – 7 m; Mai, Juni
SK: Blüten klein, unauffällig. Blätter immergrün, dornig bezahnt, lederartig, etwas wellig. Beeren hellrot.
B: Blätter im Umriß eiförmig, 3 – 7 cm lang, mit sehr kurzem Stiel.
SV: Braucht kalkfreien, gleichwohl nährstoffreichen, lockeren und daher sandigen Lehmboden. Scheut Licht und gedeiht am besten im Halbschatten oder Schatten. Die Frostempfindlichkeit ist zugleich eine Trockenheitsunverträglichkeit. Erreicht im Westen der Bundesrepublik die Ostgrenze ihrer Verbreitung. Hier und in Westeuropa nur örtlich zerstreut, sonst selten.
A: Die Stechpalme kann sicher mehr als 200, vielleicht sogar 300 Jahre alt werden. Zumindest die Früchte enthalten einen unbekannten Giftstoff. Männliche und weibliche Pflanzen; bei Kultur beachten!

Scharlachdorn

Scharlachdorn *Crataegus pedicellata* (*C. coccinea, C. rotundifolia*)
Rosengewächse *Rosaceae*
4 – 7 m; Mai
SK: 6 – 12 weiße Blüten stehen in doldigem Blütenstand beisammen. Durchmesser der Blüten 1,5 – 2 cm. Neben Blüten mit 5 Blütenblättern selten gefüllte Formen. Frucht über 1 cm im Durchmesser. Dornen 3 – 8 cm lang.
B: Blätter breit eiförmig oder rautenförmig, schwach gelappt.
SV: Heimat: Nordamerika. Bevorzugt mäßig trockene, tiefgründige Böden, an die er sonst keine größeren Ansprüche stellt. Winterhart.
A: Der Scharlachdorn wird in Mitteleuropa wenig gepflanzt. Besonders im größeren Garten ist er jedoch für rauhe Lagen zu empfehlen, da er reich blüht und im Spätsommer nicht nur mit seinen großen roten Früchten besticht, sondern auch eine auffallend schöne Herbstfärbung bekommt. Er gilt leider als nur durchschnittlich industriefest.

Zierapfel, Reichblühender Apfel *Malus floribunda* Rosengewächse *Rosaceae*
3 – 10 m; Mai
SK: Knospen tiefrot, Blüten zumindest rosa, oft auch kräftig hellrot. Frucht (Apfel) kaum 1 cm im Durchmesser, rotbackig, fad säuerlich.
B: Hochaufschießender Wuchs mit überhängenden Zweigen. Ungewöhnlich reichfrüchtig.
SV: Heimat: Japan. Nimmt mit fast allen Bodenverhältnissen vorlieb und ist für mitteleuropäische Verhältnisse frosthart.
A: Wegen seiner reichen Blütenpracht im Frühling und seiner gelben, rotbakkigen Früchte im Spätsommer geschätzter Zierstrauch(-baum), der einzeln gepflanzt viel Platz beansprucht und im Verband schnell Konkurrenten unterdrückt.

Sargents Apfel, Sargents Zierapfel *Malus sargentii* Rosengewächse *Rosaceae*
1 – 3 m; Mai
SK: Blüten rein weiß, etwa 2,5 cm im Durchmesser. Frucht (Apfel) etwa 1 cm im Durchmesser, dunkelrot und oft schwach weißlich bereift.
B: Ausladender Wuchs, meist in Strauchform. Blätter schwach dreilappig, 5 – 8 cm lang, scharf gesägt.
SV: Heimat: Japan. Hält sehr rauhem Klima nicht stand und kümmert auf sehr trockenem wie auch auf staunassem Boden.
A: Sargents Zierapfel eignet sich vor allem zur Einzelpflanzung. Die waagrecht abstehenden Äste erzwingen dies gleichsam. Wiewohl bei uns selten höher als 2 m, gefällt er doch durch die überreichen Blüten im Frühjahr, im Herbst durch das goldgelbe Laub und leuchtend tiefrote Früchte.

Mehlbeerbaum

Mehlbeerbaum *Sorbus aria* Rosengewächse *Rosaceae*
2 – 10 m; Mai, Juni
SK: Blüten in flachen Rispen, meist um 2 cm im Durchmesser, weiß. Kelch auffallend filzig-weiß behaart. Frucht eiförmig, kaum 1 cm lang, rotorange, fade und mehlig im Geschmack.
B: Blätter 6 – 12 cm lang und 5 – 8 cm breit, oberseits glänzend grün, unten mehlig-filzig behaart.
SV: Braucht schwach sauren, lockeren und daher oft steinigen Lehmboden, geht aber auch auf lockeren Steinschutt, sofern er gut durchlüftet und feucht ist. Liebt Luftfeuchtigkeit und etwas Wärme. Geht daher vor allem an sonnige Waldränder in geschützten Mittelgebirgslagen von Mitteleuropa; hier selten. In Westeuropa in entsprechenden Gebieten eher zerstreut.
A: Der Mehlbeerbaum hat als Zierpflanze kaum Bedeutung. Gelegentlich wird er an Straßenrändern gepflanzt. Obwohl die Früchte etwas Vitamin C und Provitamin A enthalten, haben sie keine Bedeutung als Wildobst erlangt.

Laubhölzer, Strauch oder Baum

Blätter einfach wechselständig gesägt gezähnt gekerbt

Kirschpflaume *Prunus cerasifera* Rosengewächse *Rosaceae*
4 – 8 m; April, Mai
SK: Blüten bei grünblättrigen Formen weiß, bei „Blutformen“ rosa, fast nie gefüllt, sondern mit 5 Blütenblättern. Blütenstiele kahl.
B: Blätter länglich-eiförmig, bis 6 cm lang, in Mitteleuropa fast nur in der rotlaubigen Form angepflanzt.
SV: Heimat: Östliches Kleinasien. Die „Blutpflaume“ ist in Mitteleuropa auch in rauhen Lagen ausreichend frosthart, fruchtet aber meist nicht. Stellt an den Boden keine Ansprüche, sollte aber nicht in staunasse Tone gepflanzt werden.
A: Die robuste Blutpflaume eignet sich im größeren Garten als „Windfang“. Sie ist dicht verzweigt und kann eng gepflanzt werden. Die grünblättrige Wildrasse vermag denselben Dienst an Straßen zu leisten, doch werden ihr hier meist billigere einheimische Sträucher vorgezogen.

Weichselkirsche, Steinweichsel, Felsenkirsche *Prunus mahaleb*
Rosengewächse *Rosaceae*
1 – 6 m; April, Mai
SK: 5 – 12 Blüten stehen in eher aufrechter, fast doldenartiger Traube. Blüten weiß. Frucht erbsengroß, erst gelb, dann rot und schließlich schwarz, im Geschmack herb.
B: Blätter rundlich-eiförmig, etwas lederartig. Viele Seitennerven.
SV: Erreicht im südwestlichen Mitteleuropa die Nordgrenze ihre Verbreitung. Hier selten, gelegentlich verwildert. Braucht trockenen, kalkreichen Lehm- oder Lößboden. Liebt Wärme. Hauptverbreitungsgebiet: Mittelmeergebiet.
A: Die Felsenkirsche ist vor allem als Unterlage für buschförmig wachsende Süß- und Sauerkirschen von Bedeutung. Als Ziergehölz oder zu sonstiger Nutzung ist sie nicht von Bedeutung. Früher war ihr Holz von Drechslern geschätzt.

Traubenkirsche

Traubenkirsche *Prunus padus* Rosengewächse *Rosaceae*
5 – 12 m; April, Mai
SK: Hängende Blütentrauben mit 10 – 20 Blüten, die kaum 1 cm im Durchmesser erreichen und rein weiß sind. Frucht schwarz, bittersüß, mit grubig gefurchten Steinen.
B: Blätter verkehrt eiförmig, oberseits etwas runzelig, höchstens schwach behaart.
SV: Bevorzugt nährstoffreichen, nassen oder zumindest feuchten Lehm-, Ton- oder Sumpfboden. Besiedelt daher vor allem Au- und Bruchwälder, und hier vor allem die etwas lichteren Stellen. An ihren Standorten in Mitteleuropa zerstreut, in Westeuropa im Süden z. T. in größeren Gebieten fehlend.
A: Die Traubenkirsche ist auf entsprechendem Untergrund ein industriefestes Gehölz zur Bodenbefestigung an abschwemmungsgefährdeten Böschungen. Einige ausgelesene Gartenformen zeichnen sich durch besonders reichen Blütenansatz aus.

Späte Traubenkirsche

Späte Traubenkirsche *Prunus serotina* Rosengewächse *Rosaceae*
5 – 12 m; Mai, Juni
SK: Hängende Blütentrauben mit 10 – 20 Blüten, die kaum 1 cm im Durchmesser erreichen und rein weiß sind. Frucht schwarz, etwas bitter, Stein ohne jede Grube und absolut glatt.
B: Blätter verkehrt eiförmig, glatt, kahl, eindeutig mit lederigem Glanz.
SV: Liebt sandigen, etwas lockeren oder steinigen Boden, braucht aber Sommerwärme. Heimat: Nordamerika. Bei uns zur Bodenverbesserung wie die Traubenkirsche gepflanzt, aber meist schlechter wachsend als diese.
A: Die Späte Traubenkirsche ist wegen ihrer bis in den November grünen Blätter geschätzt. Zugleich ist sie bei frühem Schneefall in rauhen Lagen Mitteleuropas als Ziergehölz wenig geeignet.

Laubhölzer, Strauch oder Baum

Blätter einfach   wechselständig   gesägt   gezähnt
gekerbt

Pflaume, Zwetschge, Reineclaude, Mirabelle *Prunus domestica*
Rosengewächse *Rosaceae*
3 – 15 m; April, Mai
SK: Aus einer Blütenknospe entspringen meist 2 Blüten, die rein weiß, elfenbeinweiß oder grünlichweiß sein können und meist um 2 cm im Durchmesser haben. Nicht gefüllt, 5 Blütenblätter.
B: Blätter eiförmig, je nach Kultursorte zwischen 3 – 8 cm lang. Blütenstiele leicht flaumig behaart.
SV: Heimat: Kleinasien. Seit dem Altertum in Kultur. Alle Sorten lieben nährstoffreichen, lehmigen Boden.
A: Die Kulturformen sind sicherlich nicht reine, wiewohl veredelte Abkömmlinge von Wildarten, sondern durch wahrscheinlich mehrfache Bastardierung und Auslese erhalten worden. Dies erklärt auch die innerhalb der Bezeichnung „Pflaume" oder „Zwetschge" – um nur 2 Beispiele zu nennen – bekannte Vielfalt der Sorten, die sich nicht nur in der Reifezeit, sondern auch in Größe, Aroma und Form der Früchte unterscheiden.

Pfirsich *Prunus persica* Rosengewächse *Rosaceae*
2 – 10 m; April
SK: Blüten meist einzeln oder zu zweien an den Zweigen sitzend, rosa oder rotviolett, 1 – 2 cm lang, vor oder mit den Blättern erscheinend. Blüten nur an einjährigen Zweigen.
B: Blätter 8 – 15 cm lang, je nach Sorte heller oder dunkler grün.
SV: Liebt nährstoffreichen, lockeren Lehmboden an geschütztem Standort. Friert im Frühherbst und späten Frühjahr in rauhen Lagen auch bei widerstandsfähigen Sorten meist zurück. Wahrscheinlich seit der Römerzeit in Süddeutschland und in Westeuropa kultiviert. Heimat: China.
A: Vom Pfirsich werden zahlreiche Sorten auch in Mitteleuropa angebaut. Sie sind allerdings meist Obstsorten für den Liebhaber. Vielerorts neigen sie zu Gummifluß und Kräuselkrankheit, erfordern Pflege und Spritzungen.

Aprikose

Aprikose *Prunus armeniaca* Rosengewächse *Rosaceae*
3 – 10 m; April
SK: Blüten innen weiß, außen rötlich, fast sitzend. Blätter breit eiförmig-herzförmig.
B: Blätter 5 – 10 cm lang mit etwa 2 – 3 cm langem Blattstiel, der meist deutliche, höckerige Drüsen (links und rechts am Blattstiel je eine) trägt. Frucht Aprikose.
SV: Braucht tiefgründige, nährstoffreiche, meist lehmige Böden und einen sehr warmen Standort. Heimat: Mittel- und Ostasien, aber in Südeuropa schon im Altertum als Kulturpflanze bekannt.
A: Von der Aprikose gibt es zahlreiche Sorten, die indessen in Mitteleuropa fast alle nicht genügend frosthart sind. Im mittleren und südlichen Westeuropa gedeihen sie jedoch meist gut.

Vierflügliger Schneeglöckchenbaum

Vierflügliger Schneeglöckchenbaum *Halesia carolina* Styraxgewächse *Styriacaceae*
4 – 8 m; April, Mai
SK: Blüten weiß, vierzipflig, an dünnen Stielen an vorjährigen Zweigen leicht büschelig hängend, 1,5 – 2 cm lang. Vierflügelige Frucht bleibt bis lang in den Winter am Baum, 4 – 5 cm lang.
B: Blätter 5 – 10 cm lang, eiförmig, oben dunkler grün als unten, fast kahl.
SV: Heimat: Nordamerika. Braucht lehmigen, tiefgründigen, nicht zu trockenen und eher nährstoffreichen Boden. Wächst in voller Sonne am besten, ist aber in Mittel- und Westeuropa überall ausreichend frosthart.
A: Der Vierflügelige Schneeglöckchenbaum hat neben seiner Robustheit zumindest 3 Vorzüge, deretwegen man ihm auch im kleineren Garten einen Vorzugsplatz als Einzelstrauch einräumen sollte: Sein reicher Blütenschmuck im Frühjahr, sein leuchtend gelbes Herbstlaub und sein lang haftender Fruchtschmuck.

Laubhölzer, Strauch oder Baum

Blätter einfach   wechselständig   gelappt

Zweigriffliger Weißdorn, Rotdorn *Crataegus laevigata* (*C. oxyacantha*)
Rosengewächse *Rosaceae*
2 – 10 m; Mai, Juni
SK: Wildformen mit weißen, fünfblättrigen Blüten, die etwa 1 – 1,5 cm im Durchmesser haben und stets 2 Griffel besitzen. Fast alle rotblühenden, gefüllten und derzeit gepflanzten Gartensorten gehören zu dieser Art.
B: Blätter schwach gelappt, am Grunde abgestumpft und hier deutlich weniger breit als lang.
SV: Liebt nährstoffreichen Lehmboden, der auch kalkarm sein kann, aber tiefgründig sein sollte. Bevorzugt Standorte, an denen die tiefreichenden Wurzeln Anschluß an das Grundwasser finden. In Mittel- und Westeuropa an Waldrändern und Feldgebüschen häufig.
A: Der Zweigrifflige Weißdorn wird zur Rohbodenbefestigung an Straßenböschungen gepflanzt. Die Sorten mit roten, gefüllten Blüten sind reizvolle Ziersträucher.

Eingriffliger Weißdorn *Crataegus monogyna* Rosengewächse *Rosaceae*
3 – 6 m; Mai, Juni
SK: Wildformen mit weißen, fünfblättrigen Blüten, die etwa 1 – 1,5 cm im Durchmesser haben und nur einen Griffel besitzen. Rotblühende Gartensorten sind derzeit außer Mode.
B: Blätter tief geteilt. Unterste Blattlappen meist mindestens halb so lang wie das Blatt.
SV: Liebt tiefgründigen, kalkhaltigen Lehmboden, der im übrigen zumindest oberflächlich austrocknen kann. In Mittel- und Westeuropa an Waldrändern und Feldgebüschen häufig.
A: Der Eingrifflige Weißdorn wird gerne als Verfestiger von rohem Boden an Straßenböschungen gepflanzt. Als Vogelnistgehölz ist er von Bedeutung.

Elsbeere

Elsbeere, Ruhrbirne, Atlasbeere *Sorbus torminalis* Rosengewächse *Rosaceae*
5 – 20 m; Mai, Juni
SK: Wenige kleine (um 1 cm Durchmesser), 5blättrige Blüten stehen an den Zweigen beisammen, Farbe rein weiß, 2 Griffel. Blätter bis mindestens ¼ des Blattdurchmessers eingeschnitten. Lappen zugespitzt. Blätter unten schon jung fast kahl oder kahl.
B: Blätter 4 – 10 cm lang. Borke sehr dunkelgrau und längsrissig.
SV: Braucht nährstoffreichen und meist kalkhaltigen Boden, der tiefgründig sein sollte. Bevorzugt warme und geschützte Standorte. In Laubmischwäldern Mitteleuropas selten, nach Westen etwas häufiger.
A: Das Laub der Elsbeere verfärbt sich im Herbst leuchtend rot. Trotzdem hat sie weder in Strauchform noch als Baum in Parks kaum und in Gärten praktisch keine Heimat gefunden.

Strauch-Eibisch

Strauch-Eibisch *Hibiscus syriacus* Malvengewächse *Malvaceae*
1 – 2 m; Juli – Oktober
SK: Blüten 5 – 6 cm im Durchmesser, weiß, rosa oder purpurrot, blauviolett, häufig gefüllt. Blüten einzeln in den Blattachseln.
B: Blätter kurz dreilappig, mit größerem Mittellappen, grob gezähnt, an älteren Zweigen oft gebüschelt.
SV: Heimat: Indien, China. Gedeiht in Mittel- und Westeuropa nur in milden Lagen und braucht selbst da im Winter meist Schutz durch Fichtenreiser oder Schilfmatten. Erträgt Bodentrockenheit an der Bodenoberfläche nicht und braucht daher Laubauflage, notfalls lockere Torfstreu.
A: Obwohl empfindlich, ist der Strauch-Eibisch seit mindestens 200 Jahren Zierstrauch vor allem in Parks, neuerdings auch in Gärten. Es gibt sehr viele Sorten, die sich vor allem im Farbton der Blüte und in ihrem Füllungsgrad voneinander unterscheiden. Wenn im Frühjahr trotz Schutz Frostschäden an Trieben auftreten, muß man die Triebe im Gesunden abschneiden.

Laubhölzer, Strauch oder Baum

Blätter zusammengesetzt   gegenständig   gesägt   gezähnt
gekerbt

Schwarzer Holunder, Holler *Sambucus nigra* Geißblattgewächse *Caprifoliaceae*
3 – 6 m; Mai, Juni
SK: Blüten gelblichweiß, klein, in endständigen, aufrechten, flachen, doldenartigen Blütenständen, die nach der Befruchtung zu nicken beginnen. Beeren schwarz, Saft rot.
B: 3 – 7 Teilblättchen, spitz, eiförmig. Stengelmark weiß, nie braun.
SV: Braucht nährstoffreichen, tiefgründigen Lehm- oder Tonboden, der zumindest meist feucht sein sollte, aber auch naß sein kann. Bevorzugt bei sonst gleichen Bedingungen den stickstoffreichsten Standort. Besiedelt Ränder und Lichtungen feuchter Wälder und schuttige Stellen an Dörfern. Zerstreut.
A: Der Schwarze Holunder ist eine alte Volksheilpflanze. Die Früchte enthalten wenig (ca. 10 mg/100 g) Vitamin C sowie organische Säuren und Gerbstoffe. Frische Rinde wurde als Abführmittel verwendet. Zumindest bei größeren Gaben sind unangenehme Nebenwirkungen, z. B. Erbrechen, beobachtet worden, so daß vom „Hausgebrauch“ abzuraten ist.

Rote Roßkastanie *Aesculus pavia* Roßkastaniengewächse *Hippocastanaceae*
6 – 20 m; Mai, Juni
SK: Blüten leuchtend rot, in lockeren, 10 – 15 cm langen Rispen, am Rand der Blütenblätter deutlich drüsig behaart. Früchte eiförmig. Glattrindiger Stamm.
B: Knospen nicht klebrig harzig. 5-Teilblättchen, die 10 – 15 cm lang, meist unregelmäßig gesägt und kahl sind.
SV: Heimat: Nordamerika. Liebt nährstoffreichen, tiefgründigen Boden, der locker und eher feucht sein sollte.
A: In reiner Form selten als Alleebaum gepflanzt und dann an der glatten Rinde erkennbar. Meist sind die rotblühenden „Roßkastanien“ Pfropfungen der Roten Roßkastanie auf die weißblühende Gewöhnliche Roßkastanie. Leidet unter Streusalzeinfluß und zu geringem Wasserangebot und geht daher als Alleebaum zurück.

Gelbblühende Roßkastanie, Gelbe Pavie *Aesculus octandra* (*A. lutea*) Roßkastaniengewächse *Hippocastanaceae*
6 – 20 m; Mai, Juni
SK: Blüten in 12 – 15 cm langen, aufrechten Rispen. Blüten gelb, ohne rote Zeichnung, etwa 3 cm lang.
B: 5 Teilblättchen, die 10 – 15 cm lang werden, länglich, gesägt, zugespitzt sind und oben meist deutlich dunkler grün sind als unten.
SV: Heimat: Nordamerika. Braucht nährstoffreichen, tiefgründigen, gut durchlüfteten Boden.
A: Wegen ihrer Ansprüche ist die Gelbblühende Roßkastanie als Alleebaum nicht geeignet. Zudem gilt sie als wenig industriefest. Selbst in Parks ist sie daher nicht allzu oft anzutreffen.

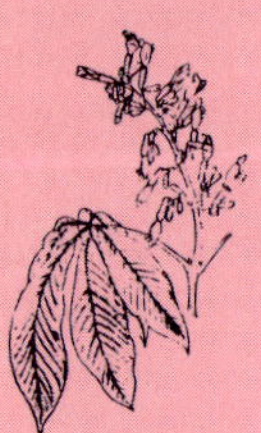
Gelbblühende Roßkastanie

Blumen-Esche *Fraxinus ornus* Ölbaumgewächse *Oleaceae*
5 – 20 m; Mai, Juni
SK: Blüten erscheinen vor den Blättern und stehen in nickenden Rispen. Blüten klein, weiß, mit 4 Blütenblättern.
B: 7 – 9 Teilblättchen, von denen das endständige meist länger gestielt ist als die übrigen. Knospen graubraun und filzig behaart.
SV: Heimat: östliches Mittelmeergebiet. In Mittel- und Westeuropa gelegentlich auf tiefgründigen, nährstoffreichen Böden als Forstbaum gepflanzt, vielleicht auch verwildert. Kommt nur in sommerwarmen und wintermilden Gegenden durch.
A: Die Blumen-Esche eignet sich – klimatische Gunst vorausgesetzt – als Parkbaum oder Strauch für den größeren Garten. Sie neigt zum Absondern eines süßen Saftes aus Stammrissen, dem „Manna“. Für den süßen Geschmack ist Mannit verantwortlich, den die Chemiker den Alkoholen zurechnen.

Blumen-Esche

Laubhölzer, Strauch oder Baum

Blätter zusammengesetzt   wechselständig   ganzrandig

Großer Erbsenstrauch

Großer Erbsenstrauch *Caragana arborescens*
Schmetterlingsblütengewächse *Fabaceae* (*Leguminosae*)
50 cm – 4 m; Mai
SK: Goldgelbe, meist vereinzelt an den Zweigen sitzende Schmetterlingsblüten, die aber immerhin 3 – 5 cm lang werden können.
B: 8 – 12 Teilblättchen, die eine deutliche Stachelspitze tragen.
SV: Heimat: Sibirien. Braucht volle Sonne und trockenen, kalkhaltigen Boden, der im übrigen ausgesprochen nährstoffarm sein kann.
A: Der Große Erbsenstrauch ist seiner Blütenarmut wegen kein sehr ansprechender Zierstrauch, zumindest nicht in der Wildform, die übrigens vom Handel kaum angeboten wird. Sein Wert liegt in der Wuchsfreudigkeit auf sonst kaum bepflanzbarem Rohboden. Gelegentlich werden niedrige und dichte Formen oder Formen mit Hängezweigen empfohlen, die bei gleicher Robustheit gefälliger wirken.

Alpen-Goldregen *Laburnum alpinum* (*Cytisus alpinum*)
Schmetterlingsblütengewächse *Fabaceae* (*Leguminosae*)
4 – 10 m; Mai, Juni
SK: Blüten in 30 – 40 cm langen Trauben, hell goldgelb, fast nie mit braunen Strichen auf der Fahne. Junge Blätter fast stets kahl an der Unterseite.
B: Blätter kleeähnlich, 3 – 8 cm lang und 2 – 4 cm breit, oben dunkler grün.
SV: Heimat: Südeuropa. Braucht ausgesprochen feuchten, lockeren und daher oft steinigen, ja felsigen Boden, der den Wurzeln tiefes Vordringen erlaubt.
A: Die höchstwüchsige Goldregenart wird ihrer Standortansprüche wegen nur selten gepflanzt. Für die Giftigkeit der ganzen Pflanze gilt dasselbe wie für den Gemeinen Goldregen.

Gemeiner Goldregen

Gemeiner Goldregen, Bohnenbaum *Laburnum anagyroides (Cytisus laburnum)* Schmetterlingsblütengewächse *Fabaceae (Leguminosae)*
1 – 6 m; Mai, Juni
SK: Blüten in 20 – 30 cm langen Trauben, goldgelb. Junge Blätter an der Unterseite dicht anliegend behaart.
B: Blätter kleeähnlich, 3 – 6 cm lang und 2 – 3 cm breit, oben dunkler grün.
SV: Braucht tiefgründigen, nährstoff- und kalkreichen Boden. Im südlichen Westeuropa selten wild, in milden Lagen Mitteleuropas gelegentlich verwildert, da und dort auch zur Hangbefestigung und Bodenverbesserung angepflanzt.
A: Seit langem beliebte Zierpflanze. Enthält in allen ihren Teilen das stark giftige Alkaloid Cytisin. Tödliche Vergiftungen, vor allem von Kindern, sind nicht selten. Am häufigsten werden unreife Samen gegessen. Doch führt auch schon Zerkauen von anderen Pflanzenteilen zu ernstzunehmenden Vergiftungen.

Waterers Goldregen, Bohnenbaum *Laburnum* × *watereri* (*Cytisus* × *watereri*)
Schmetterlingsblütengewächse *Fabaceae* (*Leguminosae*)
2 – 8 m; Mai, Juni
SK: Blüten in 40 – 50 cm langen Trauben, hell goldgelb, häufig auf der Fahne mit braunen Strichen. Junge Blätter an der Unterseite höchstens spärlich behaart.
B: Blätter kleeähnlich, 3 – 8 cm lang und 2,5 – 4 cm breit, oben dunkler grün.
SV: Bevorzugt tiefgründigen, nährstoff- und kalkreichen Boden, der etwas feucht sein sollte. Bastard zwischen Gemeinem Goldregen und Alpen-Goldregen, daher nirgends wild und nur gelegentlich verwildert.
A: Die seit etwa 100 Jahren bekannte Züchtung ist heute „der" Goldregen in Parks und Gärten, da seine Blütenfülle und die Länge der Blütentrauben unübertroffen sind. Die Giftigkeit des Strauches ist, wenn überhaupt, nur unwesentlich geringer als die des Gemeinen Goldregens.

Blätter zusammengesetzt   wechselständig   ganzrandig

Gemeine Robinie

Gemeine Robinie, Falsche Akazie *Robinia pseudacacia*
Schmetterlingsblütengewächse *Fabaceae* (*Leguminosae*)
10 – 25 m; Juni
SK: Blütenstand hängende, blattachselständige Trauben. Blüten weiß, Früchte schlanke Hülsen (bohnenförmig). Zumindest an jungen Zweigen beidseits des Blattstiels je ein Dorn.
B: 9 – 19 Teilblättchen, die 3 – 5 cm lang werden und im Umriß eiförmig sind. Unterseits sind die Blätter etwas graugrün.
SV: Liebt nährstoffreiche, lockere Böden, die im übrigen roh, sandig, lehmig oder – mit Steinen durchsetzt – tonig sein können. Heimat: Nordamerika.
A: Die Robinie wurde von J. Robin 1601 nach Frankreich eingeführt. Wegen ihrer Wurzelausschläge eignet sie sich zur Bodenbefestigung. Da sie in ihren Wurzeln eine Lebensgemeinschaft mit Bakterien eingeht, die den Luftstickstoff binden können, vermag sie Böden zu verbessern.

Borstige Robinie

Borstige Robinie, Rosenakazie *Robinia hispida*
Schmetterlingsblütengewächse *Fabaceae* (*Leguminosae*)
1 – 2 m; Mai, Juni, nochmals September
SK: Blüten zu 3 – 7 in kurzen Trauben, purpurn oder tief rosa, um 2,5 cm lang, duftlos. Nebenblätter nicht als Dornen ausgebildet wie bei der Gemeinen Robinie.
B: 7 – 13 Teilblättchen, die fast rundlich sind und 2 – 3 cm lang werden. Unterseite der Teilblättchen graugrün.
SV: Heimat: Südlich und südöstlich der Appalachen in den USA. Braucht lockeren, feinkrümeligen und warmen Boden, der aber nicht besonders nährstoffreich sein muß. Frostempfindlich. Wird durch Windböen leicht abgebrochen und geht dann ein.
A: Die Borstige Robinie ist ein zwar schöner, aber auch etwas problematischer Zierstrauch, der vor allem durch sein zweimaliges Blühen besticht.

Klebrige Robinie *Robinia viscosa* Schmetterlingsblütengewächse *Fabaceae* (*Leguminosae*)
6 – 10 m; Juli, August
SK: Blütenstand hängende, blattachselständige Trauben, die nur 5 – 8 cm lang werden. Blüten rosa, auf der Fahne mit gelbem Fleck, etwa 2 cm lang. Auch an jungen Zweigen, die wie die Blattstiele klebrig sind, nie Dornen.
B: 13 – 23 Teilblättchen, die 3 – 4 cm lang werden und im Umriß eiförmig sind.
SV: Heimat: Nordamerika. Braucht nährstoffreichen, eher feuchten Boden und sehr mildes Klima.
A: Der rundkronige kleine Baum kommt für Mitteleuropa nur in den wärmsten Lagen als Zierpflanze für den größeren oder mittelgroßen Garten in Frage. Als Alleebaum ist er zu anspruchsvoll.

Kleeblatt-Lederstrauch, Hopfenstrauch *Ptelea trifoliata*
Rautengewächse *Rutaceae*
3 – 8 m; Juni
SK: Blüten in endständigen Scheindolden, etwa 1 cm im Durchmesser, grünweiß, duftend, mit 4 oder 5 Blütenblättern. Frucht ulmenähnlich.
B: Blätter mit 3 Teilblättchen, die eiförmig sind und 6 – 12 cm lang werden. Im durchscheinenden Licht erkennt man meist deutlich punktförmige Drüsen.
SV: Heimat Nordamerika. Braucht lockeren, nährstoffreichen Boden, der eher trocken sein kann. Frostempfindlich.
A: Der Kleeblatt-Lederstrauch fällt – wiewohl spät blühend – im Garten so wenig auf und ist andererseits so anspruchsvoll, daß sein Wert als Zierstrauch zweifelhaft ist. Man trifft ihn am ehesten in „Baumparks“ und Botanischen Gärten.

Laubhölzer, Strauch oder Baum

Blätter zusammengesetzt wechselständig gesägt gezähnt gekerbt

Scharlach-Sumach, Scharlach-Essigbaum · *Rhus glabra* Sumachgewächse *Anacardiaceae*
2 – 4 m; Juli, August
SK: Blüten in aufrechten Kolben, die erst grüngelb, dann scharlachrot werden, und die auffällig klebrig sind. Blätter und junge Stengel kahl, violett bereift.
B: Blätter 20 – 30 cm lang, meist mit 11 – 31 Teilblättchen, die scharf gesägt und bei einigen Formen auch zerschlitzt sind.
SV: Heimat: Nordamerika. Braucht trockenen, nährstoffreichen, eher lockeren Boden. Treibt Ausläufer. Sehr selten in Europa verwildert.
A: Hinsichtlich des Giftgehalts ist die Art wie der Essigbaum zu beurteilen.

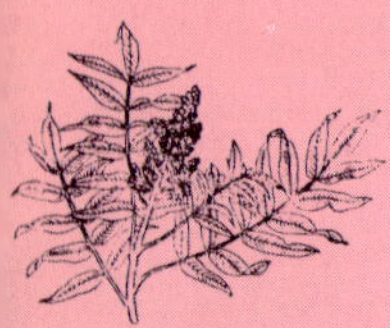
Essigbaum

Essigbaum *Rhus typhina* Sumachgewächse *Anacardiaceae*
3 – 6 m; Juni, Juli
SK: Blüten in aufrechten Kolben, die erst grüngelb, dann leuchtend rotbraun aussehen. Blätter und Stengel dicht drüsig behaart.
B: Blätter bis 40 cm lang, meist mit 11 – 31 Teilblättchen, die scharf gesägt und bei einigen Formen auch zerschlitzt sind.
SV: Heimat: Nordamerika. Braucht trockenen, nährstoffreichen Boden. Treibt unterirdische Ausläufer. Gelegentlich auf leicht schuttigen (Bauschutt), ortsnahen und warmen Halden verwildert.
A: Die Art wird von einigen Botanikern für giftig gehalten, wohl weil sie eindeutig giftige Verwandte hat. Beweise für die Giftigkeit stehen aus; dennoch raten wir zur Vorsicht. Der Essigbaum ist nämlich seines leuchtend roten Herbstlaubes und der Blattaufteilung wegen während der letzten Jahre einer der verbreitetsten Ziersträucher geworden.

Laubhölzer, Bäume

Blätter einfach gegenständig ganzrandig

Gemeiner Trompetenbaum

Gemeiner Trompetenbaum *Catalpa bignonioides*
Trompetenbaumgewächse *Bignoniaceae*
5 – 15 m; Juni, Juli
SK: Aufrechte Rispen, die 20 – 25 cm lang werden. Blüten weiß, an der Unterlippe im Schlund mit gelben, etwas vernetzten Streifen und purpurvioletten Tüpfeln. Früchte schotenartig, 30 – 35 cm lang.
B: Blätter 25 – 30 cm lang, herzförmig, kurz zugespitzt, beim Zerreiben unangenehm riechend, oberseits kahl, unterseits behaart.
SV: Heimat: Nordamerika. Ist nur in milden Mittelgebirgslagen und im Tiefland Mitteleuropas und in Westeuropa genügend frosthart.
A: Der Gemeine Trompetenbaum ist einer der wirkungsvollsten Zierbäume. Trotz seines verhältnismäßig kleinen Wuchses verlangt er einen auffälligen Platz im Garten, da er sonst mit seinen großen Blättern und Blütenrispen seine Pracht nur ungenügend entfalten kann. Giftverdächtig.

Paulownie *Paulownia tomentosa* Braunwurzgewächse *Scrophulariaceae*
10 – 15 m; April, Mai
SK: Rispen, die 20 – 30 cm lang und nach oben hin dünner werden. Blüten hellblauviolett, innen mit gelben Streifen, 5 – 6 cm lang, vor oder mit den Blättern erscheinend. Frucht eiförmige Kapsel, die 3 – 4 cm lang wird.
B: Blätter 15 – 25 cm lang, breit eiförmig, manchmal am Rand wellig oder schwach dreilappig.
SV: Heimat: China. Braucht nährstoffreichen, nicht staunassen Boden. Stellt ähnliche Klimaanforderungen wie die Weinrebe und kann daher nur dort als Zierbaum mit Erfolg gehalten werden, wo Wein gut gedeiht.
A: Da die Paulownie eine ausladende Krone besitzt, eignet sie sich vor allem im größeren Garten. Giftverdächtig.

Spitz-Ahorn

Spitz-Ahorn *Acer platanoides* Ahorngewächse *Aceraceae*
10 – 20 m; April, Mai
SK: Blütenstände doldig. Blüten um 1 cm im Durchmesser, gelbgrün.
B: Blätter mit 5 – 7 kräftigen Zähnen, die in deutlicher, meist langer Spitze enden. Bucht zwischen den Blattlappen rundlich.
SV: Braucht feuchten, nährstoffreichen, lockeren und eher tiefgründigen Boden, der im übrigen lehmig, tonig oder steinig sein kann. Liebt sommerwarme Standorte. In Mittel- und Westeuropa selten in Schluchtwäldern, sommermilden Laubwäldern, an schuttig-lehmigen Mittelgebirgshängen und in Auwäldern. Häufig als Alleebaum gepflanzt.
A: Vom Spitz-Ahorn gibt es zahlreiche Gartenformen. Zu den ältesten zählen die „Kugel-Ahorne", die ohne regelmäßigen Schnitt eine dichtkugelige Krone bilden.

Berg-Ahorn

Berg-Ahorn, Trauben-Ahorn *Acer pseudoplatanus* Ahorngewächse *Aceraceae*
10 – 30 m; Mai, Juni
SK: Blütenstand hängende Trauben, die 5 – 15 cm lang werden und eher schlank als eiförmig wirken. Blüten meist deutlich kleiner als 1 cm im Durchmesser, gelbgrün.
B: Blätter mit 5 Lappen, die kerbig gezähnt, jedoch nie mit langer Spitze versehen sind. Bucht zwischen den Blattlappen spitz.
SV: Braucht feuchten, nährstoffreichen Boden, der lehmig oder steinig sein kann, aber mindestens an der Oberfläche humusreich sein muß (keimt nur in lockerem, humusreichem Boden). Besiedelt vor allem Schluchtwälder, feuchte Hangmischwälder in den Mittelgebirgen und bis zur Laubwaldgrenze im Hochgebirge, geht aber auch in Auwälder. Vielfach gepflanzt. In Mittel- und Westeuropa zerstreut.
A: Liefert Holz, das früher für Drechsler- und Schnitzarbeit begehrt war. Heute hierfür von untergeordneter Bedeutung, hingegen immer noch Verwendung in der Möbelherstellung.

Schneeballblättriger Ahorn, Frühlings-Ahorn *Acer opalus* Ahorngewächse *Aceraceae*
10 – 15 m; April
SK: Blütenstand doldig, hängend. Blüten gelb, um 1 cm im Durchmesser, vor den Blättern erscheinend.
B: Meist 5 Blattlappen, die verhältnismäßig schwach ausgeprägt sind. Ihr Rand ist wellig-weich gekerbt. Blätter 6 – 10 cm breit, oberseits dunkelgrün, unterseits blaugraugrün, jung behaart.
SV: Braucht nährstoff- und kalkhaltigen, eher flachgründigen und warmen Boden in milder Klimalage. Leidet unter Winterfrösten ebenso wie unter Spätfrösten. Kommt daher nur im westlichen Teil Mitteleuropas vereinzelt in den mildesten Lagen wild vor, ist in Westeuropa indessen zerstreut.
A: Der Schneeballblättrige Ahorn hat sich als Zierpflanze nicht durchsetzen können.

Roter Ahorn *Acer rubrum* Ahorngewächse *Aceraceae*
10 – 20 m; April, Mai
SK: Blütenstand büschelig. Blüten rot, meist unter 1 cm im Durchmesser, selten nur etwas rötlich angelaufen. Blüten erscheinen meist vor den Blättern.
B: Blätter fast immer nur mit 3 Lappen, sehr selten mit 5 Lappen grob gesägt. Sägezähne nie mit langer Spitze.
SV: Heimat: Östliches Nordamerika. Braucht feuchten, ja nassen, kalkarmen oder kalfreien Boden.
A: Der Rote Ahorn wird in seiner Heimat wesentlich größer und in der Kronenform dichter als bei uns. Dort gehört er zu den flußbegleitenden Gehölzen. Bei uns eignet er sich vor allem für Parks an Flüssen, in sumpfigem, ja moorigem Gelände. Sein Zierwert besteht in seiner gelb und rotbunten Herbstfärbung. In seiner Heimat ist er dank ihrer einer der leuchtendsten Farbtupfer im weltberühmten „Indianersommer".

Feld-Ahorn

Feld-Ahorn, Maßholder *Acer campestre* Ahorngewächse *Aceraceae*
3 – 15 m; Mai
SK: Blüten gelbgrün, in aufrechten, zusammengezogenen Rispen. Blätter stets unter 10 cm lang, stumpf 3 – 5lappig.
B: Blätter etwa so breit wie lang. Blattlappen ganzrandig, spitz aneinandergewinkelt. Rinde älterer Zweige auffallend korkig.
SV: Braucht nährstoffreichen Lehmboden, der im übrigen sandig, steinig oder tonig sein kann. Bevorzugt warme Plätze und Halbschatten. Besiedelt eher sikkerfeuchte Laubwälder und Gebüsche. In Mittel- und Westeuropa häufig.
A: Die ursprüngliche Bedeutung des Feld-Ahorns als Lieferant für drechselbares Holz tritt heute zurück hinter seiner Eignung als Windschutzhecke und Vogelheimat am Waldrand oder in freien, durchsickerten und oft steinigen Hanglagen.

Tatarischer Ahorn *Acer tataricum* Ahorngewächse *Aceraceae*
5 – 10 m; Mai, Juni
SK: Niederer, oft mehrstämmiger Baum oder kräftiger Strauch mit nur wenigen Grundtrieben und sparrigem Wuchs. Blütenstand rundliche Rispe, die aufrecht steht oder abspreizt, jedoch nicht hängt. Blütenblätter unscheinbar, weißlich und nur mit der Lupe deutlich zu erkennen. Blätter am Grund herzförmig, zuweilen schwach gelappt, am Rand leicht wellig und mit höchstens 12 Paaren von Seitenadern.
B: Die Blätter sind verhältnismäßig langstielig (2 – 4 cm), der Blattstiel undeutlich rinnig.
SV: Heimat: Südosteuropa und Kleinasien. Liebt tiefgründigen, nährstoffreichen Boden, der weder vernäßt, noch allzu trocken sein sollte.
A: Der Tatarische Ahorn wird oft als mehrstämmiger Baum gepflanzt. Wegen seines eher sparrigen Wuchses verlangt er indes genügend Raum, der ihm auch in kleineren Gärten wegen seiner verhältnismäßig niedrigen Höhe in der Regel geboten werden kann. Häufig werden Formen mit tiefroten Fruchtflügeln angeboten, die im Sommer, wenn die meisten Sträucher verblüht sind, den erwünschten Farbakzent setzen.

Echter Zucker-Ahorn *Acer saccharum* Ahorngewächse *Aceraceae*
20 – 40 m; April, Mai
SK: Blüten unscheinbar, grünlichgelb, mit den Blättern erscheinend, 3 – 4 cm lang oder noch länger gestielt, hängend und in Büscheln wachsend. Blattlappen mit kurzen, aber deutlichen, mäßig spitzen Zähnen, keinesfalls mit Grannen.
B: Blätter an der Unterseite grün oder blaugrün, nicht selten etwas behaart.
SV: Heimat: Nordamerika, erreicht nur dort die volle Höhe. Seit etwa 1735 in Europa angepflanzt und als Straßenrandbaum nicht nur wegen seiner geringen Ansprüche an den Boden – der allerdings nicht nährstoffarm sein darf – geschätzt, sondern auch wegen seiner guten Verträglichkeit gegen Belastung der Luft mit Abgasen.
A: In seiner Heimat ist der Echte Zucker-Ahorn eingeschätztes Nutzholz.

Silber-Ahorn *Acer saccharinum* (*A. dasycarpum*) Ahorngewächse *Aceraceae*
15 – 30 m; März
SK: Blütenstand büschelig, fast sitzend. Blüten unscheinbar, da Blütenblätter fehlen, grünlichgelb. Blüten erscheinen vor den Blättern.
B: Blätter mit 5 spitzen Lappen, die ihrerseits wieder tief eingebuchtet oder gelappt sind. Rand eher spitz als stumpf gekerbt. Buchten zwischen den Blattlappen spitz. Blätter oben glänzend grün, unterseits silberweiß.
SV: Heimat: Nordamerika. Braucht feuchten, nährstoffreichen, eher festen als lockeren Boden. Neigt zu Windbruch und ist daher als Alleebaum wenig geeignet.
A: In seiner Heimat ist der Silber-Ahorn hochwüchsiger als bei uns. Er sollte nur an windgeschützten Stellen und im Verband mit anderen Gehölzen gepflanzt werden.

Silber-Ahorn

Laubhölzer, Bäume

Blätter einfach   wechselständig   ganzrandig

Gurken-Magnolie

Gurken-Magnolie *Magnolia acuminata* Magnoliengewächse *Magnoliaceae*
10 – 25 m; Mai, Juni
SK: Blüten endständig, einzeln, um 15 cm (ausgebreitet) im Durchmesser, gelblichgrün, mit 6 – 8 Blütenblättern. Frucht gurkenähnlich, zapfig, 5 – 8 cm lang, reif dunkelrot.
B: Blätter 12 – 20 cm lang und 4 – 6 cm breit, sattgrün. Zweige, vor allem junge, glänzen rotbraun.
SV: Heimat: Östliches Nordamerika. Braucht mildes Winterklima, stellt aber sonst keine besonderen Ansprüche.
A: Die Gurken-Magnolie wirkt trotz der Blütengröße als blühender Baum nicht. Die Blüten heben sich ungenügend gegen das Laub ab. Bei regelmäßiger Samenbildung ziehen indessen die Früchte den Blick auf sich. Dennoch wird in Europa die Gurken-Magnolie kaum zu einem häufigen Parkbaum werden; denn hier ist die Fruchtbildung meist unregelmäßig.

Tulpen-Magnolie, Garten-Magnolie *Magnolia × soulangiana* Magnoliengewächse *Magnoliaceae*
3 – 6 m; April, Mai
SK: Blüten einzeln, meist mit den Blättern erscheinend. Blütenblätter, die stets über 2 cm breit und außen rosa oder purpurviolett überlaufen sind. Innen sind sie weiß oder cremefarben. Die Länge der Blütenblätter liegt meist um 10 cm.
B: Blätter verkehrt-eiförmig, 15 – 20 cm lang.
SV: Bastard. Eltern: Yulan-Magnolie und Purpur-Magnolie. 1826 in Frankreich entdeckt. Gedeiht in wintermildem Klima und stellt keine besonderen Bodenansprüche (mäßige, aber regelmäßige Düngung).
A: Die Tulpen-Magnolie ist die am weitesten verbreitete Magnolie. In Baumform findet man sie in schon älteren Gartenanlagen. Neuerdings wird sie vielfach als Strauch auf den Markt gebracht, der sich – klimatische Bedingungen vorausgesetzt – als Blickfang auch für den kleineren Garten eignet.

Stern-Magnolie *Magnolia stellata* Magnoliengewächse *Magnoliaceae*
1 – 3 m; März
SK: Blüten einzeln, vor den Blättern erscheinend. 12 – 18 Blütenblätter, die 5 – 6 cm lang und über 1 cm breit werden.
B: Blätter schmal-eiförmig, 4 – 10 cm lang und kaum halb so breit, oberseits dunkelgrün, unterseits gras- oder hellgrün, auffällig netzadrig.
SV: Heimat: Japan. Liebt warme, geschützte Standorte und leidet, wenn zur Blütezeit die Temperatur deutlich unter den Gefrierpunkt absinkt.
A: Als eine der kleinsten Magnolienarten, die überdies langsam wächst und schon als verhältnismäßig kleiner Strauch blüht, bringt man sie in einigermaßen geschützten Lagen vor allem in Vor- und Terrassengärten immer wieder ein.

Sanddorn

Sanddorn, Seedorn *Hippophaë rhamnoides* Ölweidengewächse *Eleagnaceae*
1 – 6 m; April, Mai
SK: Blüten unscheinbar, eingeschlechtig, bräunlich. Frucht orangerote, 6 – 8 mm lange, fast rundliche „Beere", die säuerlich schmeckt.
B: Äste scharf dornspitzig, dunkelgrau. Blätter 3 – 7 mm breit und 5 – 8 cm lang, oberseits graugrün und kahl, unterseits silbrigweiß, am Rande eingerollt.
SV: Bevorzugt nährstoffreichen, eher nassen oder feuchten und humusarmen Boden, der locker sein sollte. Gedeiht aber auch auf anderem Untergrund, sofern er keiner verdrängenden Konkurrenz ausgesetzt ist. Kommt in Mitteleuropa, seltener in Westeuropa wild auf Kiesbänken und sandigen Ufern in Flußauen vor, wird aber wesentlich häufiger als Rohbodenbesiedler und Sandfestiger angebaut.
A: Die Beeren sind nicht nur eßbar, sondern wegen ihres hohen Gehalts an Vitamin C (ca. 500 mg/100 g Früchte) ein schätzenswertes Wildobst, das sich insbesondere zur Saftgewinnung eignet.

Laubhölzer, Bäume

Blätter einfach wechselständig gesägt gezähnt gekerbt

Moor-Birke, Weichhaarige Birke *Betula pubescens* Birkengewächse *Betulaceae*
5 – 20 m; April, Mai
SK: Kätzchen aufrecht oder hängend, kurz gestielt, olivgrün. Rinde gelblich oder grau. Blätter eiförmig oder herzförmig, mit abgerundeten Ecken, zumindest jung deutlich behaart.
B: Blätter zugespitzt. Blattstiel etwa halb so lang wie die Blattfläche. Zweige nicht oder nur wenig überhängend.
SV: Bevorzugt staunassen, sauren Boden. Besiedelt daher vor allem Moor- und Bruchwälder. Frosthart. Hat unter entsprechenden Klima- und Bodenbedingungen Konkurrenzvorteile und tritt dann bestandsprägend auf. In Mitteleuropa selten, an ihren Standorten jedoch häufig. In Westeuropa seltener.
A: Von der Moor-Birke sind weniger Gartenformen bekannt.

Weiß-Birke

Weiß-Birke, Warzen-Birke, Hänge-Birke *Betula pendula* (*B. verrucosa*) Birkengewächse *Betulaceae*
10 – 25 m; April, Mai
SK: Kätzchen ungestielt, männliche bräunlich, weibliche grün. Rinde mindestens in der oberen Stammhälfte weiß, höchstens leicht bräunlich. Blätter dreieckig bis rautenförmig.
B: Blattstiel 2 – 3 cm lang. Blätter jung schwach klebrig, etwas behaart, dann kahl, doppelt gesägt.
SV: Besiedelt Boden jeder Art, bevorzugt indessen Sand. Erträgt selbst schwere Fröste. Hat deshalb auf lichten Standorten mit Sandboden und in schlechter Klimalage Konkurrenzvorteile. In Mittel- und Westeuropa zerstreut und forstlich angepflanzt.
A: Die Birke wird vielfach auf rohen Böden als Festiger gepflanzt. Ihres Stammes wegen kommt ihr neben der Nutzeigenschaft auch Zierwert zu. Deshalb wird sie schon lange im Garten und in Parks verwendet. Birken sollte man in Gärten nie in die Nähe von Abwasserleitungen pflanzen, da sie gerne in undichte Stellen mit ihren Wurzeln eindringen und dann die Leitung aufsprengen.

Grau-Erle

Grau-Erle, Weiß-Erle *Alnus incana* Birkengewächse *Betulaceae*
5 – 20 m; März, April
SK: Fruchtkätzchen schon nach dem Blattfall an den Zweigen auffallend, männliche in der Vollblüte langgestreckt, weibliche zapfenartig. Blätter vorne zugespitzt, nie abgerundet oder gar eingekerbt, unterseits graugrün.
B: Blätter meist etwas länger als breit. Junge Blätter nie klebrig. Holz (abgesägte Stümpfe) nie orangerot.
SV: Braucht kalkhaltigen Boden, der feucht sein sollte, aber nicht muß. Besiedelt Ufer, geht in Auwälder und wird auf Rohböden als Bodenverbesserer vielfach forstlich gepflanzt. In Mitteleuropa zerstreut, in Westeuropa seltener und meist nur angepflanzt.
A: Die Grau-Erle vermag mit Hilfe von Strahlenpilzen in ihren Wurzelknollen den Stickstoff der Luft zu binden und zu nutzen.

Schwarz-Erle, Rot-Erle *Alnus glutinosa* Birkengewächse *Betulaceae*
10 – 25 m; März, April
SK: Fruchtkätzchen schon nach dem Blattfall an den Zweigen auffallend, männliche in der Vollblüte langgestreckt, weibliche zapfenartig. Blätter an der Spitze abgestumpft oder eingebuchtet, nie zugespitzt.
B: Blätter oben und unten grün, etwa so lang wie breit. Junge Blätter klebrig. Holz (abgesägte Stümpfe) orangerot.
SV: Braucht feuchten oder nassen, nährstoffreichen, aber eher kalkarmen Boden. Besiedelt Bachränder, Auwälder, sickernasse Berghänge und Moore. In Mittel- und Westeuropa häufig.
A: Die Schwarz-Erle lebt in Symbiose mit Strahlenpilzen und bildet in den befallenen Wurzelregionen Knöllchen. Daher vermag sie Stickstoff der Luft zu verwerten. Auf staunassen Böden ist sie deshalb Pionierpflanze.

Laubhölzer, Bäume

Blätter einfach   wechselständig   gesägt   gezähnt
gekerbt

Edelkastanie

Edelkastanie, Eßbare Kastanie *Castanea sativa* Buchengewächse *Fagaceae*
10 – 30 m; Juni
SK: Männliche Kätzchen aufrecht, dünn, 10 – 20 cm lang. Meist 3 weibliche Blüten in einer Hülle, unscheinbar. Blätter 10 – 20 cm lang, lanzettlich, zugespitzt.
B: Blätter etwas lederartig, kahl, glänzend, oberseits dunkelgrün, unterseits heller.
SV: Bevorzugt wenigstens zeitweise feuchten, nährstoffreichen, aber eher kalkarmen oder kalkfreien Boden, der nicht unbedingt tiefgründig sein muß und sandig, steinig oder lehmig sein kann. Wird durch Winterfröste geschädigt und will es auch im Sommer warm, aber zumindest jung nicht voll sonnig. In Mitteleuropa vermutlich seit der Römerzeit verwildert und an der Nordgrenze ihrer Verbreitung. In Westeuropa häufiger. Eigentliche Heimat Südeuropa.
A: Die Edelkastanie wird ihrer Früchte wegen immer wieder für den größeren Garten als Nutz- und Zierbaum zugleich empfohlen. Neben den ihr zusagenden Bodenbedingungen braucht sie indessen besonders in Mitteleuropa unbedingt ein luftfeuchtes Klima, wenn sie gedeihen soll.

Rot-Buche

Rot-Buche *Fagus sylvatica* Buchengewächse *Fagaceae*
10 – 40 m; April, Mai
SK: Blütenstände unscheinbar, fast kugelig, hängend. Blattrand wellig, fast ganzrandig oder unregelmäßig buchtig gekerbt. Blätter glänzend, oberseits dunkelgrün, unterseits heller.
B: Rinde glatt, weißgrau. Stamm rund. Krone meist dichtästig.
SV: Bevorzugt gut durchlüftete, gleichwohl zumindest zeitweise feuchte Lehmböden, geht aber auch auf Ton oder auf feinerdereichen Gesteinsschutt. Bevorzugt luftfeuchte und vor strengen Winterfrösten geschützte Lagen. In Mitteleuropa häufig und wichtiger Forstbaum. In Westeuropa ebenfalls bestandbildend.
A: Die Buche ist nicht nur ein wichtiges Nutzholz. Es gibt von ihr zahlreiche Formen, die ihrer Besonderheit wegen in Parks gepflanzt werden. Am bekanntesten sind die „Blutbuchen“, von denen es mehrere ähnliche gibt.

Winter-Eiche *Quercus × turneri* Buchengewächse *Fagaceae*
5 – 10 m; April
SK: Blüten unscheinbar in Kätzchen. Blätter meist immergrün, d. h. der Baum steht im Winter zumindest nicht völlig kahl, sondern ist überwiegend belaubt. Blätter wenig unter der Spitze am breitesten.
B: Blätter 8 – 11 cm lang und 3,5 – 5 cm breit (an der breitesten Stelle). Blattlappen spitz und stark nach vorne gerichtet. Buchten zwischen den Blattlappen daher ebenfalls spitz. Gesamteindruck eher gezähnt als gelappt.
SV: Gartenform. Eltern vermutlich Stiel-Eiche und Stein-Eiche. Herkunft unbekannt. Braucht mildes Klima und tiefgründigen, nährstoffreichen Boden.
A: In den mildesten Lagen Mitteleuropas und in vielen Lagen Westeuropas kann man diesen Baum, der die meisten seiner Blätter den Winter hindurch behält, in Parks anbauen.

Stein-Eiche *Quercus ilex* Buchengewächse *Fagaceae*
5 – 15 m; April
SK: Blüten unscheinbar in Kätzchen. Blätter immergrün, unterseits behaart.
B: Blätter in der Jugend weißfilzig, doch bald oberseits verkahlend und hier dann dunkelgrün. Unterseits auch im Alter zumindest behaart, meist graufilzig. Oft ganzrandig, häufig etwas gezähnt.
SV: Heimat: Mittelmeergebiet. Braucht warme Winter und erträgt Frost kaum. Liebt nährstoffreichen Boden. Gedeiht in Mitteleuropa nur in den allergünstigsten Lagen, in Westeuropa meist nur in Parks.
A: Die Stein-Eiche stellt eine formenreiche Art dar. Das äußert sich nicht nur in einer Veränderlichkeit der Blattformen, sondern auch in ihrer Frosthärte.

Laubhölzer, Bäume

Blätter einfach ⬮ wechselständig gesägt gezähnt gekerbt

Weißer Maulbeerbaum

Schwarzer Maulbeerbaum

Weißer Maulbeerbaum *Morus alba* Maulbeerbaumgewächse *Moraceae*
6 – 12 m; Mai
SK: Blütenstände unscheinbar, kätzchenähnlich. Scheinbeere weiß, gestielt, in der Form an Himbeeren erinnernd, aber fade im Geschmack. Blätter rundlich und dann an der Spitze oft eingebuchtet oder mehr oder minder deutlich 3 – 5-lappig.
B: Blattstiel mindestens 2 cm lang. Blätter ungleichmäßig gesägt, fast kahl. Rinde der Äste graubraun.
SV: Heimat: Ostasien. Braucht wintermildes, spätfrostsicheres Klima und nährstoffreichen Boden.
A: Als Zierpflanze praktisch bedeutungslos. Futterbaum für die Raupen des Seidenspinners. Wo dieser gezüchtet wird, kultiviert.

Schwarzer Maulbeerbaum *Morus nigra* Maulbeerbaumgewächse *Moraceae*
6 – 10 m; Mai
SK: Blütenstände unscheinbar, kätzchenähnlich. Scheinbeere blauschwarz, gestielt, in der Form an Brombeeren erinnernd, bemerkenswert säuerlichsüß im Geschmack. Blätter ei- oder herzförmig, selten gelappt, fast stets mit deutlicher Spitze.
B: Blattstiel stets unter 2 cm lang, meist nicht über 1,5 cm. Blätter ungleichmäßig gesägt, zumindest unterseits kurzhaarig. Junge Äste behaart, ältere mit hell rotbrauner Rinde.
SV: Heimat: Südwestasien. Braucht wintermildes, spätfrostsicheres Klima und nährstoffreichen Boden.
A: Als Zierpflanze praktisch bedeutungslos. Futterbaum für die Raupen des Seidenspinners. Wo dieser gezüchtet wird, kultiviert.

Mittelmeer-Zürgelbaum *Celtis australis* Ulmengewächse *Ulmaceae*
15 – 20 m; April, Mai
SK: Männliche Blüten büschelig, weibliche einzeln und langgestielt, unscheinbar. Frucht 1 – 1,5 cm dick, erst gelblichweiße, dann braunrote Steinfrucht, die gut schmeckt. Blattgrund schief, Blatthälften daher ungleich. Blätter unterseits graugrün, auf der ganzen Fläche (nicht nur auf den Adern) zumindest schwach kurzhaarig.
B: Blätter verhältnismäßig lang zugespitzt und beim Anfassen von derbem Eindruck, bis zum Stielansatz zumindest noch schwach gesägt.
SV: Braucht tiefgründigen, nährstoffreichen, eher trockenen und gut durchlüfteten Boden. Heimat: Mittelmeergebiet.
A: Der Mittelmeer-Zürgelbaum kommt in Mitteleuropa nur in milden Lagen durch und ist dort als eher unauffälliger Parkbaum gelegentlich anzutreffen.

Amerikanischer Zürgelbaum *Celtis occidentalis* Ulmengewächse *Ulmaceae*
20 – 30 m; April, Mai
SK: Männliche Blüten büschelig, weibliche einzeln und langgestielt, unscheinbar. Frucht kleine, orangerote bis fast schwarze Steinfrucht, die widerlich schmeckt und kaum 1 cm im Durchmesser erreicht. Blattgrund schief, Blatthälften daher ungleich. Blätter unterseits hellgrün, kahl, höchstens auf den Nerven behaart.
B: Blätter verhältnismäßig kurz zugespitzt, kurz über dem Stielansatz kaum mehr gesägt oder ganzrandig.
SV: Braucht tiefgründigen, vorzugsweise lehmigen und nährstoffreichen Boden, der mäßig feucht oder mäßig trocken sein kann. Heimat: Nordamerika. Dort höherwüchsig als in Europa.
A: Der Amerikanische Zürgelbaum ist in Mittel- und erst recht in Westeuropa winterhart. Da er widerstandsfähiger ist als Ulmen, denen er im Aussehen ähnelt, kann er diese in Gegenden mit nicht zu hoher Luftverunreinigung als Park- oder Alleebaum ersetzen.

Laubhölzer, Bäume

Blätter einfach   wechselständig   gesägt   gezähnt   gekerbt

Hainbuche, Weißbuche, Hagebuche *Carpinus betulus* Birkengewächse *Betulaceae*
5 – 25 m; April, Mai
SK: Blüten in hängenden Kätzchen (männliche und weibliche Kätzchen), unscheinbar. Blätter faltig, 4 – 10 cm lang, jederseits mit 10 – 15 Nerven.
B: Blätter scharf doppelt gesägt. Knospen ziemlich klein, Seitenknospen dem Zweig angedrückt. Zumindest bei baumförmig wachsenden Exemplaren Stamm wulstig, Rinde grau. Flugfrucht mit dreilappigem Flügel.
SV: Bevorzugt nährstoffreichen, tiefgründigen Boden. Häufig.
A: In Parks und – seltener – in größeren Gärten findet man von ihr Zierformen, z. B. mit zerschlitzten Blättern oder verdichteten Kronen. Von kaum zu überschätzender Bedeutung ist die Hainbuche indes für die Wind- und Lärmschutzhecke. Sie wächst sowohl ungeschnitten als geschnitten, ja nimmt selbst rigorosen Rückschnitt nicht übel und kann daher in nahezu jede beliebige Form gebracht werden. Auch noch im Spätherbst als Staubschutz wirksam, da dürres Laub meist reichlich an den Zweigen verbleibt.

Feld-Ulme

Feld-Ulme, Rotrüster *Ulmus minor* (*U. carpinifolia, U. campestris*) Ulmengewächse *Ulmaceae*
5 – 35 m; März, April
SK: Blüten dicht gebüschelt, vor den Blättern erscheinend, grünrötlich, praktisch ungestielt und sitzend. Frucht kahl. Samen dem oberen Flügelrand genähert. Flügelrand über dem Samen kaum ausgerandet.
B: Blätter 4 – 10 cm lang, am Stiel ausgesprochen ungleich ansetzend und daher deutlich verschiedene Blatthälften. Blätter lebhaft grün.
SV: Braucht nährstoffreichen, kalkhaltigen, feuchten Boden, der im übrigen von recht beliebiger Beschaffenheit sein kann. Erträgt sogar gelegentliche Überschwemmung. Wild zerstreut in Auwäldern und sickerfeuchten Hangwäldern in milder Klimalage, in Westeuropa etwas häufiger als in Mitteleuropa. Häufig als Alleebaum gepflanzt.
A: Auch die Feld-Ulme wird von dem Pilz *Ophiostoma ulmi* befallen.

Berg-Ulme

Berg-Ulme *Ulmus glabra* (*U. montana*) Ulmengewächse *Ulmaceae*
20 – 40 m; März, April
SK: Blüten dicht gebüschelt, vor den Blättern erscheinend, grünlichrötlich, praktisch ungestielt und sitzend. Frucht kahl. Samen sitzt genau in der Mitte der Frucht. Flügelrand über dem Samen deutlich ausgerandet.
B: Blätter 8 – 16 cm lang, am Stiel ausgesprochen ungleich ansetzend und daher mit deutlich verschiedenen Blatthälften. Blätter oberseits auffallend rauh.
SV: Braucht nährstoffreichen, lockeren und daher oft steinigen Lehm- oder Tonboden, der gut durchlüftet sein muß und sickerfeucht sein sollte. Bevorzugt zwar Lagen mit hoher Luftfeuchtigkeit, stellt aber keine Ansprüche hinsichtlich Wärme. Frosthart. Wild selten in schattigen Schluchtwäldern. In Westeuropa etwas seltener als in Mitteleuropa. Gelegentlich als Alleebaum gepflanzt.
A: Von der Berg-Ulme gibt es mehrere Wuchsformen.

Sal-Weide, Palm-Weide *Salix caprea* Weidengewächse *Salicaceae*
2 – 10 m; März, April
SK: Kleinwüchsiger Baum. Kätzchen der männlichen Pflanzen 20 – 30 mm lang und um 20 mm im Durchmesser. Kätzchen der weiblichen Pflanzen 50 – 100 mm lang und um 20 mm im Durchmesser. Kätzchen erscheinen vor den Blättern und sind im frühen Entwicklungsstadium dicht silbrig-pelzig. Junge Zweige behaart, alte stets kahl.
B: Blätter eiförmig oder fast rund, 3 – 10 cm im Durchmesser, gelegentlich am Rand wenig und dann unregelmäßig gesägt.
SV: Braucht nährstoffreichen, lockeren Lehmboden, der feucht sein sollte. Stellt sonst keine Bodenansprüche. Besiedelt vor allem Kahlschläge, Waldränder, aufgelassene Steinbrüche und Kiesgruben. Zerstreut.
A: Die Sal-Weide ist der Lieferant von „Palmkätzchen“.

Laubhölzer, Bäume

Blätter einfach wechselständig gesägt gezähnt gekerbt

Trauer-Weide *Salix babylonica* Weidengewächse *Salicaceae*
10 – 25 m; April, Mai
SK: Männliche Kätzchen bogig oder hängend, dünn wirkend, um 5 cm lang oder kürzer. Weibliche Kätzchen um 4 cm lang. Gelegentlich gemischtgeschlechtliche Kätzchen. Blätter kahl oder höchstens schwach behaart. Zweige auffällig hängend.
B: Blätter bis etwa 17 cm lang und 2,5 cm breit, gelegentlich in eine schiefe Spitze ausgezogen. Zweige gelbgrün oder olivbraun.
SV: Braucht nährstoffreichen, tiefgründigen Boden, der im übrigen lehmig, tonig, sandig und sogar steinig oder kiesig sein kann. Heimat: Südasien.
A: Die meisten gepflanzten Trauer-Weiden sind Bastarde der Trauer-Weide und der Silber-Weide, vor allem mit deren „Trauerform". In Gärten werden sie häufig gepflanzt, bringen aber oft mehr Ungemach als Freude. Da sie tief wurzeln, finden sie noch auf viele Meter undichte Abwasserrohre, die sie aufsprengen. Ältere Äste neigen zu Windbruch, vor allem bei starken Gewitterregen, seltener unter der Schneelast.

Silber-Weide

Silber-Weide *Salix alba* Weidengewächse *Salicaceae*
15 – 30 m; April, Mai
SK: Männliche Kätzchen aufrecht oder bogig, um 6 cm lang. Weibliche Kätzchen 4 – 5 cm lang. Junge Blätter oberseits und unterseits behaart. Behaarung an der Blattunterseite so dicht, daß die Blätter silberweiß aussehen.
B: Junge Zweige rotbraun. Blätter 6 – 10 cm lang und 1 – 1,5 cm breit.
SV: Braucht nassen, schlammigen, nährstoffreichen und zumindest kalkhaltigen Boden, der auch zeitweise überflutet werden darf. Bildet an unverbauten Ufern Bestände oder ist im flußbegleitenden Gehölz zumindest Hauptart. Geht aber auch in Auwälder und an Seeufer.
A: Die Silber-Weide verfestigt Ufer in tonig-schlickigem Grund.

Bruch-Weide

Bruch-Weide, Knack-Weide *Salix fragilis* Weidengewächse *Salicaceae*
5 – 20 m; April, Mai
SK: Männliche Kätzchen 4 – 5 cm lang. Weibliche Kätzchen 6 – 7 cm lang und lockerblütig. Blätter 10 – 20 cm lang und 2 – 4 cm breit, jung klebrig.
B: Blätter oberseits grün, unterseits blaugrün, sehr feinadrig. Junge Zweige gelbbraun und leicht abzubrechen.
SV: Braucht nährstoffreichen, aber eher kalkarmen oder kalkfreien Sandboden, geht aber auch auf entkalkten Lehm oder Quarzkies. Braucht im Boden viel Feuchte und meist gute Durchlüftung, erträgt aber zeitweise Überschwemmung. In Mittel- und Westeuropa im flußbegleitenden Gebüsch von kalkarmen Gewässern mit natürlichen Ufern zerstreut, seltener in Auwäldern.
A: Wegen ihrer intensiven Verwurzelung eignet sich die Bruch-Weide gut zur Uferfestigung.

Ufer-Weide, Graue oder Lavendel-Weide *Salix eleagnos* (*S. incana*) Weidengewächse *Salicaceae*
1 – 15 m; April, Mai
SK: Männliche Kätzchen aufrecht oder bogig, schmal, kaum 1 cm dick, 3 – 6 cm lang. Blätter nach den Blüten erscheinend, anfangs beidseits graufilzig, später oben verkahlend.
B: Zweige brüchig, jung filzig behaart, später kahl und grüngrau. Blätter lineallanzettlich, bis 12 cm lang, um 1 cm breit, lang zugespitzt, am Rand umgerollt, ungleich drüsig gesägt oder nur wellig geschweift bezahnt.
SV: Braucht zumindest periodisch nasse, steinige bis sandige Rohböden. Etwas kalkliebend. Wild vor allem in den Alpentälern und im Voralpengebiet an kiesigen Flußufern und sickernassen Rutschhängen. Sonst in Mittel- und Südeuropa sehr zerstreut, meist angepflanzt; oft nur in Strauchform ausgebildet.
A: Die Ufer-Weide wird weniger als Ziergartenpflanze, denn als Bodenfestiger und Rohbodenpionier bei der Begrünung von Kanälen, Wasserläufen und nassen Straßenböschungen verwendet.

Laubhölzer, Bäume

Blätter einfach   wechselständig   gesägt   gezähnt   gekerbt

Sal-Weide, Palm-Weide *Salix caprea* Weidengewächse *Salicaceae*
2 – 10 m; März, April
SK: Kleinwüchsiger Baum. Kätzchen der männlichen Pflanzen 20 – 30 mm lang und um 20 mm im Durchmesser. Kätzchen der weiblichen Pflanzen 50 – 100 mm lang und um 20 mm im Durchmesser. Kätzchen erscheinen vor den Blättern und sind im frühen Entwicklungsstadium dicht silbrig-pelzig. Junge Zweige behaart, alte stets kahl.
B: Blätter eiförmig oder fast rund, 3 – 10 cm im Durchmesser, gelegentlich am Rand wenig und dann unregelmäßig gesägt.
SV: Braucht nährstoffreichen, lockeren Lehmboden, der feucht sein sollte. Stellt sonst keine Bodenansprüche. Besiedelt vor allem Kahlschläge, Waldränder, aufgelassene Steinbrüche und Kiesgruben. Zerstreut.
A: Die Sal-Weide ist der Lieferant von „Palmkätzchen“.

Schwarz-Pappel

Schwarz-Pappel *Populus nigra* Weidengewächse *Salicaceae*
15 – 30 m; März, April
SK: Blüten in hängenden Kätzchen. Kätzchenschuppen kahl. Junge Äste rund und ohne rippige Korkstreifen.
B: Blätter rhombisch bis dreieckig, 5 – 10 cm lang und am Rand kahl, kaum schmäler als lang, oft büschelig stehend, langgestielt, etwas glänzend, oberseits dunkler.
SV: Braucht tiefgründigen, gut durchlüfteten und zugleich feuchten, nährstoffreichen Boden, der im übrigen sandig, lehmig, kiesig, ja fast tonig sein kann. In Mitteleuropa wild vor allem in flußbegleitenden Gehölzen, sehr selten. Gepflanzt dagegen als Alleebaum häufig.
A: Die Schwarz-Pappel ist „der“ schlankwüchsige Alleebaum, und zwar vor allem in Form der „Pyramidenpappel“, die eine viel schlankere Wuchsform hat als die namengebende Wildrasse.

Zitter-Pappel

Zitter-Pappel, Espe *Populus tremula* Weidengewächse *Salicaceae*
5 – 20 m; März, April
SK: Blüten in hängenden Kätzchen. Kätzchenschuppen stark bewimpert. Junge Zweige mehr oder minder deutlich behaart.
B: Blätter 3 – 7 cm lang und meist ebenso breit, im Umriß rhombisch oder fast rundlich. Blattstiel sehr lang und dünn. Stamm mit gelbgrauer Rinde.
SV: Braucht feuchten Boden, der nährstoffreich sein sollte, aber nicht muß und im übrigen beliebige Eigenschaften aufweisen kann. Liebt Licht und sommerliche Wärme und geht daher besonders an Waldränder oder in starkbelichtete Gebüsche. In Mitteleuropa zerstreut, in Westeuropa etwas seltener.
A: Die Zitterpappel gewinnt heute in zweifacher Hinsicht an Bedeutung: Man kann sie selbst auf rohe Böden pflanzen und diese so rasch und nachhaltig befestigen; sie ist ausgesprochen industriefest und gedeiht in Städten noch an Standorten, an denen andere Laubbäume versagen.

Kanadische Pappel, Kanada-Bastard-Pappel *Populus × canadensis* Weidengewächse *Salicaceae*
20 – 30 m; März, April
SK: Blüten in hängenden Kätzchen. Kätzchenschuppen kahl. Junge Äste meist nicht voll rund, sondern wegen mehr oder minder deutlicher Korkrippen schwach kantig.
B: Blätter dreieckig, 6 – 10 cm lang, am Rande nur jung behaart, später mindestens z. T. verkahlend, oft büschelig stehend, langgestielt. Blattstiel gelegentlich rötlich angelaufen, meist grün oder olivgrün.
SV: Bastard, dessen Eltern meist Schwarz-Pappel und Rosenkranz-Pappel sind. Gedeiht auf feuchten bis nassen Böden.
A: Die unter dem Namen Kanada-Pappel angebotenen Formen zeichnen sich fast durchweg durch eine höhere Wuchsleistung unter sonst gleichen Bedingungen aus als ihre reinrassigen Eltern.

Laubhölzer, Bäume

Blätter einfach wechselständig gesägt gezähnt gekerbt

Silber-Linde *Tilia tomentosa* (*T. argentea*) Lindengewächse *Tiliaceae*
10 – 30 m; Juli
SK: Blütenstände mit 7 – 12 Blüten in den Achseln der Blätter. Blüten hellgelb, 5 Blütenblätter. Junge Zweige grau oder weiß, dicht behaart, ebenso die Unterseite der Blätter.
B: Blätter rundlich oder herzförmig, 6 – 12 cm breit, spitz gezähnt, oberseits dunkelgrün.
SV: Heimat: Südosteuropa. Braucht sommerwarmes Klima und nährstoffreichen Boden, der auch Humus enthalten sollte. Erträgt Trockenheit sehr gut.
A: Die Silber-Linde zeichnet sich durch goldgelbes Herbstlaub aus. Ein großer Vorzug ist ihre Industriefestigkeit.

Krim-Linde *Tilia × euchlora* Lindengewächse *Tiliaceae*
10 – 20 m; Juli
SK: Blüten in hängendem, doldigem Blütenstand. Blüten grüngelb. 5 Blütenblätter. Junge Zweige gelbgrün, im Winter auch rötlich, kahl. Blätter unterseits ausgesprochen dunkelgrün, in den Nervenwinkeln hell braunrötlich behaart.
B: Blätter oberseits stark glänzend, rundlich-eiförmig, im Herbst lang am Zweig verbleibend.
SV: Bastard zwischen Winter-Linde und Kaukasischer Linde, wild vielleicht zwischen Schwarzem Meer und Kaspisee. Häufig als Park- oder Alleebaum gepflanzt. Bodenansprüche etwa wie Winter-Linde, eher etwas trockenheitsverträglicher.
A: Die Krim-Linde ist unempfindlich gegen starke Besonnung und verhältnismäßig widerstandsfähig gegen Luftverunreinigung.

Sommer-Linde

Sommer-Linde *Tilia platyphyllos* (*T. grandiflora*) Lindengewächse *Tiliaceae*
15 – 40 m; Juni
SK: 2 – 5 Blüten in hängendem, doldigem Blütenstand. Blüten hellgelb. 5 Blütenblätter. Junge Zweige abstehend, doch nicht dicht oder gar filzig behaart. Blätter auf der Unterseite grün, in den Nervenwinkeln weißhaarig.
B: Blätter schief herzförmig oder schief dreieckig, meist schütter kurzhaarig.
SV: Braucht nähstoffreichen, lockeren und daher oft etwas steinigen Lehmboden, der eher frisch als trocken sein sollte. Bevorzugt Standorte mit hoher Luftfeuchtigkeit und mildem Klima. Wild selten in Schluchtwäldern Mittel- und Westeuropas, früher oft gepflanzt.
A: Die Sommer-Linde ist die „Dorf-Linde". Und das im Wortsinne! Denn Luftverunreinigung, wie sie in Städten leider fast überall vorkommt, erträgt sie verhältnismäßig schlecht.

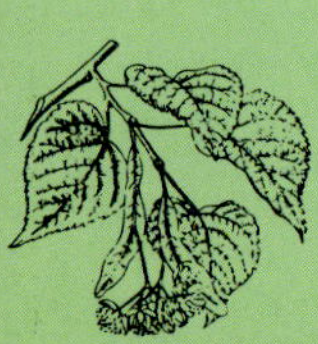
Winter-Linde

Winter-Linde *Tilia cordata* (*T. parvifolia*) Lindengewächse *Tiliaceae*
10 – 30 m; Juni, Juli
SK: 5 – 11 Blüten in hängendem, doldigem Blütenstand. Blüten hell grüngelb. 5 Blütenblätter. Junge Zweige kahl. Blätter auf der Unterseite grün, in den Nervenwinkeln rotbraun behaart.
B: Blätter schief herzförmig oder schief dreieckig, kahl, unterseits schwach blaugrün.
SV: Braucht tiefgründigen Boden, der nährstoffreich sein sollte, nicht zu trokken sein darf und sonst von recht beliebiger Struktur sein kann. Besiedelt wild zerstreut Hangwälder oder Eichen-Buchen-Mischwälder in milderen Klimalagen Mitteleuropas, in Westeuropa etwas seltener. Häufig angepflanzt.
A: Die Winter-Linde ist die robustere der beiden einheimischen Lindenarten. Dennoch ist sie auch den Luftverunreinigungen, wie sie viele Ballungsgebiete aufweisen, und der dort anfallenden Streusalzmenge auf die Dauer nicht gewachsen. Jahrhundertealte Winter-Linden trifft man trotzdem nicht allzuselten noch freistehend an markanten Landschaftspunkten oder in Dorfnähe.

Laubhölzer, Bäume

Blätter einfach wechselständig gesägt gezähnt gekerbt

Birnbaum, Garten-Birne *Pyrus communis* Rosengewächse *Rosaceae*
1 – 20 m; April, Mai
SK: Blüten in Büscheln. Blüten rein weiß, seltener etwas cremefarben. 5 Blütenblätter, die 1,5 – 2,5 cm lang werden. Kulturformen durchweg ohne Dornen. „Wildbirne" an den Kurztrieben z. T. mit dorniger Spitze.
B: Blätter rundlich-herzförmig, deutlich lederig und oberseits glänzend, am Rand dicht klein gesägt oder gekerbt.
SV: Braucht nährstoffreichen, lockeren, vorzugsweise lehmigen Boden, der gleichwohl gut durchlüftet sein sollte und zumindest wintermilden Standort.
A: Der Birnbaum ist sicher seit dem Altertum eine Kulturpflanze. Es gibt zahlreiche Sorten, die sich im Geschmack, der Fruchtform und vor allem im Gerbstoffgehalt der Früchte z. T. erheblich voneinander unterscheiden.

Apfelbaum, Holzapfel *Malus domestica* Rosengewächse *Rosaceae*
1 – 15 m; April, Mai
SK: Blüten in Büscheln. Blüten weiß, oft außen rötlich überlaufen. 5 Blütenblätter, die 1 – 2 cm lang werden. Kulturformen durchweg ohne Dornen. „Holzapfel" an den Kurztrieben z. T. mit dorniger Spitze.
B: Blätter breit-eiförmig, mindestens doppelt so lang wie ihr Stiel. Kronenformen fast stets durch Schnitt geformt und daher vielgestaltig, überdies sortenabhängig.
SV: Liebt nährstoffreichen, eher frischen, doch gut durchlüfteten Boden und milde Klimalagen, zumindest für die anspruchsvolleren Kultursorten.
A: Äpfel werden ziemlich sicher seit der jüngeren Steinzeit kultiviert. Es gibt heute eine kaum zu übersehende Zahl von Sorten.

Vogelkirsche

Vogelkirsche, Süßkirsche *Prunus avium* Rosengewächse *Rosaceae*
15 – 25 m; April, Mai
SK: Blüten in Büscheln, vor den Blättern erscheinend, weiß, langstielig. 5 Blütenblätter, die 1 – 2 cm lang werden. Früchte gelblich, rot oder schwärzlich, mit einem „Kirschkern".
B: Blätter 5 – 15 cm lang. Blattstiel unterhalb der Spreite mit 1 oder 2 roten Drüsen.
SV: Braucht nährstoffreichen, eher feuchten, lehmigen Boden. Die wilde Vogelkirsche bevorzugt milde Klimalagen und hier Ränder von Laub- oder Mischwäldern. Als Wildform in Mitteleuropa und Westeuropa zerstreut, in rauheren Lagen selten oder fehlend.
A: Die Kirsche ist in zahlreichen Sorten zumindest seit der Römerzeit in Kultur; die Nutzung der Vogelkirsche ist jedoch sicher wesentlich älter und geht vermutlich bis in die Eisenzeit zurück. Die Unterschiede der Kulturkirschen betreffen nicht nur Fruchtfarbe, sondern auch Fruchtform und Größe sowie die Konsistenz des Fruchtfleischs.

Grannenzähnige Kirsche

Grannenzähnige Kirsche, Blütenkirsche *Prunus serrulata* Rosengewächse *Rosaceae*
3–12 m; April, Mai
SK: Meist weniger als 3 – 5 Blüten in einem mehr oder minder hängenden Blütenstand. Blüten langstielig, weiß, rosa oder rot, bei uns meist gefüllt und nicht fruchtbar. Früchte schwarze Kirschen.
B: Blätter 6 – 12 cm lang, eiförmig, mit meist spitzen Blattzähnen.
SV: Liebt nährstoffreichen Boden und sommerwarmen Standort. Heimat: Ostasien.
A: Von der Grannenzähnigen Kirsche werden zahlreiche Sorten mit meist gefüllten Blüten in Europa als „Zierkirsche" schlechthin angepflanzt. Sie unterscheiden sich z. T. ziemlich stark in Wuchsform und Herkunft. Manche, z. B. die Sorte Accolade, dürften Bastardursprung haben.

Laubhölzer, Bäume

Blätter einfach wechselständig gesägt gezähnt gekerbt

Echte Mandel *Prunus amygdalus* Rosengewächse *Rosaceae*
3 – 10 m; März, April
SK: Meist 2, seltener 1 Blüte, die hellrosa oder weiß ist und die fast sitzt. Filzig behaarte, trockene Steinfrucht, die einen grubigen Stein enthält.
B: Blattstiele um 2 cm lang und damit mindestens so lang wie die halbe Blattbreite.
SV: Heimat: Westasien, im Mittelmeergebiet erwerbsmäßig seit alters angebaut, in den mildesten Lagen Mitteleuropas, etwas häufiger in Westeuropa als „Mittelding" zwischen Zier- und Nutzpflanze angebaut, obwohl die Samen hier selten wirklich reifen.
A: Von der Echten Mandel gibt es mehrere Sorten (z. B. Bittermandel) und auch Kreuzungen mit Pfirsichen, die oft mehr Mandeln, oft mehr Pfirsichen ähneln.

Spätblühende Traubenkirsche, Lorbeerkirsche *Prunus serotina*
Rosengewächse *Rosaceae*
5 –12 m; Mai, Juni
SK: Hängende Blütentrauben mit 10 – 20 Blüten, die kaum 1 cm im Durchmesser erreichen und rein weiß sind. Frucht schwarz, etwas bitter. Stein ohne jede Grube und absolut glatt.
B: Blätter verkehrt-eiförmig, glatt, kahl, eindeutig mit lederigem Glanz.
SV: Liebt sandigen, etwas lockeren oder steinigen Boden, braucht aber Sommerwärme. Heimat: Nordamerika. Bei uns zur Bodenverbesserung wie die Traubenkirsche gepflanzt, aber meist schlechter wachsend als diese.
A: Die Späte Traubenkirsche ist wegen ihrer bis in den November hinein grünen Blätter geschätzt. Bei frühem Schneefall in rauhen Lagen Mitteleuropas ist sie als Ziergehölz wenig geeignet.

Zwetschge

Zwetschge, Pflaume *Prunus domestica* Rosengewächse *Rosaceae*
3 – 15 m; April, Mai
SK: Aus einer Blütenknospe entspringen meist 2 Blüten, die rein weiß oder grünlichweiß sein können und meist um 2 cm im Durchmesser haben. Nicht gefüllt, 5 Blütenblätter.
B: Blätter eiförmig, je nach Kultursorte zwischen 3 – 8 cm lang. Blütenstiele leicht flaumig behaart.
SV: Heimat: Kleinasien. Seit dem Altertum in Kultur. Alle Sorten lieben nährstoffreichen, lehmigen Boden.
A: Die Kulturformen sind sicherlich nicht reine, wiewohl veredelte Abkömmlinge von Wildarten, sondern durch wahrscheinlich mehrfache Bastardierung und Auslese entstanden.

Sauerkirsche

Sauerkirsche, Echter Weichselbaum *Prunus cerasus* Rosengewächse *Rosaceae*
2 – 10 m; April, Mai
SK: Blüten in Büscheln, zusammen mit 1 – 3 kleinen, kahlen Blättern erscheinend, weiß, langstielig. 5 Blütenblätter, die 1 – 1,7 cm lang werden. Früchte hell- bis dunkelbraunrot mit einem „Kirschkern".
B: Blätter 6 – 12 cm lang. Blattstiel meist ohne Drüsen.
SV: Liebt nährstoffreiche, aber eher leichte, ja sandige oder gut krümelnde, lehmige Böden oder Löß. Manche Kultursorten ertragen Sonne schlecht, andere nehmen sie mindestens hin. Fast alle gedeihen im Halbschatten am besten. Frosthart. Heimat: wahrscheinlich Osteuropa, aber seit der Römerzeit gepflanzt und in Mittel- und Westeuropa örtlich verwildert.
A: Von der Sauerkirsche sind ebenfalls zahlreiche Sorten in Kultur. Die „Schattenmorellen" zeichnen sich durch ziemlich dünne Äste aus, von denen vorwiegend nur die einjährigen fruchten. „Weichsel" und „Rexellen" hingegen bilden ihre Blütenknospen ähnlich wie Süßkirschen oft an Kurztrieben. Die Sorten unterscheiden sich überdies stark im Kronenbild.

Laubhölzer, Bäume

Blätter einfach wechselständig gelappt

Rot-Eiche *Quercus rubra* Buchengewächse *Fagaceae*
10 – 25 m; Mai
SK: Männliche Blüten in hängenden, unauffälligen, grünlichen Kätzchen. Weibliche Blüten ganz unscheinbar in einer Hülle. Blattzipfel zugespitzt. Junge Zweige und junge Blätter kahl. Eicheln einzeln oder zu zweien, fast sitzend, um 20 mm lang, zu etwas mehr als der Hälfte aus dem kahlen Becher hervorragend. Blätter auf jeder Blatthälfte mit 4 – 6 Lappen, um oder über 15 cm lang.
B: Blätter an der breitesten Stelle selten 10 cm erreichend, im Herbst hellrot, aber auch gelbrot oder braun.
SV: Heimat: Nordamerika. Braucht lockeren, kalkarmen Boden, der im übrigen aber nicht zu nährstoffarm sein sollte. Noch wichtiger für ihr Gedeihen ist indessen feucht-mildes Klima.
A: Die Rot-Eiche wächst schneller als unsere einheimischen Eichen und begnügt sich im Durchschnitt mit schlechteren Böden.

Stiel-Eiche

Stiel-Eiche, Sommer-Eiche *Quercus robur* (*Q. pedunculata*)
Buchengewächse *Fagaceae*
20 – 50 m; April, Mai
SK: Männliche Blüten in hängenden, unauffälligen, grünlichen Kätzchen. Weibliche Blüten ganz unscheinbar in einer Hülle. Blattlappen abgerundet, ebenso wie die jungen Zweige unbehaart. Blattseiten sitzen am kurzen Stiel ungleich an. Mehrere Eicheln sitzen an einem 3 cm langen Stiel.
B: Blätter im Umriß verkehrt-eiförmig, am Grund meist deutlich geöhrt.
SV: Braucht tiefgründigen Boden, der im übrigen mehr oder minder nährstoffreich, sandig, lehmig oder tonig sein kann, aber immer eher feucht sein sollte. In Mitteleuropa häufig und bestandsbildender, wertvoller Forstbaum, in Westeuropa nur örtlich häufig.
A: Die Stiel-Eiche ist nicht nur Lieferant für ein begehrtes Nutzholz, sondern auch in vielen Formen in Parks anzutreffen.

Trauben-Eiche

Trauben-Eiche, Winter-Eiche *Quercus petraea* (*Q. sessiliflora*)
Buchengewächse *Fagaceae*
15 – 40 m; April, Mai
SK: Männliche Blüten in hängenden, unauffälligen, grünlichen Kätzchen. Weibliche Blüten ganz unscheinbar in einer Hülle. Blattlappen abgerundet, ebenso wie die jungen Zweige unbehaart. Blattseiten sitzen am ziemlich kurzen Stiel praktisch auf gleicher Höhe an. Mehrere Eicheln sitzen zusammen an gemeinsamem Stiel, der aber 1 cm Länge nie übertrifft.
B: Blätter im Umriß verkehrt-eiförmig, am Grund meist nicht geöhrt.
SV: Braucht lockeren und einigermaßen tiefgründigen Boden, der gut durchlüftet sein muß, dafür eher steinig sein kann. Erträgt stauende Nässe nicht, eher zeitweilige Trockenheit. In Mitteleuropa häufig und bestandsbildend, desgleichen in Westeuropa. Wertvoller Forstbaum.
A: Die Trauben-Eiche liefert nicht nur wertvolles Möbel- und Furnierholz, sondern auch das Material der berühmten, original Cognacfässer.

Flaum-Eiche *Quercus pubescens* Buchengewächse *Fagaceae*
5 – 20 m; April, Mai
SK: Männliche Blüten in hängenden, unauffälligen, grünlichen Kätzchen. Weibliche Blüten ganz unscheinbar in einer Hülle. Blattzipfel abgerundet. Junge Zweige und Blätter flaumig behaart, aber schon ab Mitte Juni verkahlend, so daß meist nur noch auf der Blattunterseite in den Aderwinkeln Flaum erkennbar ist. Becher der Eicheln mit behaarten Schuppen. Blätter nur 5 – 8 cm lang.
B: Die Blätter haben jederseits etwa 5 – 7 Lappen, die durch etwa gleich große Buchten voneinander getrennt sind und daher sehr gleichmäßig wirken.
SV: Braucht nährstoffreichen, kalkhaltigen, lockeren und daher oft steinigen Lehmboden mit guter Luftführung in trocken-warmem Klima. Erreicht im westlichen Mitteleuropa in milden Lagen die Nordwestgrenze ihrer Verbreitung und ist hier nur vereinzelt häufig und bestandbildend.
A: Wie alle Eichen neigt auch die Flaum-Eiche zur Bastardbildung.

Laubhölzer, Bäume

Blätter einfach   wechselständig   gelappt

Sumpf-Eiche *Quercus palustris* Buchengewächse *Fagaceae*
12 – 25 m; Mai
SK: Männliche Blüten in hängenden, unauffälligen, grünlichen Kätzchen. Weibliche Blüten ganz unscheinbar in einer Hülle. Blattzipfel zugespitzt. Junge Zweige und junge Blätter kahl. Eicheln einzeln oder zu zweien, fast sitzend, um 1,5 cm lang, etwa zur Hälfte aus dem Fruchtbecher hervorragend. Blätter auf jeder Blatthälfte mit 2 – 4 fast waagrecht abstehenden Lappen, die wiederum gelappt gezähnt sind. Blätter 10 cm lang oder kürzer.
B: Blätter an der breitesten Stelle selten mehr als 6 cm erreichend, im Herbst tiefrot.
SV: Heimat: Nordamerika. Die Sumpf-Eiche braucht mäßig feuchte bis mäßig trockene, wenigstens mittelgründige Lehm- oder Tonböden. Sie ist in Mitteleuropa fast überall genügend frosthart.
A: Die Sumpf-Eiche hat für Parks, ja auch für den größeren Garten nicht nur im Herbst Schmuckwert, sondern spendet im Sommer wegen ihrer breiten Krone auch Schatten.

Scharlach-Eiche *Quercus coccinea* Buchengewächse *Fagaceae*
10 – 30 m; Mai
SK: Männliche Blüten in hängenden, unauffälligen, grünlichen Kätzchen. Weibliche Blüten ganz unscheinbar in einer Hülle. Blattzipfel zugespitzt. Junge Zweige und junge Blätter kahl. Eicheln meist einzeln, um 25 mm lang, nur zur Hälfte aus dem filzig behaarten Becher hervorragend. Blätter auf jeder Blatthälfte mit meist nur 3, wiederum gelappt-gezähnten Lappen, um oder über 12 cm lang.
B: Blätter an der breitesten Stelle bis 10 cm breit, im Herbst tief scharlachrot.
SV: Heimat: Nordamerika. Bevorzugt lockere Lehmböden, die nährstoffreich sein sollten und feucht sein müssen.
A: Die Herbstfärbung der Scharlach-Eiche ist noch intensiver als bei der ähnlichen Rot-Eiche.

Zerr-Eiche

Zerr-Eiche *Quercus cerris* Buchengewächse *Fagaceae*
20 – 30 m; April
SK: Männliche Blüten in hängenden, unauffälligen, grünlichen Kätzchen. Weibliche Blüten ganz unscheinbar in einer Hülle. Blattlappen zugespitzt. Junge Zweige und junge Blätter flaumig behaart, zumindest an der Unterseite. Mehrere Eicheln sitzen zusammen an gemeinsamem Stiel, der aber 1 cm Länge nie übertrifft. Becher, in dem die Eicheln sitzen, auffällig schmalschuppig.
B: Blätter im Umriß schmal eiförmig und 6 – 12 cm lang.
SV: Heimat: Südosteuropa und Oberitalien. Braucht mildes Klima, nährstoffreichen, eher trockenen Boden, der unbedingt kalkhaltig, wenn nicht kalkreich sein sollte.
A: Die Zerr-Eiche wird in Mitteleuropa gelegentlich in Parks – sofern das Klima es zuläßt oder die Bodenverhältnisse es erforderlich machen – als Zierbaum verwendet. Sie kann die Rolle der Trauben-Eiche übernehmen.

Silber-Pappel

Silber-Pappel *Populus alba* Weidengewächse *Salicaceae*
15 – 30 m; März, April
SK: Blütenstand hängende Kätzchen. Kätzchenschuppen zottig bewimpert. Ende der jungen Zweige und Knospen weißfilzig. Baumrinde glatt.
B: Blätter mit 3 – 5 Lappen, seltener kaum gelappt und dann rundlich-eiförmig. Lappen oder Blattrand etwas gekerbt. Blätter oberseits dunkelgrün, unterseits weißfilzig.
SV: Braucht nährstoffreichen, kalkhaltigen, feuchten Boden, der im übrigen lehmig, tonig oder kiesig-sandig sein kann. In Auwäldern zerstreut, gelegentlich auch auf aufgelassenen Müllkippen oder jetzt begrünten Halden von Trümmerschutt.
A: Wegen ihrer Wurzelaustriebe wird die Silber-Pappel als Pionierpflanze auf Böden gepflanzt, die befestigt werden müssen.

Laubhölzer, Bäume

Blätter einfach   wechselständig   gelappt

Storaxbaum, Amberbaum *Liquidambar styraciflua* Zaubernußgewächse *Hamamelidaceae*
20 – 30 m; Mai
SK: Blütenstände unscheinbar, kopfig. Fruchtstände durch den verholzten Griffel mit Dornen. Blätter 10 – 20 cm lang und ebenso breit, mit meist 5, seltener mit 7 Lappen. An der Blattunterseite in den Aderwinkeln mit Haaren.
B: Blattlappen länglich und am Rand fein gezähnt. Zweige auffallend korkig berindet.
SV: Heimat: Nordamerika. Dort oft bis 40 m hoch. Braucht viel Licht, tiefgründigen, vorzugsweise lehmigen Boden, der eher etwas feucht als längere Zeit trocken sein sollte.
A: Der Storaxbaum ist in den rauheren Lagen von Mitteleuropa nicht frosthart, wird es aber mit zunehmendem Alter mehr und mehr.

Ahornblättrige Platane

Ahornblättrige Platane *Platanus × hybrida* (*P. acerifolia*)
Platanengewächse *Platanaceae*
10 – 30 m; Mai
SK: Blütenstand kugelig, hängend. Blüten unscheinbar. Blätter meist 3 – 5lappig und nur bis zur Mitte eingeschnitten.
B: Blattlappen mehr oder minder ganzrandig, ihre Spitzen oft ausgezogen.
SV: Heimat: Nordamerika. Herkunft: unklar. Wahrscheinlich Bastard zwischen Morgenländischer und Amerikanischer Platane, möglicherweise auch nur Wuchsform der letzteren. Gedeiht am besten auf tonigen oder lehmigen Böden, die feucht sein sollten. Leidet unter länger andauerndem oder strengem Frost im Winter.
A: Die Platane gehört ihrer breiten Krone und der in großen Platten sich lösenden Borke wegen zu den exotisch anmutenden Zierbäumen in städtischen Anlagen.

Tulpenbaum *Liriodendron tulipifera* Magnoliengewächse *Magnoliaceae*
20 – 30 m; Mai, Juni
SK: Blüten einzeln, endständig, ausgebreitet um 10 cm im Durchmesser, Grundfarbe grünlichweiß mit gelben und orangefarbenen, flammenartigen Flecken. Blätter 5 – 10 cm lang, langstielig, vierlappig.
B: Buchten zwischen den Blattlappen stumpf. Blätter hellgrün, im Herbst goldgelb.
SV: Heimat: Nordamerika. Dort wesentlich höherwüchsig als in Europa (bis 50 m bei einem Stammdurchmesser von bis zu 4 m). Braucht frische, tiefgründige, vorzugsweise lehmige Böden mit gutem Nährstoffgehalt. Liebt in der Jugend Beschattung bzw. Windschutz durch andere Bäume, sollte aber ab einer Höhe von ungefähr 15 m vereinzelt werden.
A: Der Tulpenbaum gehört wegen seiner großen Blüten, seiner eigenartigen Blätter und seiner nach einigen Jahrzehnten breiten, lockeren Krone zu den Sehenswürdigkeiten unserer Parks.

Ginkgo-Baum, Fächertanne *Ginkgo biloba* Ginkgogewächse *Ginkgoaceae*
10 – 40 m; April
SK: Männliche und weibliche Blüten auf verschiedenen Individuen, unscheinbar. „Frucht" steinfruchtartig, kirschgroß, gelb, gelegentlich rötlich gefleckt. Die langstieligen Blätter stehen büschelig, sind fächerförmig und deutlich zweilappig.
B: Blätter lederartig, fächerig geadert, gelbgraugrün. Stamm glatt.
SV: Heimat: Provinz Sinkiang, meist nur aus kultivierten Standorten bekannt.
A: Der Ginkgo-Baum wurde 1727 von Japan nach Europa gebracht. In Ostasien wird er vornehmlich im Bereich von Tempeln, aber auch in Parks seit alters gepflanzt. Diese Art überlebte als einzige einer großen Pflanzengruppe, die vor rund 200 Millionen Jahren weltweit verbreitet war. Der ganze Verwandtschaftskreis gehört eindeutig zu den Nacktsamern, ist also mit den Nadelhölzern enger verwandt als mit den Laubbäumen. Als Park- und Alleebaum hat sich der Ginkgo in Europa sehr bewährt.

Ginkgo-Baum

Blätter zusammengesetzt gegenständig gesägt gezähnt gekerbt

Eschen-Ahorn

Eschen-Ahorn *Acer negundo* Ahorngewächse *Aceraceae*
5 – 20 m; März, April (Bilder oben links und oben rechts)
SK: Baum meist mehrstämmig. Blüten klein und unscheinbar, gelbgrün, in Büscheln hängend, mit den Blättern erscheinend. Männliche und weibliche Blüten nicht auf demselben Individuum. Blätter mit 3 – 5 Fiederblättchen.
B: Die Fiederblättchen sind grob gesägt, das mittlere zuweilen gelappt.
SV: Heimat: Nordamerika. Von dort schon 1688 nach Europa gebracht und als Zierpflanze kultiviert. Braucht tiefgründigen, feuchten, lehmigen oder tonigen, nährstoffreichen Boden.
A: Vom Eschen-Ahorn sind zahlreiche Formen bekannt, von denen die meisten weißfleckige („panaschierte“) Blätter haben (Bild oben links). Er ist ein häufiger Baum in älteren Parks, findet sich aber auch in größeren Gärten, die im ersten Drittel unseres Jahrhunderts angelegt worden sind, ja sogar gelegentlich am Rand ortsnaher Straßen, oft im Wechselstand mit anderen Ahornarten. Hier ist er indessen von fragwürdigem Wert, weil er in Windböen zu Astbrüchen neigt. Hingegen wünschte man sich ihn wieder häufiger in den „modernen“ Gärten, weil er nicht nur lebendig in seinem Blattfarbenspiel wirkt, sondern durch Schnitt leicht in die gewünschte Form gebracht werden kann.

Weiß-Esche, Amerikanische Esche *Fraxinus americana* Ölbaumgewächse *Oleaceae*
15 – 30 m; April, Mai
SK: Blütenrispe steht aufrecht ab und erscheint vor den Blättern. Blüten unscheinbar und ohne Blütenblätter. Blätter mit 5 – 9 Fiederblättchen, die unterseits deutlich weißgrün sind. Knospen dunkelbraun.
B: Die Fiederblättchen sind lang zugespitzt, dunkelgrün und nur ganz schwach gezähnt bzw. gekerbt, so daß sie oft ganzrandig wirken.
SV: Heimat: Nordamerika. Braucht feuchten, nährstoffreichen, tiefgründigen, lehmigen Boden. In Mitteleuropa selten, versuchsweise in Forsten eingebracht, da in seiner Heimat raschwüchsig und wertvolles Nutzholz.
A: Der schlanke, raschwachsende Baum ist selten in bachdurchflossenen Parks in Ufernähe anzutreffen, wo es darum ging, rasch den Boden zu befestigen und für schattenliebende Sträucher ein Kronendach zu schaffen. Auf den ersten Blick wird er für die einheimische Esche gehalten und so verkannt.

Gewöhnliche Esche

Gewöhnliche Esche *Fraxinus excelsior* Ölbaumgewächse *Oleaceae*
15 – 35 m; April, Mai
SK: Blütenrispe hängt fast und erscheint vor den Blättern. Blüten unscheinbar und ohne Blütenblätter. Blätter mit 9 – 13 Fiederblättchen, die beiderseits grün sind (unterseits etwas heller, aber nicht weißgrün). Knospen schwarz.
B: Die Fiederblättchen sind eher kurz zugespitzt und deutlich, wenn auch klein gesägt.
SV: Braucht nährstoffreichen, lockeren, wenngleich eher tiefgründigen Boden, der sehr wohl steinig sein kann, aber feucht sein sollte. Wild in z. T. fast reinen Beständen in den mittel- und westeuropäischen Au- und Schluchtwäldern. Leidet unter Spätfrösten im Frühjahr, durch die nicht selten alle schon ausgetriebenen Blätter erfrieren.
A: Von der Esche gibt es mehrere Formen, die in Parks als Zierbäume anzutreffen sind. Am bekanntesten sind die „Hänge-Esche“ und eine Form, die wenigstens teilweise ungeteilte Blätter trägt. Leider sind Eschen als Parkbäume derzeit wenig in Mode, obwohl sie auf feuchtem Untergrund in der einen oder anderen Wuchsform eingebracht werden sollten, sofern das Klima spätfrostsicher ist.

Laubhölzer, Bäume

Blätter zusammengesetzt gegenständig gesägt gezähnt gekerbt

Rote Roßkastanie *Aesculus pavia* Roßkastaniengewächse *Hippocastanaceae*
6 – 20 m; Mai, Juni
SK: Blüten leuchtend rot in lockeren, 10 – 15 cm langen Rispen.
B: Knospen nicht klebrig harzig. 5 Teilblättchen, die 10 – 15 cm lang, meist unregelmäßig gesägt und kahl sind.
SV: Heimat: Nordamerika. Liebt nährstoffreichen, tiefgründigen Boden, der locker und eher feucht sein sollte.
A: In reiner Form selten als Alleebaum gepflanzt und dann an der glatten Rinde erkennbar. Meist sind die rotblühenden „Roßkastanien" Pfropfungen der Roten Roßkastanie auf die weißblühende Gewöhnliche oder Gemeine Roßkastanie. Dann ist die Pfropfstelle meist noch im Alter sichtbar. Solche Pflanzen werden unter dem Namen *Aesculus × carnea* behandelt. Leidet unter Streusalzeinfluß und zu geringem Wasserangebot und geht daher als Alleebaum zurück.

Gemeine Roßkastanie

Gemeine Roßkastanie *Aesculus hippocastanum* Roßkastaniengewächse *Hippocastanaceae*
15 – 25 m; April, Mai
SK: Blüten weiß, erst mit gelben, dann mit roten Flecken im Schlund, in mäßig dichten, aufrechten, 12 – 18 cm langen Rispen. Früchte rund oder in der Längsachse kürzer als in der Querachse. Borkiger Stamm.
B: Knospen deutlich klebrig verharzt. 5 – 7 Teilblättchen, die 10 – 15 cm lang werden und meist unregelmäßig gesägt und kahl sind.
SV: Heimat: Balkan. Braucht nährstoffreichen, tiefgründigen Boden, der im übrigen eher sandig, lehmig oder tonig sein kann.
A: Die Gemeine Roßkastanie ist einer der bekanntesten und beliebtesten Alleebäume in Mitteleuropa. Leider ist die Roßkastanie gegenüber stärkerer Luftverunreinigung empfindlich. Auch unter Streusalz leidet sie erheblich, wie ihr dann auch Asphaltierung und damit mangelndes Wasser rasch den Garaus macht.

Gelbblühende Roßkastanie, Gelbblühende Pavie *Aesculus octandra* (*A. lutea*) Roßkastaniengewächse *Hippocastanaceae*
6 – 20 m; Mai, Juni
SK: Blüten in 12 – 15 cm langen, aufrechten Rispen. Blüten gelb, ohne rote Zeichnung, etwa 3 cm lang.
B: Teilblättchen, die 10 – 15 cm lang werden, länglich, gesägt, zugespitzt sind und oben meist deutlich dunkler grün sind als unten.
SV: Heimat: Nordamerika. Braucht nährstoffreichen, tiefgründigen, gut durchlüfteten Boden.
A: Wegen ihrer Ansprüche ist die Gelbblühende Roßkastanie als Alleebaum nicht geeignet.

Blätter zusammengesetzt wechselständig ganzrandig

Walnußbaum

Walnußbaum *Juglans regia* Walnußbaumgewächse *Juglandaceae*
15 – 25 m; Mai
SK: Männliche Blüten in hängenden Kätzchen. Weibliche Blüten in armblütiger, unscheinbarer, blattachselständiger Traube. Frucht kugelig, grün, glattschalig. Nuß runzelig.
B: 5 – 9 Teilblättchen, Endblättchen meist größer, ganzrandig oder fast ganzrandig. Mark junger Zweige gefächert.
SV: Braucht nährstoff- und kalkreichen, tiefgründigen Boden, der lehmig oder tonig sein kann. Heimat: östliches Mittelmeergebiet, aber in Mitteleuropa mit Sicherheit bereits in der jüngeren Steinzeit angepflanzt. Frostempfindlich.
A: Der Walnußbaum liefert nicht nur wohlschmeckende Früchte, sondern auch wertvolles Nutzholz.

Laubhölzer, Bäume

Blätter zusammengesetzt wechselständig ganzrandig

Japanischer Schnurbaum

Japanischer Schnurbaum *Sophora japonica*
Schmetterlingsblütengewächse *Fabaceae* (*Leguminosae*)
15 – 20 m; Juli, August
SK: Blütenstand aufrechte, endständige Rispen, die 20 – 25 cm lang werden können. Blüten gelblichweiß. Hülse rund, perlschnurartig, nicht aufspringend.
B: Blätter 20 – 25 cm lang mit 11 – 15 Teilblättchen, die eiförmig sind.
SV: Heimat: Nordostchina und Korea. Liebt sommerwarmes Klima und lockeren, sandigen oder stark mit kleinen Steinen durchsetzten, lehmigen, gut durchlüfteten, mäßig trockenen Boden, der eher nährstoffreich sein sollte.
A: Der Japanische Schnurbaum ist ein Parkbaum mit Zukunft. Er gilt – wo ihm die klimatischen Bedingungen zusagen – als industriefest.

Gemeine Robinie, Falsche Akazie *Robinia pseudacacia*
Schmetterlingsblütengewächse *Fabaceae* (*Leguminosae*)
10 – 25 m; Juni
SK: Blütenstand hängende, blattachselständige Traube. Blüten weiß, Früchte schlanke Hülsen (bohnenförmig). Zumindest an jungen Zweigen beidseits des Blattstiels je ein Dorn.
B: 9 – 19 Teilblättchen, die 3 – 5 cm lang werden und im Umriß eiförmig sind. Unterseits sind die Blätter etwas graugrün.
SV: Liebt nährstoffreiche, lockere Böden, die im übrigen roh, sandig, lehmig oder – mit Steinen durchsetzt – tonig sein können. Heimat: Nordamerika.
A: Die Robinie wurde von J. Robin 1601 nach Frankreich eingeführt. Wegen ihrer Wurzelausschläge eignet sie sich zur Bodenbefestigung. Da sie in ihren Wurzeln eine Lebensgemeinschaft mit Bakterien eingeht, die den Luftstickstoff binden können, vermag sie Böden zu verbessern. Andererseits wird sie durch ihre Wurzelausschläge vielerorts lästig. Deshalb sollte man überlegen, ob es gut ist, sie wegen ihres Nektarreichtums als Bienenweide anzupflanzen, zumal sie in Mitteleuropa selten schön wächst. Immerhin ist sie recht industriefest (Bahndammpflanze schon zu Zeiten der Dampflok) und gedeiht daher auch in Innenstädten. Dort schlägt ihre Frostempfindlichkeit wegen der Wärmeabstrahlung von Straßen und Häusern auch nicht so ins Gewicht wie im Freiland.

Klebrige Robinie *Robinia viscosa* Schmetterlingsblütengewächse
Fabaceae (*Leguminosae*)
6 – 10 m; Juli, August
SK: Blütenstand hängende, blattachselständige Trauben, die nur 5 – 8 cm lang werden. Blüten rosa, auf der Fahne mit gelbem Fleck, etwa 2 cm lang. Auch an jungen Zweigen, die wie die Blattstiele klebrig sind, nie Dornen.
B: 13 – 23 Teilblättchen, die 3 – 4 cm lang werden und im Umriß eiförmig sind.
SV: Heimat: Nordamerika. Braucht nährstoffreichen, eher feuchten Boden und sehr mildes Klima.
A: Der rundkronige, kleine Baum kommt für Mitteleuropa nur in den wärmsten Lagen als Zierpflanze für den größeren oder mittelgroßen Garten in Frage. Als Alleebaum ist er zu anspruchsvoll.

Gelbholz

Gelbholz, Gelber Schnurbaum *Cladastris lutea* (*Virgilia lutea*)
Schmetterlingsblütengewächse *Fabaceae* (*Leguminosae*)
15 – 20 m; Mai, Juni
SK: Meist mehrstämmiger Baum. Blütenstand blattachselständige, 30 – 40 cm lange Traube, in der die Blüten sehr locker sitzen. Blütenfarbe weiß, Fahne am Grunde mit gelblichen Flecken. Hülse kaum eingeschnürt.
B: 5 – 11 Teilblättchen, von denen das Endblättchen 10 – 15 cm lang und 6 – 8 cm breit werden kann.
SV: Heimat: Nordamerika. Braucht tiefgründigen, vorwiegend lehmigen und nährstoffreichen, eher feuchten, aber nicht kühlen Boden. Ist als Jungpflanze frostempfindlich.
A: Das Gelbholz gehört zu den Park- und Gartengehölzen, deren „Zierwert" umstritten ist.

Laubhölzer, Bäume

Blätter zusammengesetzt ♣ wechselständig gesägt gezähnt gekerbt

Schwarzer Walnußbaum, Schwarznuß *Juglans nigra*
Walnußbaumgewächse *Juglandaceae*
15 – 30 m; Mai
SK: Männliche Blütenkätzchen hängen einzeln. Weibliche Blüten zu 2 – 5 in unscheinbarem Blütenstand. Frucht kugelig, rauhschalig, braun bis schwarzbraun. Nuß schwarz, längsfurchig. Kern schmeckt süß.
B: Blätter 25 – 40 cm lang, 10 – 14 Teilblättchen (das Endblättchen ist nur gelegentlich vorhanden), die unterseits weichhaarig sind.
SV: Heimat: Nordamerika, dort wesentlich größer (bis 50 m hoch). Braucht tiefgründigen, feuchten, lehmigen oder tonigen Boden, der reich an Nährstoffen sein sollte.
A: Der Schwarze Walnußbaum ist ein eindrucksvoller Parkbaum, wenn er frei steht. Dann entwickelt er eine mächtige, runde Krone.

Eschenblättrige Flügelnuß

Eschenblättrige Flügelnuß *Pterocarya fraxinifolia*
Walnußbaumgewächse *Juglandaceae*
10 – 20 m; April, Mai
SK: Meist mehrstämmiger Baum. Männliche Blütenkätzchen hängen einzeln. Weibliche Blüten zu vielen in hängenden Ähren. Frucht geflügelt, etwa erbsengroß, graugelb.
B: Blätter 20 – 50 cm lang. 15 – 23 Teilblättchen, an denen das Endblättchen gelegentlich fehlen kann. Teilblättchen unterseits nur in den Aderwinkeln bärtig behaart.
SV: Heimat: Kaukasus. Braucht tiefgründigen, feuchten bis nassen, lehmigen, tonigen oder etwas schlammig-schlickigen Boden. Im Winter auch bei extremen Temperaturen frosthart, aber ziemlich empfindlich gegen Fröste vor oder während des Blattaustriebs.
A: Die Eschenblättrige Flügelnuß trifft man in Parks, durch die Gewässer fließen, nicht allzu selten an.

Butternuß, Grauer Walnußbaum *Juglans cinerea*
Walnußbaumgewächse *Juglandaceae*
15 – 20 m; Mai
SK: Männliche Blütenkätzchen hängen einzeln. Weibliche Blüten zu 2 – 5 in unscheinbarem Blütenstand. Frucht etwas eiförmig, bis 10 cm lang. Nuß unregelmäßig tief gefurcht und auf den Wülsten mit scharfen Zacken. Kern ungenießbar (schmeckt widerlich nach Buttersäure).
B: Blätter 30 – 60 cm lang, klebrig. Meist um 10 Teilblättchen, wobei das Endblättchen eher kleiner als gleich groß ist; es kann auch fehlen. Mark der jungen Zweige dunkelbraun, gefächert.
SV: Heimat: Nordamerika. Braucht tiefgründigen, nährstoffreichen, feuchten und zugleich warmen Boden. Gedeiht nur in sehr mildem Klima.
A: Die Butternuß wird zwar gelegentlich in Parks flußnah gepflanzt, sofern es das Klima zuläßt, ist jedoch der Hickorynuß an Zier- und Nutzwert weit unterlegen.

Weiße Hickorynuß

Weiße Hickorynuß, Spottnuß *Carya ovata* (*C. alba*)
Walnußbaumgewächse *Juglandaceae*
20 – 25 m; Mai
SK: 3 männliche Blütenkätzchen sitzen an einem gemeinsamen Stiel. Die weiblichen Blüten sitzen in kurzen, unscheinbaren Ähren. Frucht kugelig, grün, glattschalig. Nuß glattschalig.
B: Blätter 30 – 60 cm lang mit meist nur 5 Teilblättchen, von denen das Endblättchen größer ist. Mark junger Zweige nie gefächert.
SV: Heimat: Nordamerika, dort höherwüchsig. Braucht nährstoffreichen, tiefgründigen, warmen und eher feuchten Boden.
A: Die Weiße Hickorynuß fällt in Parks durch ihre Borke auf, die sich streifig ablöst, und durch ihre leuchtende Gelbfärbung im Herbst.

Laubhölzer, Bäume

Blätter zusammengesetzt wechselständig gesägt gezähnt gekerbt

Götterbaum

Götterbaum *Ailanthus altissima* (*A. glandulosa*) Bittereschengewächse *Simaroubaceae*
20 – 25 m; Juni, Juli
SK: Oft mehrstämmig. Blütenstände endständige, aufrechte Rispen, die 20 – 25 cm lang werden. Blüten klein, unscheinbar, grünlichweiß. Früchte mit einem zungenförmigen Flugblatt, in dessen Mitte sie liegen. Rinde glatt mit auffälligen weißen Längsrissen.
B: Blätter 50 – 80 cm lang, mit 13 – 25 Teilblättchen, die ihrerseits rund 10 cm Länge erreichen und unterseits blaßgrün sind.
SV: Heimat: China. Braucht nährstoffreichen, eher feuchten als trockenen, gut durchlüfteten Boden, der durchaus steinig sein kann. Etwas wärmeliebend.
A: Der Götterbaum wurde besonders um die Jahrhundertwende in Parkanlagen eingebracht und erwies sich auch in Mitteleuropa als winterhart.

Vogelbeere

Vogelbeere, Gemeine Eberesche *Sorbus aucuparia* Rosengewächse *Rosaceae*
5 – 15 m; Mai, Juni
SK: Blütenstand vielblütige, traubige Dolde. Blütenblätter höchstens 5 mm lang, weiß oder cremeweiß. Frucht gelb, orange, rot oder braunrot, höchstens 1 cm im Durchmesser. Fiederblättchen bis zum Grunde gezähnt.
B: 9 – 15 Teilblättchen, die nur jung unterseits behaart sind.
SV: Braucht eher nährstoffarmen und kalkarmen Boden, um gut gedeihen zu können, liebt hingegen luftfeuchtes Klima. Wild in Mittel- und Westeuropa an den Rändern von Gebirgswäldern, Moor- und Heidegehölzen. Dort zerstreut. Häufig gepflanzt.
A: Von der Vogelbeere gibt es zahlreiche Sorten, die sich nicht nur in der Fruchtfarbe voneinander unterscheiden, sondern auch im Geschmack und im Vitamin C-Gehalt der Früchte. Die Sorte „Mährische Eberesche" bringt es auf mehr als 200 mg Vitamin C in 100 Gramm Fruchtfleisch.

Speierling, Sperberbaum *Sorbus domestica* Rosengewächse *Rosaceae*
15 – 20 m; Mai, Juni
SK: Blütenstand 6 – 12blütige, traubige Dolde. Blütenblätter 6 mm oder länger, weiß. Frucht 15 – 30 mm lang, gelbrot oder orange. Fiederblättchen am Grund undeutlich oder gar nicht mehr gezähnt.
B: 11 – 17 Teilblättchen, jung unterseits weißwollig.
SV: Heimat: Mittelmeergebiet und südliches Westeuropa. In Mitteleuropa wohl nur aus früherer Kultur verwildert oder angebaut. Braucht nährstoffreichen, lockeren und daher oft steinigen Lehm- oder Tonboden, der eher trokken und jedenfalls warm sein sollte. Leidet unter strengen Wintern.
A: Die Früchte des Speierlings enthalten so reichlich Gerbstoffe, daß man sie erst nach mehrmaligem Durchfrieren essen, kaum jedoch genießen kann. Angebaut wurde der Baum insbesondere in Gebieten, in denen Apfelmost gekeltert wird. Ihm verleiht die Beigabe der Früchte beim Auspressen später klarere Farbe, höhere Haltbarkeit und volleren Geschmack.

Dreidornige Gleditschie, Christusdorn *Gleditsia triacanthos* Schmetterlingsblütengewächse *Fabaceae* (*Leguminosae*)
15 – 20 m; Juni, Juli
SK: Blütenstand hängende Trauben mit unscheinbaren, grünlichen Blüten. Hülsen hingegen bis 50 cm lang und oft gedreht, sehr auffällig. Äste dicht mit glänzenden, braunroten Dornen bewehrt. Blätter doppelt gefiedert.
B: Blätter bis über 20 cm lang, selten einfach gefiedert. Teilblättchen schmal eiförmig, 1 – 5 cm lang und etwa ⅓ ihrer Länge breit.
SV: Heimat: Nordamerika. Braucht tiefgründigen, lehmigen, tonigen, feuchten bis nassen und nährstoffreichen Boden. Wächst in ihrer Heimat in Auwäldern und erreicht dort Höhen bis zu 40 m.
A: Die Gleditschie findet man in Parks mit feuchtem Boden nicht allzu selten.

Laubhölzer mit schuppen- oder nadelförmigen Blättern

Heidekraut, Besenheide *Calluna vulgaris* Heidekrautgewächse *Ericaceae*
20 – 50 cm; Juli – September
SK: Blüten klein, rötlich oder rosa, in einer Reihe im Oberteil des Stengels. Blätter immergrün, kahl.
B: Blätter schuppenartig, deutlich in 4 Reihen angeordnet und sich dachziegelig deckend.
SV: Braucht nährstoffarmen, besonders kalkarmen oder kalkfreien Boden, der flachgründig sein kann und dann meist über Sandsteinen liegt; wächst auf Sand und Torf. In Mittel- und Westeuropa in Heiden und sauren Wäldern oft in bodendeckenden Beständen. Etwas feuchtigkeitsliebend und frostempfindlich. Häufig.
A: Die Besenheide wird in zahlreichen Farbsorten auch für den Ziergarten empfohlen. Meist muß man den Gartenboden jedoch künstlich ansäuern, um ihr überhaupt ein Gedeihen zu ermöglichen.

Schnee-Heide

Schnee-Heide, Frühlingsheide, Fleischrotes Heidekraut *Erica carnea* Heidekrautgewächse *Ericaceae*
15 – 40 cm; Januar – April
SK: Blüten meist in einer Reihe am Oberteil des Stengels. Blüten fleischrot. Die Staubblätter sind länger als die Blütenglocke. Blätter kahl.
B: Die 5 – 9 mm langen, nadeligen Blätter stehen meist zu 4 auf einem „Stockwerk".
SV: Wild in der Nadelwaldstufe, in der Krummholzstufe und selten – herabgeschwemmt – in flußnahen Wäldern des Alpenvorlandes. Häufig angepflanzt. Braucht humushaltigen, aber durchaus nicht kalkfreien, lockeren Boden und eher reichlich Licht als Vollschatten.
A: Die Schneeheide wird in zahlreichen Gartensorten angeboten. Sie unterscheiden sich in der Farbe der Blätter und der Blüten.

Glocken-Heide, Heidekraut, Heide *Erica tetralix* Heidekrautgewächse *Ericaceae*
15 – 50 cm; Juni – September
SK: Blüten meist zu mehreren (in kleinen Büscheln) auf einem „Stockwerk" im oberen Teil des Stengels. Blüten violettrosa. Die Staubblätter sind kürzer als die Blütenkrone. Blätter von steifen Haaren umkränzt.
B: Die 4 – 8 mm langen, nadeligen Blätter stehen meist zu 4 auf einem „Stockwerk".
SV: Wild in ganzen Beständen in den Heidemooren des nördlichen Mittel- und Westeuropas. Braucht nassen nährstoffarmen, kalkfreien und ausgesprochen sauren, vorzugsweise torfigen oder torfig-sandigen Boden. Gedeiht nur, wenn die Luftfeuchtigkeit ganzjährig hoch liegt.
A: Von der Art werden zwar Gartensorten angeboten, die aber kaum in Gärten einen zusagenden Standort finden. Die Glocken-Heide ist „das" Heidekraut vieler Dichter und Schriftsteller des nördlichen Mitteleuropas.

Krähenbeere

Krähenbeere *Empetrum nigrum* Krähenbeergewächse *Empetraceae*
30 – 50 cm; April, Mai
SK: Blüten unauffällig. Blätter nadelförmig, unterseits weiß, gekielt, am Rand eingerollt.
B: Bei der Krähenbeere gibt es männliche und weibliche Pflanzen. Die männlichen Blüten sind eher rosa, die weiblichen mehr purpurn. Die Blätter stehen nicht immer eindeutig auf einem „Stockwerk", sondern sind oft fast wechselständig.
SV: Braucht sauren, lockeren Boden und besiedelt vorzugsweise Sand oder sandigen Torf. Gedeiht daher auf Dünen in Mittel- und Westeuropa ebenso wie in Heiden und kalkarmen alpinen Matten. An ihren Standorten meist häufig.
A: Die Krähenbeere enthält in allen ihren Teilen das Gift Andrometoxin.

Laubhölzer mit schuppen- oder nadelförmigen Blättern

Deutsche Tamariske *Myricaria germanica* Tamariskengewächse *Tamaricaceae*
50 – 200 cm; Juni – August
SK: Weißrötliche Blüten in endständigen Ähren. Blüten kaum 5 mm lang. Staubblätter verwachsen (Lupe!).
B: Schuppen 2 – 3 mm lang, blaugrün, mit kleinen Gruben (Lupe!).
SV: Braucht kalk- und schlammhaltigen Feinkies, der von kühlem, sauerstoffreichem Wasser durchflossen wird. Wild fast ausschließlich in Flüssen, die die Alpen nach Norden verlassen und die breite, unverbaute Kiesbänke aufweisen. Auch dort selten.
A: Die Deutsche Tamariske gehört zu den Pioniergehölzen auf wanderndem Feinkies, den sie indessen allein nicht festzulegen vermag. Da die Überschwemmungsgebiete auch der Alpenflüsse entweder für Staubecken genutzt oder aber vielerorts verbaut wurden, ist der Bestand der Art gefährdet.

Asiatische Tamariske *Tamarix pentandra* Tamariskengewächse *Tamaricaceae*
3 – 6 m; Juli – September
SK: Blüten in großen, endständigen Rispen, deren 3 – 8 cm langen Äste dicht mit den kleinen, dunkelrosa Blüten besetzt sind. Blütenblätter unscheinbar und nicht abfallend. Blätter blaugrün. Zweige rotbraun.
B: Die schuppenförmigen Blätter sind sehr schmal und werden 2 – 3 mm lang.
SV: Braucht kalkarmen, lockeren Boden und einen möglichst sonnigen Standort. Nimmt auch mit Lehm vorlieb, sofern man diesem beim Verpflanzen kräftig Torf beimischt. Heimat: Mittelasien bis zur europäischen Ostgrenze.
A: Die Asiatische Tamariske wird neuerdings in Mitteleuropa mehr als andere Arten der Gattung als Zierstrauch gepflanzt. Sie ist hinsichtlich der Bodenansprüche nicht so wählerisch.

Mittelmeer-Tamariske

Mittelmeer-Tamariske *Tamarix tetrandra* Tamariskengewächse *Tamaricaceae*
3 – 4 m; April, Mai
SK: Blütenstand 4 – 5 cm lange, etwas büschelig wirkende Traube. Blüten rosa. Blütenblätter rasch abfallend. Blätter dunkelgrün. Zweige schwarzbraun.
B: Die schuppenförmigen Blätter werden nur 1 – 2 mm lang und sind nicht grubig punktiert (Lupe!).
SV: Braucht kalkarmen, lockeren, warmen, vorzugsweise sandigen Boden. Heimat: Südosteuropa und Westasien.
A: Die Wildform wird bei uns nur selten angebaut, ist aber auf Sandflächen in Westeuropa ein geeigneter Pionierstrauch zur Festlegung von Dünen.

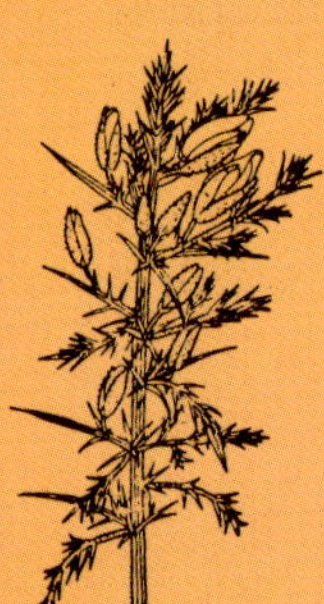
Stechginster

Stechginster, Gaspeldorn *Ulex europaeus* Schmetterlingsblütengewächse *Fabaceae* (*Leguminosae*)
60 – 120 cm; April – Juni
SK: Blüten einzeln in den Blattachseln, 2 cm lang oder länger, gelb. Hülsen zottig behaart. Die dünnadligen Blätter enden in einer stechenden Spitze. Blätter an der Basis der Zweige und des Stengels meist dreiteilig.
B: Zweige deutlich gefurcht und jung behaart.
SV: Erreicht im Südschwarzwald die Ostgrenze seiner natürlichen Verbreitung, ursprünglich in Westeuropa zu Hause. Braucht nährstoff- und kalkarmen Boden und mildes, luftfeuchtes Klima.
A: Der Stechginster wird immer wieder als Gartenpflanze angeboten, ist aber für Mitteleuropa kaum zu empfehlen, da er fast überall zurückfriert und so seine Gestalt nicht entfalten kann.

Nadelhölzer

Bastard-Eibe *Taxus × media* Eibengewächse *Taxaceae*
1,5 – 5 m; März, April
SK: Männliche und weibliche Individuen. Männliche Blütenstände sitzende, kugelige Kätzchen an den Zweigenden. Weibliche Blüten unscheinbar, einzeln an den Zweigspitzen. Aus ihnen entwickelt sich eine Scheinbeere. In dem roten Mantel sind 2 schwarze Samen enthalten. Nadeln oberseits dunkelgrün, um 3 cm lang und um 3 mm breit, unterseits olivgrün, in einem meist deutlich gelben Stielchen am Zweig ansitzend.
B: Die meisten Seitenzweige nehmen rasch einen aufrechten Wuchs an, so daß die Nadeln fast durchweg spiralig stehen. Sie sind weich.
SV: Bastard zwischen Japan-Eibe und Gemeiner Eibe. Ist wesentlich frosthärter als die einheimische Eibe. Seltener gepflanzt.
A: Giftgehalt wie bei der Gemeinen Eibe.

Gemeine Eibe

Gemeine Eibe *Taxus baccata* Eibengewächse *Taxaceae*
2 – 15 m; März, April
SK: Männliche und weibliche Individuen. Männliche Blütenstände sitzende, kugelige Kätzchen an den Zweigspitzen. Weibliche Blüten unscheinbar, einzeln an den Zweigenden. Aus ihnen entwickelt sich eine Scheinbeere. In dem roten Mantel sind 2 schwarze Samen enthalten. Nadeln oberseits dunkelgrün, etwas glänzend, unterseits mattgelb oder graugrün, aber ohne weiße Streifen.
B: An Seitenzweigen stehen die Nadeln in 2 Reihen, an aufrechten spiralig.
SV: Wild auf eher flachgründigen, feuchten, steinigen Kalkböden, die nährstoffreich sind. Schattensuchend. Gedeiht fast nur in wintermilden und luftfeuchten Klimaten in Mittel- und Westeuropa, vor allem in Berghangwäldern. Häufig gepflanzt.
A: Die Eibe enthält in allen ihren Organen mit Ausnahme des roten Samenmantels sehr giftige Alkaloide. Berichte, wonach bereits der Aufenthalt in der Nähe von Eiben Vergiftungserscheinungen auslösen könne, haben Nachprüfungen nicht standgehalten.

Gemeiner Wacholder

Gemeiner Wacholder, Heide-Wacholder *Juniperus communis*
Zypressengewächse *Cupressaceae*
4 – 10 m; April, Mai
SK: Männliche und weibliche Individuen. Männliche Blütenstände eiförmig, unter 5 mm lang. Weibliche Blütenstände grünlich, sehr klein und unscheinbar. Beerenzapfen reifen erst im zweiten Jahr nach der Befruchtung zu schwarzblauen Scheinbeeren. Nadeln 10 – 15 mm lang, stechend, bläulichgrün, zu dreien auf einem „Stockwerk".
B: Wuchs meist säulenförmig aufrecht.
SV: Wild in ganz Mittel- und Westeuropa auf Schafweiden, deren Untergrund nährstoffarm und sandig sein kann (Heiden) oder nährstoffreich und kalkhaltig. Ursache für die Konkurrenzfähigkeit ist die regelmäßige Beweidung.
A: Vom Gemeinen Wacholder sind zahllose Gartenformen bekannt, die sich in Wuchshöhe, Wuchsform, ja sogar in der Farbe der Nadeln voneinander unterscheiden. Bei bestehender Veranlagung giftig.

China-Wacholder *Juniperus chinensis* Zypressengewächse *Cupressaceae*
0,5 – 8 m; Mai
SK: Männliche und weibliche Individuen. Männliche Blütenstände unscheinbar, gelbgrün. Weibliche Blütenstände unauffällig, sehr klein. Beerenzapfen reifen im zweiten Jahr und sind weiß bereift, nach Abwischen des Reifs braun. Sie werden kaum größer als 7 mm im Durchmesser. Blätter teils schuppenförmig, teils nadelförmig und dann um 2 – 3 mm lang und im Verhältnis zur Länge breit (1 – 1,5 mm). Blätter riechen beim Zerreiben nie widerlich.
B: Blätter meist zu dreien auf einem „Stockwerk".
SV: Heimat: China, dort in der Wildform bis 20 m hoch werdend. Die verschiedenen Gartenformen gedeihen auf nahezu allen Böden, in allen Licht- und Klimaverhältnissen.
A: Von kaum einer anderen Wacholder-Art werden derart viele und krass verschiedene Formen angepflanzt wie vom China-Wacholder. Am bekanntesten sind die Wuchstypen der Sortengruppe „Pfitzeriana". Giftverdächtig.

Zwerg-Wacholder

Nadelhölzer

Zwerg-Wacholder *Juniperus sibirica* (*J. nana*) Zypressengewächse *Cupressaceae*
20 – 50 cm; Mai, Juni
SK: Männliche und weibliche Individuen. Männliche Blütenstände unter 5 mm lang. Weibliche Blütenstände grünlich, sehr klein und unscheinbar. Beerenzapfen reifen erst im zweiten oder dritten Jahr nach der Befruchtung zu schwarzblauen Scheinbeeren. Nadeln 4 – 8 mm lang, stechend, bläulichgrün, zu dreien auf einem „Stockwerk".
B: Wuchs stets niederliegend mit einzelnen, aufgebogenen Ästen. Wild nur im Gebiet der Alpen.
SV: Braucht flachgründigen, gut durchlüfteten und daher meist steinigen Lehm- oder Tonboden in alpiner Klimalage. Bevorzugt hier trocken-warme Hänge und kommt vor allem in der Krummholz- und Mattenstufe der Zentralalpen auf Südhängen vor, außerdem in Nordeuropa in entsprechenden Höhenstufen. In den Alpen meist zwischen 1500 und 2500 m. An seinen Standorten meist in lockeren Beständen, auf Weiden auffällig.
A: Es ist unter den Botanikern umstritten, inwieweit der Zwerg-Wacholder nur eine Wuchsform des vielgestaltigen Gemeinen Wacholders darstellt, die sich extrem an bestimmte Klimabedingungen der Alpen angepaßt hat. Giftverdächtig.

Blauzedern-Wacholder *Juniperus squamata* Zypressengewächse *Cupressaceae*
0,5 – 3 m; Mai
SK: Männliche und weibliche Individuen. Männliche Blütenstände eiförmig, gelb. Weibliche Blütenstände unscheinbar, grünlich, klein. „Beeren" braun oder schwarzrot. Blätter alle nadelig, 4 – 7 mm lang und meist mehr oder minder deutlich gekrümmt (vor allem im Spitzenbereich), ziemlich breit.
Alte Blätter bleiben auffällig lange braun an den Zweigen.
B: Nadeln je nach Form mehr oder minder stark blauweiß gestreift-bereift.
SV: Heimat: Zentralasiatische Gebirge vom Himalaja bis nach Südchina. Erträgt Frost recht gut, leidet aber bei flachgründigem Boden unter längerer Trokkenheit.
A: Vom Blauzedern-Wacholder wird in Europa meist die Sortengruppe „Meyeri" gepflanzt. Giftigkeit wie beim Gemeinen Wacholder.

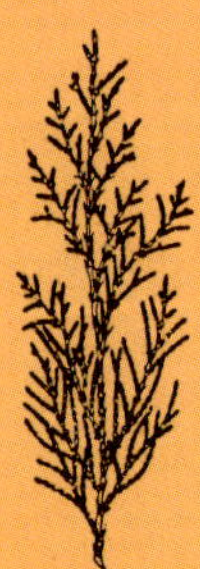

Sadebaum

Sadebaum, Stink-Wacholder *Juniperus sabina* Zypressengewächse *Cupressaceae*
50 – 200 cm; April – Mai
SK: Männliche und weibliche Individuen. Männliche Blütenstände eiförmig, gelb. Weibliche Blütenstände grünlich, sehr klein und unscheinbar. Die Beerenzapfen hängen an gekrümmten Stielen, sind auffällig blau bereift und nach Abwischen des Reifs schwarz. Blätter überwiegend schuppenförmig, nur einzelne nadelig. Schuppenblätter um 2 mm lang. Blätter riechen zerrieben widerlich.
B: Die Nadeln stehen zu 3 – 4 auf einem „Stockwerk", die Schuppen stehen sich paarweise gegenüber. Übergänge zwischen Nadeln und Schuppen!
SV: Wild vor allem in den Zentralalpen. Dort vor allem auf nährstoffreichen, aber oft kalkarmen, trocken-heißen Südhängen. An seinen Standorten zerstreut.
A: Enthält in allen Organen giftige ätherische Öle.

Chinesisches Rotholz, Urwelt-Mammutbaum *Metasequoia glyptostroboides* Sumpfzypressengewächse *Taxodiaceae*
20 – 35 m; Mai
SK: Nadeln fallen im Herbst samt den Kurztrieben, auf denen sie sitzen, ab. Männlicher Blütenstand kleine, gelbliche Traube. Weiblicher Blütenstand unscheinbar, zu einem im Jahr der Bestäubung reifenden Zapfen auswachsend, der fast kugelig ist und der um oder etwas mehr als 2 cm im Durchmesser mißt. Nadeln flach, in 2 Reihen gegenständig an den Zweigen stehend, 1 – 2,5 cm lang, um 2 – 3 mm breit, oberseits eher blaugrün, unterseits hellgrün.
B: Das Chinesische Rotholz ist unverwechselbar.
SV: Heimat: China, Provinz Szechuan. Erstmalig Anfang der vierziger Jahre entdeckt und um 1950 in Kultur genommen. Scheint mit allen nicht zu trockenen Böden auszukommen und auch in Mitteleuropa winterhart zu sein.
A: Ausreichende Kulturerfahrungen liegen noch nicht vor.

Hemlockstanne

Hemlockstanne, Schierlingstanne *Tsuga canadensis* Kieferngewächse *Pinaceae*
10 – 20 m; Mai
SK: Männliche Blütenstände unscheinbar. Reife Zapfen 1,5 – 2,5 cm lang, hängend, zuletzt als Ganzes abfallend. Nadeln undeutlich in 2 Reihen, kurz gestielt, wobei der Stiel dem Ast anliegt, flach, stumpf und nur 1 – 1,5 cm lang und um 2 mm breit.
B: Nadeln oberseits glänzend grün, unterseits 2 blauweiße Längsstreifen.
SV: Liebt tiefgründigen, eher feuchten, doch lockeren Boden und braucht zumindest Halbschatten. Leidet unter Windaustrocknung und ist nur frosthart, wenn sie im Herbst genügend Feuchtigkeit erhalten hat. Heimat: Östliches Nordamerika.
A: Die Hemlockstanne wird vielfach in Parks und Gärten gepflanzt. Für kleinere Gärten werden Zwergformen angeboten.

Douglasie, Douglasfichte *Pseudotsuga menziesii* (*P. taxifolia*) Kieferngewächse *Pinaceae*
25 – 30 m; Mai
SK: Männliche Blütenstände unscheinbar. Reife Zapfen nickend oder hängend, 5 – 8 cm lang und als Ganzes abfallend. Nadeln flach, nicht in 2 deutlichen Reihen am Ast, nach dem Abfallen eine hervorstehende Narbe hinterlassend, oberseits dunkelgrün, unterseits hellgrün, 2 – 3,5 cm lang, um 2 mm breit, stumpf oder zugespitzt, unterseits mit nicht immer deutlichen weißen Längsstreifen. Rinde mit auffallenden Blasen, die sich mit dem Daumennagel aufdrücken lassen, und die farbloses, aromatisch nach Zitrone riechendes Harz enthalten.
B: An den Zapfen der Douglasie fallen die dreispitzigen Deckschuppen auf.
SV: Braucht frischen, eher nährstoffreichen, aber nicht unbedingt kalkhaltigen Boden und zumindest mäßig luftfeuchtes, nicht durch strengen Winterfrost oder sommerliche Kühle gekennzeichnetes Klima. Heimat: Nordamerika; wird an der Pazifikküste bis 100 m hoch.
A: In Europa durch die Pilzkrankheit Douglasienschütte bedroht.

Europäische Lärche

Europäische Lärche *Larix decidua* (*L. europaea*) Kieferngewächse *Pinaceae*
30 – 35 m; April, Mai
SK: Nadeln fallen im Herbst ab, wobei die tonnenförmigen Kurztriebe, auf denen sie sitzen, an den Ästen „knospenähnlich" verbleiben. Männliche Blüten unscheinbar, einzeln, gelb. Weiblicher Blütenstand klein, unauffällig, rot. Reife Zapfen 2 – 3,5 cm lang. Schuppen am Rand nicht nach außen umgerollt. Nadeln in Büscheln, 2 – 3 cm lang, hellgrün, weich. Pro Büschel höchstens 40 Nadeln.
B: Die Zweige der Europäischen Lärche sind gelblichbraun.
SV: In Mitteleuropa wild nur in den Alpen, aber hier wie in Westeuropa vielfach forstlich angebaut. Braucht nährstoffreichen, tiefgründigen Lehm- oder Tonboden und erträgt sommerliche Trockenheit, weniger sommerliche Kühle.
A: Die Europäische Lärche liefert wertvolles Nutzholz.

Japanische Lärche *Larix kaempferi* (*L. leptolepis*) Kieferngewächse *Pinaceae*
25 – 30 m; April, Mai
SK: Nadeln fallen im Herbst ab, wobei die tonnenförmigen Kurztriebe, auf denen sie sitzen, an den Ästen „knospenähnlich" verbleiben. Männliche Blüten unscheinbar, einzeln, gelb. Weiblicher Blütenstand klein, unauffällig, rot. Reife Zapfen 2 – 3 cm lang. Rundliche Schuppen deutlich am Rand nach außen umgerollt. Nadeln in Büscheln, 1,5 – 3,5 cm lang, blaugrün, weich. Pro Büschel um oder mehr als 40 Nadeln.
B: Die Zweige der Japanischen Lärche sind rotbraun.
SV: Heimat: Japan. Braucht nährstoffreichen, eher frischen und tiefgründigen Boden und ausgesprochen luftfeuchtes Klima; erträgt sommerliche Kühle.
A: Die Japanische Lärche wird seit einigen Jahrzehnten an Standorten, die ihr zusagen, forstlich angepflanzt.

Nadelhölzer

Weiß-Tanne

Weiß-Tanne, Edel-Tanne *Abies alba* Kieferngewächse *Pinaceae*
40 – 60 m; Mai
SK: Männliche Blütenstände unscheinbar. Reife Zapfen 10 – 15 cm lang und 3 – 5 cm dick, aufrecht. Nadeln flach, in einen Stiel mit ovalem Querschnitt verschmälert, 2 – 3 cm lang und 2 – 3 mm breit. Auf der Unterseite 2 blauweiße Längsstreifen.
B: Die Nadeln stehen meist mehr oder minder deutlich in 2 Reihen am Ast. Sie sind an der Spitze stumpf oder eingekerbt.
SV: Braucht kühlen, etwas feuchten, nährstoffreichen Boden, der kalkarm oder kalkreich sein kann, aber tiefgründig sein sollte. Gedeiht nur an luftfeuchten Standorten. Empfindlich gegen Spätfröste im Frühjahr. In West- und Mitteleuropa in mittleren Gebirgslagen wild und bei zusagenden Bedingungen durch Pflegemaßnahmen als Waldbaum gefördert.
A: Die Weiß-Tanne liefert Nutzholz, das verhältnismäßig weich und dadurch leicht bearbeitbar ist.

Küsten-Tanne, Riesen-Tanne *Abies grandis* Kieferngewächse *Pinaceae*
40 – 60 m; Mai, Juni
SK: Männliche Blütenstände unscheinbar. Reife Zapfen 8 – 10 cm lang und 3 – 4 cm dick, aufrecht. Nadeln an den Zweigen ungleich lang: Nach schräg oben wachsende Nadeln um 2 cm, nach schräg unten wachsende Nadeln zwischen 3 – 5 cm lang. Die Äste gleichen daher einem „Doppelrechen" mit je einer kurzen und einer langen Zahnreihe.
B: Die Nadeln sind an der Spitze in der Regel eingekerbt.
SV: Heimat: Nordamerika, dort bis zu einer Höhe von 90 m heranwachsend. Braucht einen tiefgründigen, nährstoffreichen, eher kalkarmen Boden und luftfeuchtes Klima. Zu Versuchszwecken an mehreren Stellen Europas forstlich angebaut.
A: Die Küsten-Tanne gilt als wüchsiger und widerstandsfähiger gegen Spätfröste als die einheimische Weiß-Tanne.

Colorado-Tanne

Colorado-Tanne, Gleichfarbige Tanne *Abies concolor* Kieferngewächse *Pinaceae*
25 – 50 m; Mai, Juni
SK: Männliche Blütenstände leuchtend rot. Reife Zapfen 8 – 14 cm lang und 4 – 5 cm dick. Nadeln an den Zweigen zwar mehr oder minder deutlich in 2 Reihen, die aber nicht immer auf den ersten Blick erkennbar sind, weil sich die Nadeln an ihrer oberen Hälfte aufkrümmen. Sie werden 4 – 8 cm lang! Die Farbe der Nadeln ist graugrün oder silbergrau.
B: Die Colorado-Tanne ist dank ihrer überlangen Nadeln unverwechselbar.
SV: Heimat: Westen von Nordamerika. Braucht nährstoffreichen Boden, der aber zumindest zeitweise auch stärker austrocknen kann. Er sollte aber tiefgründig sein.
A: Die Colorado-Tanne ist in Mittel- und Westeuropa überall frosthart. Da sie überdies industriefest ist, zählt sie in Ballungsräumen zu den Nadelhölzern mit Zukunft.

Veitch's Tanne *Abies veitchii* Kieferngewächse *Pinaceae*
20 – 30 m; Mai, Juni
SK: Männliche Blütenstände unscheinbar. Unreife Zapfen violett oder olivgrün, 6 – 7 cm lang und über 2,5 cm dick, erst bei älteren Pflanzen vorhanden, aufrecht. Nadeln flach, am Grund in einen Stiel mit ovalem Querschnitt verschmälert, 15 – 25 mm lang, unten fast rein weiß, an der Spitze quer abgestumpft. Die Nadeln stehen oft abgesträubt am Ast, so daß ihre weißen Unterseiten das Aussehen prägen.
B: Junge Zweige meist grau und unauffällig behaart.
SV: Heimat: Japan, dort bis zu 40 m Höhe heranwachsend. Braucht kalkarmen bis kalkfreien Boden, der aber sonst nicht zu nährstoffarm sein sollte. In Mitteleuropa fast überall, in Westeuropa überall frosthart.
A: Veitch's Tanne wurde nach der englischen Großgärtnerei Veitch benannt.

Nordmanns-Tanne

Spanische Tanne *Abies pinsapo* Kieferngewächse *Pinaceae*
15 – 25 m; Mai
SK: Männliche Blütenstände unscheinbar. Reife Zapfen 10 – 15 cm lang und um 5 cm dick, aufrecht. Nadeln fast viereckig, am Grund in einen Stiel mit ovalem Querschnitt verschmälert und mit breitem Napf aufsitzend, 8 – 15 mm lang. Je 2 weiße Längsstreifen auf Ober- und Unterseite. Nadeln stehen fast allseitig bürstig vom Ast ab.
B: Die Nadeln sind ausgesprochen starr. Die Art ihrer Anordnung ist einmalig in der Gattung.
SV: Heimat: Sierra de la Nieves in Spanien, aber auch dort heute selten. Braucht eher kalkreichen als kalkarmen, jedenfalls warmen und nicht nährstoffarmen Boden. Ist in den meisten Teilen Mitteleuropas und des zentralen Westeuropas nicht frosthart genug.
A: Die Spanische Tanne beeindruckt vor allem durch die „Bürstenstellung" ihrer Nadeln.

Nordmanns-Tanne *Abies nordmanniana* (*A. nordmannii*) Kieferngewächse *Pinaceae*
5 – 30 m; Mai, Juni
SK: Männliche Blütenstände unscheinbar. Reife Zapfen 12 – 15 cm lang mit hakig nach außen gebogener Deckschuppe, 4 – 5 cm dick. Nadeln spiralig bürstig um den Zweig angeordnet, 2 – 3 cm lang und um 2 mm breit, an der Spitze scharf eingeschnitten.
B: Die beiden weißen Längsstreifen an der Nadelunterseite sind durch die Nadelstellung deutlich zu sehen.
SV: Heimat: Kaukasus und Kleinasien. Braucht tiefgründigen, eher feuchten Boden und ziemlich luftfeuchtes Klima.
A: Die Nordmanns-Tanne wird wegen ihrer etwas besseren Wüchsigkeit und ihrer „volleren" Benadelung häufiger in Parkanlagen gepflanzt als die heimische Weiß-Tanne.

Korea-Tanne *Abies koreana* Kieferngewächse *Pinaceae*
5 – 15 m; Mai
SK: Männliche Blütenstände unscheinbar. Unreife Zapfen im Frühjahr auffällig violett oder rötlichbraun-blau überlaufen, 5 – 7 cm lang und über 2 cm dick, schon bei wenigjährigen Pflanzen reichlich vorhanden, aufrecht. Nadeln flach, am Grund in einen Stiel mit ovalem Querschnitt verschmälert, an der Spitze am breitesten, 1 – 2 cm lang, abgerundet oder eingekerbt, oberseits glänzend grün, unten mit 2 weißen Längsstreifen.
B: Junge Zweige gelblich, anfänglich behaart, dann verkahlend.
SV: Heimat: Korea. Braucht lockeren, sommerwarmen Boden, ist aber in Europa bei genügender Bodenfeuchte im Herbst winterhart.
A: Die Korea-Tanne ist in den Gärten und Parks von Europa verhältnismäßig neu. Vermutlich erreicht sie bei uns nicht die Höhe von 15 m wie in ihrer Heimat.

Araukarie *Araucaria araucana* Araukariengewächse *Araucariaceae*
8 – 15 m; November
SK: Männliche Blütenstände 8 –12 cm lang, zapfenartig. Reife weibliche Zapfen rundlich, 15 – 20 cm im Durchmesser. Äste meist zu fünfen auf einem „Stockwerk", aufgebogen oder überhängend. Zweige dicht mit dreieckigen, am Grunde fast 2 cm breiten Nadeln umstanden, die bis 5 cm lang werden können, steif sind und in eine stechende Spitze münden.
B: Die Araukarie ist absolut unverwechselbar.
SV: Braucht außerordentlich wintermildes und zugleich luftfeuchtes Klima. Heimat: Chile. Kommt in Mittel- und Westeuropa nur in sehr milden und luftfeuchten Lagen wenigstens 1 – 2 Jahrzehnte durch. Wird in ihrer Heimat 30 – 50 m hoch.
A: In Mitteleuropa brauchen junge Araukarien fast überall winters Frostschutz.

Nadelhölzer

Fichte

Fichte, Rottanne *Picea abies* (*P. excelsa*) Kieferngewächse *Pinaceae*
40 – 50 m; Mai
SK: Männliche Blütenstände zuerst rötlich, dann gelblich. Weibliche Blütenstände karminrot. Reife Zapfen hängend, 10 – 15 cm lang und 3 – 4 cm dick. Nadeln vierkantig, allseitig am Zweig stehend. Nach dem Abfallen bleibt auf den Zweigen ein erhabenes, stielartiges Polster.
B: Nadeln dunkelgrün, 1,5 – 2 cm lang.
SV: Bevorzugt feuchten, etwas sauren, nicht zu steinarmen Boden. Wurzelt häufig flach. In Mitteleuropa verbreitetster, in Westeuropa häufiger Forstbaum, der auch außerhalb seines natürlichen Verbreitungsgebietes in den Alpen und in den höheren Mittelgebirgen Mitteleuropas angepflanzt wird.
A: Die Fichte wird vorzugsweise zur Papierherstellung, daneben aber auch als Bauholz in vielfältiger Weise genutzt.

Serbische Fichte, Omorika-Fichte *Picea omorica* Kieferngewächse *Pinaceae*
20 – 30 m; Mai
SK: Reife Zapfen 4 – 6 cm lang und um 2 cm dick, hängend. Nadeln flach, 1 – 2 cm lang und um 2 mm breit, in 2 undeutlichen Reihen an den Zweigen stehend. Nadeln auf der Oberseite glänzend dunkelgrün, auf der Unterseite blauweiß, an der Spitze stumpf. Nach dem Abfallen hinterlassen sie auf den Zweigen ein stielartiges Polster.
B: Die Wildform der Serbischen Fichte ist ausgesprochen schlank. Nur die obersten Äste biegen sich schwach nach oben oder stehen fast waagrecht ab.
SV: Heimat: Gebirge beidseits des Oberlaufs der Drina in Jugoslawien, auch dort nur örtlich häufig. Braucht eher tiefgründigen Boden, der im übrigen steinig, lehmig oder lößartig sein kann. Wurzelt zugleich tief wie flach und ist daher standfest und widerstandsfähig gegen Trockenheit. Ihre Industriefestigkeit macht sie zum idealen Nadelholz für Großstädte und Ballungsgebiete.
A: Die Serbische Fichte hat sich wegen ihres schlanken Wuchses und ihrer Anspruchslosigkeit einen Vorzugsplatz unter den Parkbäumen gesichert.

Orient-Fichte, Orientalische Fichte, Sapindus-Fichte, Kaukasus-Fichte *Picea orientalis* Kieferngewächse *Pinaceae*
15 – 30 m; Mai
SK: Reife Zapfen hängend, 5 – 8 cm lang, um 2 cm dick. Nadeln stark abgeflacht; Ober- und Unterkante kaum mehr fühlbar, aber im Querschnitt noch deutlich zu sehen. Nadeln stehen dicht am Zweig und werden nur 5 – 10 mm lang. An ihrer Spitze sind sie stumpf. Die Wildform hat glänzend dunkelgrüne Nadeln, manche Gartenformen auch grün- oder goldgelbe.
B: An den kurzen Nadeln gut zu erkennen. Die ebenfalls kurznadelige, in Europa kaum zu findende Purpur-Fichte hat Nadeln mit deutlichen Längsstreifen.
SV: Heimat: Kaukasus und Kleinasien. Wächst dort bis 50 m Höhe. Nimmt mit verhältnismäßig trockenem Boden vorlieb, der nährstoffreich sein muß, im übrigen aber steinig, lehmig oder lößartig sein kann. Nur mäßig industriefest.
A: Von der Orient-Fichte findet man in europäischen Parks neben der Wildform vor allem Gold- und Hängeformen.

Stech-Fichte

Stech-Fichte, Blautanne *Picea pungens* Kieferngewächse *Pinaceae*
5 – 30 m; Mai, Juni
SK: Männliche Blütenstände rotgelb. Weibliche Blütenstände blaßgrün, unscheinbar. Reife Zapfen hängend, 8 – 12 cm lang und 2,5 – 3 cm dick. Nadeln vierkantig, allseitig am Zweig stehend, stachelspitz, meist blaugrau, aber auch silbergrau, mattgrün oder blauweiß. Nach ihrem Abfallen verbleibt auf dem Zweig ein kleines, stielartiges Polster.
B: Nadeln meist 2 – 3 cm lang, nur selten wenige Millimeter kürzer als 2 cm.
SV: Heimat: Nordamerika, vor allem Rocky Mountains. Nimmt mit nahezu allen Arten von Böden vorlieb und gedeiht auch in ziemlich lufttrockenem Klima. Außerdem leidet sie unter Rauch und Schwefeldioxid wenig.
A: Wegen ihrer Unempfindlichkeit ist die Stech-Fichte eine der am häufigsten gepflanzten Zierpflanzen unter den Nadelhölzern.

Nadelhölzer

Schwarz-Kiefer, Schwarz-Föhre *Pinus nigra* Kieferngewächse *Pinaceae*
8 – 30 m; Mai, Juni
SK: Männliche Blütenstände goldgelbe, schlanke Ähren, weibliche unscheinbar. Reife Zapfen 4 – 9 cm lang und 2,5 –3 cm dick, kegelförmig, auf den Ästen stiellos sitzend und waagrecht abstehend. Nadeln zu 2 in einer gemeinsamen, etwa 1 cm langen häutigen Scheide, gerade oder etwas gekrümmt, 8 – 15 cm lang und fast 2 mm breit. Rinde graubraun oder dunkelbraun.
B: Die Nadeln sind schwarzgrün und haben eine stechende Spitze.
SV: Heimat: Südost- und südwesteuropäische Gebirge. Tritt in zumindest 4 verschiedenen Unterarten auf, die sich in den Standortsansprüchen ebenso unterscheiden wie in Wuchshöhe und Wuchsleistung. Allen ist jedoch gemeinsam die Fähigkeit, Trockenheit zu ertragen, auf kalkreichen Böden, die verhältnismäßig flachgründig sein können, noch gut zu gedeihen und etwas Wärme zu lieben.
A: Die Schwarz-Kiefer wird häufig als Parkbaum gepflanzt. Sie ist industriefest.

Wald-Kiefer

Wald-Kiefer, Föhre, Forche *Pinus sylvestris* Kieferngewächse *Pinaceae*
30 – 40 m; Mai
SK: Männliche Blütenstände gelbe, schlanke Ähren, weibliche rötlich, unauffällig. Reife Zapfen 2,5 – 7 cm lang, deutlich gestielt. Nadeln zu je 2 in einer gemeinsamen, häutigen Scheide, etwas gekrümmt, 4 – 8 cm lang. Rinde zumindest im oberen Stammdrittel rötlich.
B: Die Farbe der Nadeln ist meist blaugrün. An Jungpflanzen fällt der „Stockwerkbau" auf.
SV: Wild in Mitteleuropa und im südlichen Westeuropa auf felsigen oder sandigen Standorten, an denen Laubbäume kaum mehr durchkommen. Heute forstlich in Beständen oder mit anderen Gehölzen gemischt vielfach angepflanzt. Wurzelt tief und ist daher windfest. Hoch- und schlankwüchsig nur auf tiefgründigen, oft etwas tonigen Böden, die nährstoff- aber nicht unbedingt kalkhaltig sein müssen und an denen keine zu hohe Sommerwärme herrscht.
A: Die Wald-Kiefer ist ein bedeutendes Nutzholz.

Berg-Kiefer

Berg-Kiefer, Latsche, Spirke *Pinus mugo* Kieferngewächse *Pinaceae*
1 – 12 m; Juni – Juli
SK: Männliche Blütenstände goldgelb, weibliche Blütenstände unscheinbar, violett. Reife Zapfen 2 – 5 cm lang und 1,5 – 2,5 cm dick, sitzend. Nadeln hell- oder dunkelgrün, zu 2 in einer dunklen Scheide vereint, 2 – 5 cm lang.
B: Je nach Wuchsort liegt die Berg-Kiefer als „Latsche" (Krummholzgürtel der Alpen) oder wächst als mehrstämmiger Baum.
SV: Kommt in mehreren Unterarten in Mittel- und Westeuropa in den Alpen im Krummholzgürtel oder in Heidemooren vor. An ihren Standorten meist in größeren Beständen.
A: Die Berg-Kiefer wird vielfach in Gärten gepflanzt, da sie hinsichtlich Boden und Klima anspruchslos ist und als verhältnismäßig industriefest gilt.

Strand-Kiefer *Pinus pinaster* (*P. maritima*) Kieferngewächse *Pinaceae*
20 – 30 m; Mai
SK: Männliche Blütenstände goldgelbe Ähren, weibliche unscheinbar. Reife Zapfen meist zu 2 – 7 büschelig beisammensitzend, schief nach unten wachsend, deutlich (1 – 2 cm lang) gestielt, 10 – 20 cm lang und 5 – 8 cm breit. Nadeln derb, grün, 15 – 20 cm lang und um 2 mm breit, stechend spitz, zu 2 in einer etwa 2 cm langen, häutigen Scheide.
B: Alte Strand-Kiefern sind auch bei freiem Stand meist nur im oberen Stammviertel beastet.
SV: Heimat: Küsten von Westeuropa bis ins Mittelmeergebiet nach Griechenland. Braucht hohe Luftfeuchtigkeit, Wintermilde und Sicherheit vor Spätfrösten. Leidet unter Sommertrockenheit. Stellt andererseits an den Boden keine besonderen Ansprüche.
A: Die Strand-Kiefer ist an den Küsten Westeuropas örtlich nicht selten und wird dort auch in kleinwüchsigeren Formen in Parks und Gärten gelegentlich angebaut.

Tränen-Kiefer, Himalaja-Kiefer *Pinus wallichiana* Kieferngewächse *Pinaceae*
20 – 35 m; Mai, Juni
SK: Männliche Blütenstände dunkelgelbe Ähren, weibliche unscheinbar. Reife Zapfen meist zu mehreren an den Zweigenden hängend, 15 – 30 cm lang und 5 – 7 cm dick, spätestens im 2. Jahr „tränig" mit Harz überzogen. Nadeln weißgrün, schlaff, 10 – 20 cm lang und 1 – 2 mm dick, zu 5 in einer Scheide.
B: Rinde dunkelgrau. Freistehend fast vom Boden an beastet.
SV: Heimat: Himalaja. Wird in ihrer Heimat bis 50 m hoch. Braucht nur mäßig nährstoffreichen, mittelgründigen, lockeren und eher feuchten Boden. Gedeiht nur in luftfeuchtem und sehr mildem Klima. Ist in Mitteleuropa nur in den günstigsten Lagen frosthart, kommt jedoch im küstennahen Westeuropa gut durch.
A: Die Tränen-Kiefer ist ein Schmuckstück für den großen Park, sofern ihr die Klimabedingungen zusagen und man sie frei stellen kann.

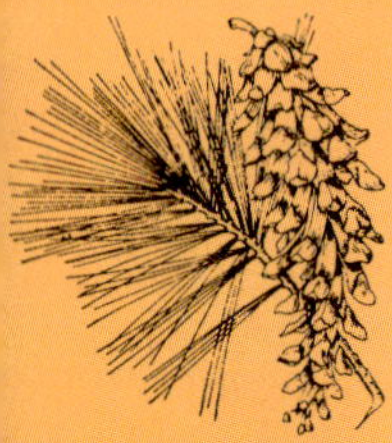
Weymouths-Kiefer

Weymouths-Kiefer, Strobe, Seidenkiefer *Pinus strobus* Kieferngewächse *Pinaceae*
30 – 40 m; Mai, Juni
SK: Männliche Blütenstände blaßgelbe Ähren, weibliche unscheinbar. Zapfen reif 12 – 15 cm lang, bis 4 cm dick, kurz gestielt, hängend. Nadeln weich, zu 5 in einer gemeinsamen Scheide, 10 – 15 cm lang.
B: Die Nadeln sind hellgrün, junge Zweige behaart, die Rinde ist dunkelgrau.
SV: Heimat: Nordamerika. Braucht eher feuchten Lehmboden, der eher kalkarm, aber nicht nährstoffarm sein sollte. Liebt sommerliche Wärme.
A: Häufig als Parkbaum, seltener als Waldbaum angepflanzt. In Mitteleuropa nicht allzu selten von der Pilzkrankheit Blasenrost befallen, an der er letztlich stirbt. Ihren Namen verdankt die Art Lord Weymouth, der Exemplare von ihr im 18. Jahrhundert in England auspflanzte.

Arve

Arve, Zirbel-Kiefer *Pinus cembra* Kieferngewächse *Pinaceae*
10 – 20 m; Juni
SK: Männliche Blütenstände gelbe Ähren, weibliche unscheinbar. Reife Zapfen 6 – 8 cm lang, 4 – 5 cm dick, kurz gestielt, erst an Bäumen mit einem Mindestalter von mehr als 50 Jahren vorhanden, und zwar stets am Ende der Zweige, aufrecht. Nadeln steif, dunkelgrün, um 7 cm lang und meist zu 5, seltener zu 3 in einer Scheide.
B: Die Nadeln stehen dicht gebüschelt an den Zweigen. Die Rinde ist mehr oder minder hell- bis schwarzgrau.
SV: Wild in Mitteleuropa an der Waldgrenze der Alpen. Bevorzugt kalkarmen Gesteinsschuttboden und erträgt sowohl zeitweilige Boden- als auch Lufttrockenheit. An ihren Standorten zerstreut.
A: Von der Arve gibt es vor allem an der Baumgrenze – die mit der Grenze des geschlossenen Waldes nicht identisch ist – oft skurrile „Wetterformen".

Mädchen-Kiefer, Mädchenhaar-Kiefer, Kleinblütige Kiefer
Pinus parviflora Kieferngewächse *Pinaceae*
3 – 8 m; Mai, Juni
SK: Männliche Blütenstände orangefarbene Ähren, weibliche unscheinbar. Reife Zapfen seltener einzeln, häufiger zu 2 – 4 beieinandersitzend, 5 – 10 cm lang und 3 – 4 cm breit, meist mit weitklaffenden Schuppen und mehrere Jahre an den Ästen verbleibend. Nadeln entweder halbsteif und dann grün mit blauweißem Überzug oder weich und eher frisch grün, zu 5 in einer gemeinsamen Scheide, um 5 cm lang und am Rand beim Nach-unten-Streichen rauh, etwa 1 mm breit.
B: Die Nadeln stehen an den Zweigenden pinselig gehäuft.
SV: Heimat: Japan. Stellt an Bodenart, Tiefgründigkeit und hinsichtlich besonderen Nährstoffreichtums keine Ansprüche und ist selbst in rauhen Lagen Mitteleuropas winterhart.
A: Die Mädchen-Kiefer ist nicht besonders industriefest. Dennoch ist sie ein auch für den kleineren Garten empfehlenswertes Nadelholz, das noch mit wenig Boden vorlieb nimmt.

Nadelhölzer

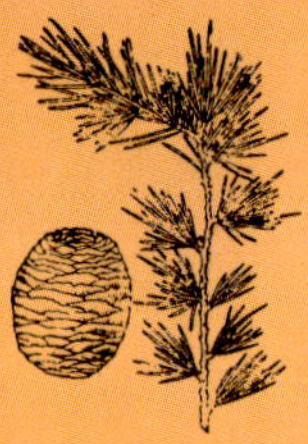

Atlas-Zeder

Atlas-Zeder *Cedrus atlantica* Kieferngewächse *Pinaceae*
25 – 30 m; Mai, Juni
SK: Männlicher Blütenstand aufrecht stehende, gelbliche Ähre, weiblicher unscheinbar, eiförmig, rot. Reife Zapfen 5 – 7 cm lang und 3 – 5 cm dick, tonnenförmig. Nadeln überwiegend an Kurztrieben in Büscheln zu 30 – 40, 2 – 3 cm lang, dunkelgrün oder bei Gartenformen ausgeprägt blaugrün bis blauweiß.
B: Die Krone auch älterer Bäume bleibt pyramidenförmig.
SV: Heimat: Nordafrika, Atlasgebirge. Dort zwischen etwa 1000 – 1800 m. Ist hinsichtlich des Bodens wenig wählerisch, gedeiht aber auf lockeren, kalkhaltigen und sommerwarmen Böden besonders gut. Erträgt Lufttrockenheit und gilt als ziemlich industriefest.
A: Die Atlas-Zeder wird neuerdings vielfach in Gärten gepflanzt. In der Wildform ist sie auch für den großen Garten zu mächtig.

Libanon-Zeder *Cedrus libani* Kieferngewächse *Pinaceae*
20 – 35 m; Mai
SK: Männlicher Blütenstand aufrecht stehende, gelbliche Ähre; weiblicher unscheinbar eiförmig, rot. Reife Zapfen 8 – 10 cm lang und 4 – 6 cm dick, tonnenförmig, gestielt, aufrecht. Nadeln überwiegend an Kurztrieben in Büscheln zu 30 – 40, 1,5 – 3,5 cm lang, dunkelgrün oder bei Gartenformen ausgeprägt blaugrün bis blauweiß, eher weich.
B: Die Krone zumindest älterer Bäume wird schirmförmig, d. h. die Äste stehen zuletzt fast waagrecht vom Stamm ab.
SV: Heimat: Libanon, Taurus und Antitaurus. Braucht nährstoffreichen, lokkeren, warmen Boden mit guter Luftführung. Ist gegen strengen Winterfrost ebenso empfindlich wie gegen Spätfröste.
A: Die Libanon-Zeder ist fast ausschließlich ein Baum der Parks. Für Gärten ist die Wildform zu wuchtig.

Himalaja-Zeder *Cedrus deodora* Kieferngewächse *Pinaceae*
20 – 25 m; Mai
SK: Männlicher Blütenstand aufrecht stehende, gelbliche Ähre, weiblicher unscheinbar, eiförmig, rot. Reife Zapfen 8 – 12 cm lang, 5 – 6 cm dick mit stumpf-eiförmiger Spitze. Nadeln zu 25 – 35 in Büscheln, 3 – 5 cm lang, blaugrün, ausgesprochen weich.
B: Die Himalaja-Zeder zeigt meist einen deutlich nickenden Gipfeltrieb und nach unten hängende Zweigspitzen. Die Krone bleibt einige Jahrzehnte kegelförmig.
SV: Heimat: Himalaja, dort bis 50 m hoch werdend. Braucht nährstoffreichen, eher feuchten, tiefgründigen oder nur zeitweise oberflächlich austrocknenden Boden und vor allem wintermildes Klima.
A: Die Himalaja-Zeder kann in Mitteleuropa nur in den mildesten Klimalagen einigermaßen, in Westeuropa an der Atlantikküste befriedigend und im Süden gut gedeihen.

Kryptomerie, Sicheltanne *Cryptomeria japonica*
Sumpfzypressengewächse *Taxodiaceae*
10 – 20 m; April, Mai
SK: Männliche Blütenstände dicht rispig, unscheinbar an den Zweigenden. Weibliche Blüten einzeln, ganz unauffällig. Reife Zapfen rundkugelig, um 2 cm im Durchmesser. Die 5 – 12 mm langen Nadeln laufen am Zweig herab und stehen in 5 spiralig verlaufenden Reihen. Sie sind sichelartig gekrümmt und tragen auf der Unterseite eine vorspringende Leiste.
B: Allen Formen der Krypotmerie sind die sicheligen Nadeln eigen.
SV: Heimat: Japan. Wird dort bis 50 m hoch. Braucht tiefgründigen, lehmigtonigen und nährstoffreichen Boden, der eher feucht sein sollte als trocken. Erträgt Besonnung bei Frost nicht, ebensowenig Naßschneeauflage. Die meisten Rassen sind in Mitteleuropa nur in milden Lagen einigermaßen frosthart.
A: Von der Sicheltanne gibt es eine ganze Reihe von Gartenformen, die sich in der Wuchsform – strauchig, schlank säulenförmig, breitkronig, verbänderte Äste – und in der Nadelfärbung – ganzjährig grün, winters rostbraun – voneinander unterscheiden.

Kryptomerie

Nootkazypresse

Nootkazypresse, Nootka-Scheinzypresse *Chamaecyparis nootkatensis*
Zypressengewächse *Cupressaceae*
2 – 30 m; April, Mai
SK: Männliche und weibliche Blütenstände unscheinbar. Reife Zapfen kugelig, kaum 1 cm dick, bläulich bereift. Zweige unterseits grün und stets ohne weiße Flecken. Zerriebene Zweige riechen widerlich. Scharfe Spitze der Schuppenblätter spreizt vom Zweig ab.
B: Die Nootka-Scheinzypresse ist an ihren schlaff herabhängenden Ästen verhältnismäßig gut zu erkennen.
SV: Heimat: Nordwestliches Nordamerika. Braucht verhältnismäßig hohe Luftfeuchtigkeit wenigstens im größten Teil des Jahres. Stellt an den Boden keine besonderen Ansprüche.
A: Zahlreiche Sorten in Gärten, vor allem kleinwüchsige oder „Trauerformen".

Oregonzeder

Oregonzeder, Lawsons Scheinzypresse *Chamaecyparis lawsoniana*
Zypressengewächse *Cupressaceae*
2 – 35 m; April, Mai
SK: Männliche Blütenstände klein, unauffällig, rot, endständig, weibliche noch unscheinbarer, stahlblau. Reife Zapfen kugelig, etwa 1 cm im Durchmesser, bläulich bereift. Zweige unterseits weißfleckig, beim Zerreiben nicht stark und unangenehm duftend. Schuppenblätter stehen mit der Spitze vom Zweig ab.
B: Viele Oregonzedern erkennt man an den überhängenden Zweigspitzen.
SV: Heimat: Westliches Nordamerika. Dort bestandbildender Forstbaum, der über 50 m hoch wird. Braucht nährstoffreichen, lehmigen, tiefgründigen Boden, aber kein ausgesprochen luftfeuchtes Klima.
A: Von der Oregonzeder gibt es weit mehr als 100 Gartensorten!

Feuerzeder, Stumpfblättrige Scheinzypresse *Chamaecyparis obtusa*
Zypressengewächse *Cupressaceae*
50 cm – 15 m; April, Mai
SK: Männliche und weibliche Blütenstände unscheinbar. Reife Zapfen kugelig, um 1 cm dick, orangebraun und normalerweise nicht bereift. Zweige unterseits mit nur undeutlichen Flecken. Zerriebene Zweige riechen nicht widerlich. Schuppenblätter durchweg dicht anliegend, dichtstehend, etwas dicklich.
B: Die zahlreichen Formen unterscheiden sich z. T. außerordentlich stark.
SV: Heimat: Japan, dort bis über 40 m hoch werdend. Stellt an den Boden keinerlei Ansprüche. Grünbenadelte Formen sind auch in Mitteleuropa fast überall winterhart und unempfindlich gegen Spätfröste. Bei Formen mit „Goldbenadelung" oder weißgrünen Blättern muß man hingegen eher mit Frostempfindlichkeit rechnen.
A: Von der Feuerzeder werden von strauchigen bis niedrig-baumartig wachsenden Formen fast alle denkbaren Wuchstypen angebaut.

Sawarazeder, Erbsenfrüchtige Scheinzypresse *Chamaecyparis pisifera*
Zypressengewächse *Cupressaceae*
50 cm – 20 m; April, Mai
SK: Männliche und weibliche Blütenstände unscheinbar. Reife Zapfen kugelig, um 5 mm im Durchmesser, gelbbraun und normalerweise nicht bereift. Zweige unterseits mit weißen Flecken. Zerriebene Zweige riechen nicht widerlich. Schuppenblätter stehen mit ihrer scharfen Spitze nur wenig ab und sind stets fleckig.
B: Die zahlreichen Formen unterscheiden sich z. T. außerordentlich stark.
SV: Heimat: Japan. Dort bis über 50 m hoch werdend. Braucht lehmig-tonigen, nährstoffreichen, feuchten Boden.
A: Von der Sawarazeder gibt es Formen mit goldgelben Nadeln ebenso wie mit grünen und blaugrünen.

Nadelhölzer

Morgenländischer Lebensbaum *Thuja orientalis* Zypressengewächse *Cupressaceae*
5 – 10 m; April, Mai
SK: Männliche Blütenstände kugelig, braungelb. Reife Zapfen 12 – 18 mm lang und 9 – 15 mm dick, kugelig-eiförmig, dunkelrotbraun. Äste verzweigen sich in senkrechter Ebene. Schuppenblätter hellgrün oder gelbgrün.
B: Der Morgenländische Lebensbaum ist an den in senkrechter Ebene verzweigten Ästen gut von den anderen Arten der Gattung zu unterscheiden.
SV: Heimat: Nordchina. Erträgt besonders Frühjahrsfröste nicht und ist deshalb in Mitteleuropa nur in den mildesten Lagen, in Westeuropa im Süden ausreichend frosthart.
A: Der Morgenländische Lebensbaum ist in Parks ausgesprochen selten, in Gärten praktisch gar nicht anzutreffen, weil seine Klimaansprüche ihn in Konkurrenznachteil zum Abendländischen Lebensbaum setzen.

Riesen-Lebensbaum

Riesen-Lebensbaum *Thuja plicata (T. gigantea)* Zypressengewächse *Cupressaceae*
15 – 30 m; Mai
SK: Männliche und weibliche Blütenstände unscheinbar. Reife Zapfen um 1 cm lang und etwa 8 mm dick, eiförmig, im Sommer grün, im Winter braun. Zerriebene Zweige duften stark aromatisch, aber nicht widerlich. Zweige unterseits angedeutet weißfleckig. Schuppen bleiben auch im Winter grün.
B: Rinde langrissig und rötlich, Krone kegelig.
SV: Heimat: Westliches Nordamerika. Dort bis zu 60 m hoch werdend. Braucht feuchten, kühlen, lehmigen oder steinig-lehmigen, durchrieselten Boden und hohe Luftfeuchtigkeit, wenn er gut gedeihen soll.
A: Wertvoller Park- und Gartenbaum, der frei gestellt werden sollte.

Abendländischer Lebensbaum *Thuja occidentalis* Zypressengewächse *Cupressaceae*
5 – 30 m; April, Mai
SK: Männliche Blütenstände kugelig, schwarzbraun. Zapfen länglich, 8 – 12 mm lang und etwa 6 – 9 mm dick. Braungelb. Äste verzweigen sich in waagrechter Ebene. Zweige oberseits dunkelgrün, unterseits heller, bei vielen Gartenformen bronzefarben oder braungelb. Schuppen dachziegelig angedrückt.
B: Vom Abendländischen Lebensbaum gibt es rund 100 verschiedene Gartensorten, die sich z. T. stark in Farbe und Wuchsform voneinander unterscheiden.
SV: Heimat: Östliches Nordamerika. Braucht lehmig-tonigen, feuchten und nährstoffreichen Boden und gedeiht am besten bei hoher Luftfeuchtigkeit.
A: Der Abendländische Lebensbaum eignet sich in den der Wildform nahestehenden Sorten zu einem der billigsten Bildner „immergrüner" Hecken.

Mammutbaum

Mammutbaum, Wellingtonie *Sequoiadendron giganteum* (*Wellingtonia gigantea, Sequoia gigantea*) Sumpfzypressengewächse *Taxodiaceae*
30 – 50 m; Mai
SK: Männliche und weibliche Blütenstände unscheinbar. Reife Zapfen 5 – 8 cm lang und 4 – 5 cm dick, eiförmig. Nadeln um 5 mm lang, am Zweig herablaufend, blaugrün, in spiralig um den Zweig laufenden Reihen stehend, bei gutwüchsigen Exemplaren bis fast 1 cm lang werdend, an blütentragenden Zweigen hingegen fast schuppenförmig und um 3 mm lang. Rinde dick, schwammigfaserig, rotbraun.
B: Der Mammutbaum läßt sich am ehesten an seiner schwammigen Rinde erkennen, die man durch kräftigen Fingerdruck eindellen kann.
SV: Heimat: Nur Sierra Nevada in Kalifornien. Braucht nährstoffreichen, tiefgründigen, lehmig-tonigen Boden, ist aber in Europa – abgesehen von rauhen Lagen – genügend frosthart und bemerkenswert industriefest.
A: Der Mammutbaum erreicht in seiner Heimat Höhen von rund 100 m und ein Alter von etwa 3000 Jahren.

Tabelle zum Bestimmen anhand der Winterknospen

Pflanzen mit Dornen oder Stacheln

Oben

Links: Strauch, selten kleiner Baum. Zweige kräftig, dornspitzig, mit Seitendornen. Knospen unregelmäßig eiförmig, mit meist bronzefarbenen Schuppenhaaren, um 8 mm lang:
Sanddorn *Hippophaë rhamnoides* S. 98, 192

Mitte: Strauch. Zweige dornspitzig mit zahlreichen, kurzen Seitendornen. Rinde schwarzbraun. Knospen wechselständig, oft büschelig gehäuft, klein, eirundlich:
Schwarzdorn, Schlehe *Prunus spinosa* S. 22, 124

Rechts: Strauch. Nicht alle Zweige dornspitzig. Rinde grau. Knospen an Kurztrieben, wechselständig:
Weißdorn *Crataegus* spec. S. 142, 178

Mitte

Links: Strauch, Kultursorten auch als „Bäumchen". Stacheln einfach, zuweilen doppelt oder dreiteilig. Knospen wechselständig, länglich, locker beschuppt:
Stachelbeere *Ribes uva-crispa* S. 142

Mitte: Strauch, einige Kultursorten auch als „Bäumchen". Stacheln stets einfach, gebogen, leicht vom Zweig lösbar. Knospen wechselständig, klein bis mittelgroß (3 – 8 mm), eirundlich:
Rosen-Arten *Rosa* spec. S. 40 – 50

Rechts: Strauch oder Baum. Dornen stets paarig und nur an den Narben der Blattstiele. Scheinbar knospenlos. Knospen zwischen den Dornen im Gewebe versenkt:
Gemeine Robinie *Robinia pseudacacia* S. 184, 222

Sträucher (oder Bäume) mit wechselständigen Knospen

Unten

Links: Strauch, der 150 cm nur selten erreicht. Rinde hell graubraun, beim Zerreiben unangenehm scharf riechend. Endknospe oft größer als die eilänglichen, rotbraun oder violett beschuppten Seitenknospen:
Seidelbast *Daphne mezereum* S. 20, 102

Mitte: Strauch, seltener Baum. Knospen nur von einer Schuppe bedeckt. Blattnarbe breit, nie ringförmig. Knospen je nach Art schlank und lang oder kurz und gedrungen:
Weiden-Arten *Salix* spec. S. 24 f., 102 f., 134 ff. 170, 200 ff.

Rechts: Strauch, seltener Baum. Zweige behaart. Rinde graubraun. Knospen eirundlich. Schuppen rotbraun. Winters meist mit geschlossenen Kätzchen (ein Teil der Knospen enthält weibliche Blütenstände; aus ihnen ragen im Frühjahr um 1 mm lange rote Narben heraus):
Haselnußstrauch, Hasel *Corylus avellana* S. 28, 168

Tabelle zum Bestimmen anhand der Winterknospen

Sträucher (oder Bäume) mit gegenständigen Knospen

Oben

Links: Strauch, seltener Baum. Äste mit schwammigem, weißem Mark. Rinde jung warzig, im Alter rissig, aschgrau. Knospen locker und oft nur am Grunde beschuppt, länglich:
Schwarzer Holunder *Sambucus nigra* S. 180

Mitte: Strauch, seltener Baum. Äste mit rotbraunem Mark. Rinde jung warzig. Knospen rundlich, um 1 cm im Durchmesser. Zuweilen achselständige Beiknospen:
Trauben-Holunder, Roter Holunder *Sambucus racemosa* S. 146

Rechts: Kletterstrauch. Stengel kantig. Die Pflanze bildet oftmals dichte, nestartige Gewirre im Geäst von Bäumen und Sträuchern. Knospen klein (unter 5 mm), locker beschuppt, in den Achseln alter Blattstiele:
Weiße Waldrebe *Clematis vitalba* S. 36

Mitte

Links: Strauch, seltener Baum. Kultiviert, zuweilen verwildert. Endknospen meist paarig. Schuppen decken sich dachziegelartig, gekielt, grün, braun, rotviolett:
Flieder *Syringa* spec. S. 158

Mitte: Strauch. Zweige dünn, Rinde hellgrau. Knospen langkegelig, spitz, behaart. Häufig achselständige Nebenknospen:
Rote Heckenkirsche *Lonicera xylosteum* S. 54

Rechts: Strauch, ganz selten Baum. Zweige winters auf der Lichtseite mit roter Rinde. Knospen ohne Deckschuppen, klein (um 3 mm oder darunter). Endknospe meist größer:
Roter Hartriegel *Cornus sanguinea* S. 58, 156

Unten

Links: Strauch, seltener Baum. Zweige winters auf der Lichtseite zuweilen rotviolett überlaufen. Knospen mit 2 Deckschuppen, klein (um 3 mm), Endknospe kaum größer. Fast stets gestielte, kugelige Blütenknospen vorhanden:
Kornelkirsche *Cornus mas* S. 18, 56

Mitte: Strauch. Zweige deutlich vierkantig, grün. Knospenschuppen gegenständig:
Europäisches Pfaffenhütchen *Euonymus europaea* S. 68

Rechts: Strauch. Zweige rutenförmig. Rinde glatt. Knospen sitzend, schlank, klein, dem Zweig angepreßt. Knospenschuppen gekielt:
Gemeiner Liguster *Ligustrum vulgare* S. 62

Tabelle zum Bestimmen anhand der Winterknospen

Sträucher (oder Bäume) mit gegenständigen Knospen

Oben

Links: Strauch. Stengel kräftig. Rinde grünlich, bräunlich, braunviolett, warzig. Knospen sehr locker beschuppt. Schuppen gekielt. Beiknospen unter den Hauptknospen:
Forsythien-Arten *Forsythia* spec. S. 16, 70

Mitte: Strauch. Zweige dicht graufilzig. Knospen ohne Knospenschuppen. Junge Blättchen filzig behaart. Endknospe entweder um 2 cm im Durchmesser, zwiebelförmig (aus ihr entwickelt sich ein Blütenstand) oder langgestreckt (1 – 3 cm) von 2 meist deutlich gekerbten filzigen Blättchen gebildet:
Wolliger Schneeball *Viburnum lantana* S. 66

Rechts: Strauch oder Baum. Einjährige Zweige an der Spitze etwas mehlig bestäubt. Rinde der älteren Äste mit Korkleisten. Rinde des Stammes netzrissig. Knospen eiförmig, dünn und ganz kurz behaart, klein (um 5 mm). Schuppen nicht gekielt:
Feld-Ahorn *Acer campestre* S. 160, 190

Bäume mit gegenständigen Knospen

Mitte

Links: Baum. Rinde der Äste ohne Kork. Rinde des Stammes längsrissig. Knospen eiförmig, kahl, groß (1 – 1,5 cm). Schuppen an der größeren Endknospe zahlreicher als an den Seitenknospen, nicht gekielt, rotbraun:
Spitz-Ahorn *Acer platanoides* S. 18, 162, 188

Mitte: Baum. Rinde grau, glatt, schuppig abblätternd. Knospen eilänglich. Schuppen an End- und Seitenknospen in etwa derselben Zahl, unterste leicht gekielt, grün mit braunem, oft behaartem Rand. Endknospe meist 1,2 – 1,8 cm:
Berg-Ahorn *Acer pseudoplatanus* S. 188

Rechts: Baum. Einjährige Zweige mit bläulichweißem Reif, kahl. Knospen an den Zweigenden gehäuft. Schuppen auf dem Rücken abgerundet, unterste fast bis zur Knospenspitze reichend, behaart:
Eschen-Ahorn *Acer negundo* S. 218

Unten

Links: Baum. Rinde schwach rissig. Zweige kahl. Endknospe sehr groß, über 1 cm im Durchmesser und 1,5 – 2 cm lang, harzig:
Roßkastanie *Aesculus hippocastanum* S. 220

Mitte: Baum, sehr selten Strauch. Knospen wie bei der Roßkastanie, aber nie oder höchstens an den Rändern leicht harzig:
Rote Roßkastanie *Aesculus pavia* S. 220

Rechts: Baum. Zweige graugrün, kahl. Rinde hell graubraun, im Alter rissig. Knospen schwarz. Endknospe mützenförmig, um 1 cm lang oder länger:
Esche *Fraxinus excelsior* S. 218

Tabelle zum Bestimmen anhand der Winterknospen

Sträucher (oder Bäume) mit wechselständigen Knospen

Oben

Links: Kleiner Baum oder Strauch. Einjährige Stengel dick, leicht abbrechbar, dicht abstehend behaart und etwas harzig. Knospen klein (um 3 mm), von einem weißen Haarbüschel bedeckt:
Essigbaum *Rhus typhina* S. 154, 186

Mitte: Strauch. Junge Zweige und Knospen mit sehr kleinen (0,1 mm) gelben Harzdrüsen. Knospen helloliv, einzeln, eilänglich, stumpflich:
Schwarze Johannisbeere *Ribes nigrum* S. 144

Rechts: Strauch. Zweige und Knospen ohne Harzdrüsen. Ältere Zweige dunkel berindet. Knospen zugespitzt, an den Kurztrieben gehäuft:
Rote Johannisbeere *Ribes rubrum* S. 144

Bäume mit wechselständigen Knospen

Mitte

Links: Baum. Äste knorrig. Rinde dunkel, tief rissig, nicht abblätternd. Blattgrund herzförmig geöhrt (dürre Blätter an den Ästen!). Knospen am Ende der Langtriebe gehäuft, stumpf eiförmig:
Stiel-Eiche *Quercus robur* S. 212

Mitte: Baum. Äste knorrig. Rinde flachrissig, etwas abblätternd. Blätter in den Stiel verschmälert (dürre Blätter an den Ästen!). Knospen am Ende der Langtriebe gehäuft. Seitenknospen gleichmäßiger verteilt als bei der Stiel-Eiche:
Trauben-Eiche *Quercus petraea* S. 212

Rechts: Baum, seltener Strauch. Stamm oft längswulstig. Rinde grau, glatt. Knospen lang eiförmig, abgeflacht und mit der breiten Seite eng den Zweigen angedrückt:
Weißbuche, Hainbuche *Carpinus betulus* S. 170, 200

Unten

Links: Baum. Stamm nicht längswulstig. Rinde grau, glatt. Knospen weit abstehend, schmal kegelig bis spindelig, spitz:
Rotbuche *Fagus sylvatica* S. 196

Mitte: Baum. Rinde weißgrau. Junge Äste meist kahl. Knospen groß (Endknospe um 1,2 – 1,5 cm), spitzkegelig, kahl. Seitenknospen anliegend, mit scharfer, leicht nach außen weisender Spitze, 3 – 4schuppig, wenig harzig:
Zitter-Pappel *Populus tremula* S. 28, 204

Rechts: Baum. Rinde grau, oliv oder dunkelgrau. Knospen groß (Endknospe um 1,5 cm, gelegentlich länger), spitzkegelig, kahl. Seitenknospen anliegend oder schwach abstehend, mit scharfer, meist deutlich vom Stengel abstehender Spitze, harzig oder harzfrei:
Kanadische Pappel *Populus × canadensis* S. 204

Tabelle zum Bestimmen anhand der Winterknospen

Bäume mit wechselständigen Knospen

Oben

Links: Baum. Zweigrinde grau, abschilfernd, dann braun. Stammrinde glatt, grau. Knospen länglich, anliegend, Blütenstandsknospen auf Kurztrieben abstehend:
Vogelbeere *Sorbus aucuparia* S. 226

Mitte: Baum. Zweige schwach kantig, oliv oder bräunlich, kahl. Knospen eikugelig, glänzend gelbgrün. Knospenschuppen oft mit rötlichem Rand:
Elsbeere *Sorbus torminalis* S. 178

Rechts: Baum. Zweige meist kräftig. Rinde oliv oder bräunlich, oft rot überlaufen. Seitenknospen mittelgroß (5 – 8 mm), Endknospe und Blütenknospen größer, oft stark behaart:
Apfelbaum *Malus domestica* S. 208

Mitte

Links: Baum. Zweige kräftig, grau, oliv, braun oder rotbraun. Knospen stumpf oder spitz eiförmig, glänzend rotbraun, bei vielen Kultursorten (ssp. *duracinum*) am Ende von Kurztrieben gehäuft:
Süßkirsche *Prunus avium* S. 208

Mitte: Baum. Stamm mit längsrissiger, dunkelbrauner Borke. Junge Zweige kahl. Seitenknospen etwas abstehend, eikegelig, spitz. 5 – 7 Schuppen, am Rande locker hell bewimpert:
Feld-Ulme *Ulmus minor* S. 200

Rechts: Baum. Rinde schwarzbraun, rissig. Holz orangerot. Junge Triebe kahl. Knospen langstielig, groß, klebrig:
Schwarz-Erle *Alnus glutinosa* S. 28, 132

Unten

Links: Baum. Rinde weiß, dünnschuppig. Zweige sehr dünn, hängend, warzig, kahl. Knospen zuweilen gestielt, eiförmig:
Weiß-Birke, Hänge-Birke *Betula pendula* S. 194

Mitte: Baum. Junge Zweige meist deutlich behaart. Knospen sitzend, eirundlich. Unterste Schuppe kaum halb so lang wie die Knospe. Schuppen schwach kurzhaarig:
Sommer-Linde *Tilia platyphyllos* S. 206

Rechts: Baum. Junge Zweige kahl, glänzend. Knospen sitzend, rundlich eiförmig. Unterste Schuppe etwa halb so lang wie die Knospe oder länger. Schuppen kahl, glänzend:
Winter-Linde *Tilia cordata* S. 206

Laubbäume
(unbelaubt)

Stiel-Eiche

Stein-Eiche

Rot-Buche

Weißbuche

Feld-Ulme, Rüster

Flatter-Ulme, Rüster

Moor-Birke

Weiß-Birke

Schwarz-Erle

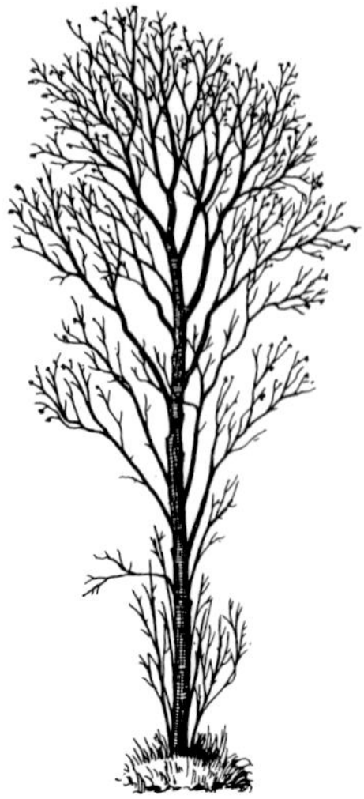

Grau-Erle

Schwarz-Pappel

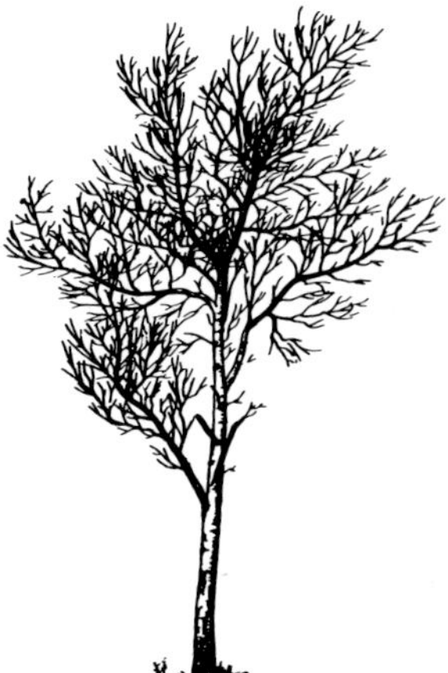

Silber-Pappel

Zitter-Pappel, Espe

Walnußbaum

Gemeine Roßkastanie

Echte Kastanie

Feld-Ahorn

Spitz-Ahorn

Esche

Esche

Gemeine Robinie, Falsche Akazie

Ahornblättrige Platane

Winter-Linde

Sommer-Linde

Sal-Weide, Palm-Weide

Korb-Weide

Trauer-Weide

Kirschbaum

Pflaumenbaum

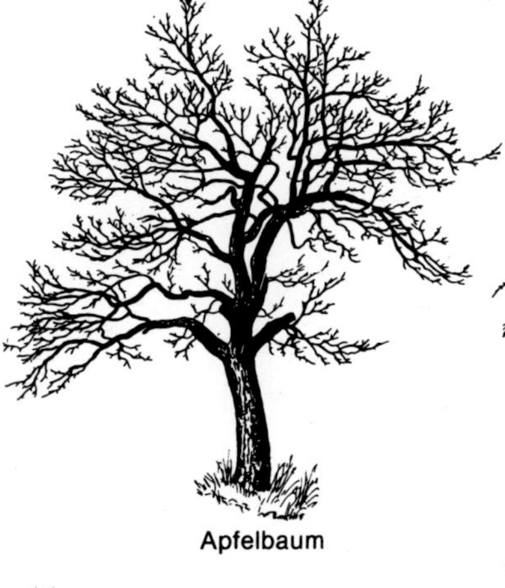

Apfelbaum

Birnbaum

Nadelbäume

Fichte, Rottanne

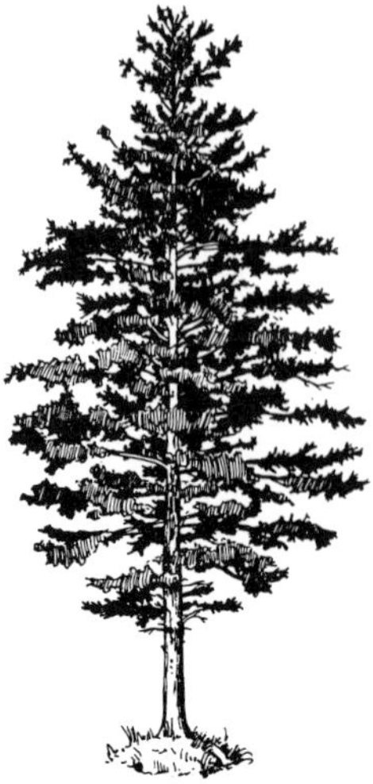

Tanne, Edel-Tanne

Gemeiner Wacholder

Wald-Kiefer

Zirbel-Kiefer, Arve

Berg-Kiefer

Morgenländischer
Lebensbaum

Abendländischer
Lebensbaum

Gemeine Eibe

Europäische Lärche

Register